India Knight

Vintage your life!

Besser leben, weniger ausgeben
zwischen Küche und Kleiderschrank

Aus dem Englischen
von Isabella Bruckmaier

Mosaik bei
GOLDMANN

Alle Ratschläge in diesem Buch wurden von der Autorin und vom Verlag sorgfältig erwogen und geprüft. Eine Garantie kann dennoch nicht übernommen werden. Eine Haftung der Autorin beziehungsweise des Verlags und seiner Beauftragten für Personen-, Sach- und Vermögensschäden ist daher ausgeschlossen.

Verlagsgruppe Random House FSC-DEU-0100
Das für dieses Buch verwendete FSC®-zertifizierte Papier *Classic 95*
liefert Stora Enso, Finnland.

1. Auflage
Deutsche Erstausgabe April 2011
Wilhelm Goldmann Verlag, München,
in der Verlagsgruppe Random House GmbH
© 2011 der deutschsprachigen Ausgabe
Wilhelm Goldmann Verlag, München,
in der Verlagsgruppe Random House GmbH
© 2008 India Knight
The moral rights of the author have been asserted
Originaltitel: The Thrift Book. Live well and spend less
Originalverlag: Penguin Books Ltd, London 2008
Umschlaggestaltung: Uno Werbeagentur, München
Umschlagillustration: © Fine Pic®, München
Illustrationen: © 2008 Debbie Powell
Redaktion: Dunja Reulein
Satz: Uhl + Massopust, Aalen
Druck und Bindung: GGP Media GmbH, Pößneck
FK/CB · Herstellung: IH
Printed in Germany
ISBN 978-3-442-17188-0

www.mosaik-goldmann.de

Inhalt

Einleitung

Zu behaupten, ich sei nicht gerade eine Anhängerin des eingeschränkten Lebensstils, wäre untertrieben. Extravaganz liegt mir in der Natur, und ich bin eine geborene Lusche, was den Umgang mit Geld betrifft – egal, wie viel oder wie wenig ich verdiene. Eine unglückliche Kombination, die mich 20 Jahre lang zu einem Leben in totaler Abhängigkeit von meinem Überziehungskredit und diversen Kreditgebern verdammte. Zu einem Teufelskreis aus Panik und Verleugnung. Drücken wir es mal so aus, ich habe im Lauf der Jahre reichlich Gerichtsvollzieher kennengelernt. (Einer tauchte an einem 23. Dezember auf, und das war gut so. Ich war beim Shoppen.) Was Geld angeht, bin ich wie Nero, der auf seiner Geige fiedelte, während Rom brannte. Beziehungsweise ich war so.

2007, bevor ich beschloss, dieses Thema ein für alle Mal in den Griff zu bekommen, stand ich vor der Privatinsolvenz – es war zwar nicht das erste Mal, aber so düster und ausweglos war es noch nie gewesen. Ich hatte zwei Bücher in den Top Ten der Bestsellerliste. Es war also nicht so, dass ich kein oder nicht genug Geld verdiente. Ich war nur einfach zu blöd, mit Geld umzugehen. Basta. Und um ehrlich zu sein, im tiefsten Inneren war mir das auch schnurzpiepegal. Wie gewonnen, so zerronnen. Mal hat man welches, mal nicht. Keine Ahnung. (Vielleicht ist es kein Zufall, dass mein Vater einen doppelten Bankrott hingelegt hat und meine Mutter Geld gegenüber eine, sagen wir, sehr lässige

Einstellung hat.) Diese romantische und hirnrissige Herangehensweise funktioniert (einigermaßen), solange man nur für sich selbst zu sorgen hat. Sie verliert jedoch beträchtlich an Reiz, sobald eine Familie hinzukommt – Kinder, die was zum Anziehen brauchen und Essen auf dem Tisch, Rechnungen, die bezahlt werden müssen, schließlich soll das Baby nicht frieren – Sie wissen schon.

Ich werde später in dem entsprechenden Kapitel näher darauf eingehen, aber zu meiner Schande fürchte ich, dass mein katastrophaler Umgang mit Geld – Gene hin oder her – letztlich von der bizarren Vorstellung kommt, ich sei zu »kreativ«, zu »unbekümmert« (ha!), um mich um so etwas Spießiges wie Geld und Finanzen zu kümmern. So, wie ich mir mein Übergewicht als überbordende Lebensfreude (und überbordende Freude am Essen) schöngeredet habe, sah ich meinen bescheuerten Umgang mit Geld wohl unbewusst als Ausdruck einer charmanten, bohemienhaft lässigen Einstellung zum Leben. Zum An-den-Kopf-Fassen, ich weiß.

Dazu kommt: Ich bin 42. Die Zeiten, in denen ich in der Badewanne gelegen und so getan habe, als sei ich Ophelia, sind Geschichte. Offensichtlich nicht Geschichte ist jedoch diese Idee, Geld sei was für langweilige Spießer.

Ich beichte hier ziemlich private Dinge, um dem zu erwartenden Aufschrei vorzugreifen, es sei ja gut und schön, wenn eine relativ erfolgreiche Angehörige der Mittelschicht, die in einem netten Häuschen in einer netten Ecke Londons lebt, über Sparsamkeit schreibt. Dabei war es tatsächlich der Notwendigkeit geschuldet, dass ich mich für den sparsamen Lebensstil interessiert habe – und ihn mir zu eigen machte. Mir däm-

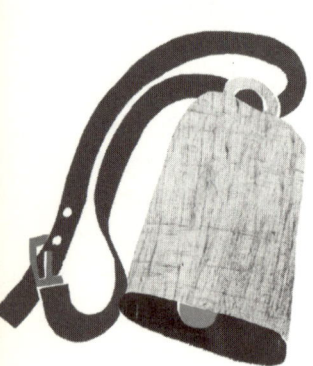

merte, dass sich nichts zum Besseren wenden würde, solange ich nicht grundlegend was an der Ausgabenseite änderte. Vielleicht haben Sie noch nie bedrohliche Post vom Gericht erhalten und kennen den Gerichtsvollzieher nur aus dem Fernsehen – doch wer kennt heutzutage nicht das beunruhigende Gefühl, es könne nicht schaden, den Gürtel etwas enger zu schnallen – in Anbetracht der Wirtschaftskrise und der steigenden Lebenshaltungskosten und dieses nagenden Zweifels, warum einem dieser Beruf und dieses Einkommen eigentlich kein angenehmeres und stressfreieres Leben erlauben.

Finanzdisaster auf zwei Beinen hin oder her, meine neu entdeckte Liebe zur Sparsamkeit wurzelt nicht zuletzt in einem seltsamen und mir ganz und gar fremden Gefühl, das sich im Verlauf der letzten Jahre heimlich, still und leise in mir breitgemacht hat. Ich bin ein Kind der 80er: Ich glaube an den Konsum, offen oder heimlich. Ich liebe Shoppen so sehr, dass ich ein ganzes Buch darüber geschrieben habe.*

Ich habe keine Schuldgefühle wegen der Unmengen Handtaschen, die ich besitze. In meiner Generation haben viele über die »Hippies« die Nase gerümpft und damit auch über Hippiegewohnheiten wie Recycling, Mehrfachverwendung von Einpackpapier, die Plackerei mit dem eigenen Komposthaufen, Secondhand-Klamotten oder Sockenstricken – warum flechtest du dir nicht auch noch die Achselhaare, Loser? Wir waren (viel zu) stolz auf unsere Kohle und was wir uns damit kaufen konnten. Im Nachhinein betrachtet riecht diese Einstellung natürlich peinlich nach Abwehr und Abgrenzung. Ich verdiene mehr als du, also bin ich irgendwie besser als du, oder? (Von Grund auf falsch, versteht sich, und noch dazu unglaublich bescheuert, doch viele aus meiner Generation haben das damals nicht erkannt.)

Aber mal abgesehen von dieser ganzen Hippieverachtung bin selbst ich im Lauf der Jahre dem Trend erlegen und mehr oder weniger ergrünt – übrigens ein Gebiet, in dem mir meine älteren Kinder um Lichtjahre voraus sind. Selbst meine vierjährige Tochter trinkt ihren Saftkarton aus und steckt ihn in den Papiermüll, ohne dass man sie dazu groß auffordern müsste. Mit der Zeit hat mich vor allem der enorme Anteil an Plastik in Super-

---

* *The Shops,* erschienen bei Penguin (bis jetzt leider nur auf Englisch erhältlich).

marktverpackungen aufgeregt. Sie kennen das: Man möchte Äpfel, aber die Äpfel gibt's nicht ohne vorgeformtes Plastiktablett und Plastikschaumschutzverpackung, damit sie ja keine »Druckstellen« bekommen. Als ob man sie zu Pferde und ohne Sattel durch die Wüste Kalahari nach Hause transportieren müsste. Dann habe ich diesen Tick von wegen Plastiktüten bekommen, weil sie mir deprimierenderweise überall dort ins Auge zu stechen begannen, wo sie nicht hingehörten – an Stränden, in Bäumen, im Himmel, auf dem Wasser. Und weil ich täglich für meinen Job einen ganzen Stapel Zeitungen lese, habe ich mir irgendwann gedacht, dass es doch eigentlich eine Schande und darüber hinaus ausgesprochen *grob* sei, besagte Zeitungen, die mehreren Bäumen entsprechen, Woche für Woche einfach in den Müllsack zu stopfen.

Mir ist aufgefallen, dass bei uns eine Menge Nahrungsmittel im Abfall landen, was mir nicht behagt hat. Mir ist klar, dass die hungernden Kinder auf der Welt keinen Deut weniger hungern, wenn ich austreibende Kartoffeln oder altes Brot nicht wegwerfe, aber ich habe mich nicht gut dabei gefühlt. Weder droht eine Hungersnot, noch muss ich zum nächsten Laden meilenweit laufen, also warum habe ich ständig zu viel eingekauft? Und so weiter. So begann ich zu ergrünen. Wir reden hier von Gelbgrün oder Lindgrün an einem guten Tag und keineswegs von dunklem Tannengrün, aber meine Einstellung hat sich grundlegend geändert, und ich nehme nicht mehr als gegeben hin, wovon ich früher überzeugt war. Nicht dass ich wegen des Müllproblems nicht mehr hätte schlafen können, aber es hat sich in meinem Denken eingenistet und war nicht mehr wegzukriegen. Heute kann ich mir nicht mehr vorstellen, nicht zu recyceln – es ist zur Selbstverständlichkeit geworden. Und genauso wenig kann ich mir vorstellen, so mir nichts, dir nichts Lebensmittel in den Müll zu werfen, die noch völlig in Ordnung sind. Oder über Hippies abzulästern. Ist doch interessant, wie aus diesen mit Spott und Hohn bedachten, in selbst gestrickte Schlabberpullis gewickelten Schmuddelmonstern geradezu bewunderungswürdige Pioniere, wenn nicht gar Vorbilder geworden sind.

Gleichzeitig wurde mir mein eigenes Konsumverhalten verdächtig, ja unangenehm. Natürlich hat es zwischendurch wieder andere Phasen gegeben, ich verstehe absolut diesen Kick puren Vergnügens, wenn man ein nettes Kleid kauft oder sich einen tollen Urlaub leistet, und ich stehe keinesfalls auf Flagellantentum (oder auf abscheuliche Klamotten, und seien sie noch so ökologisch sinnvoll). Aber langsam dämmerte mir, dass dieses »Was ich will, das kauf ich mir. Hier ist meine Kreditkarte, und zum Teufel mit den Konsequenzen« etwas sehr Ekelhaftes hat. Ich rede hier nicht von Haarspangen oder Tampons, sondern von zwei-, dreistelligen Summen für Dinge, die ich nicht im Entferntesten gebraucht habe und die ich nur gekauft habe, weil sie mich glücklich gemacht haben. Grund genug, wie ich damals fand.

Mir ist klar, ich kann mich *außergewöhnlich glücklich* preisen, dass ich dazu überhaupt in der Lage war. Mir ist auch klar, dass die meisten Leute nicht einfach ins nächste Kaufhaus laufen und sich fragen: Hm, wofür geb ich heute mein sauer verdientes Geld aus? Und mir ist absolut bewusst, wie verzogen ich klinge, aber ich versuche, ehrlich zu sein. Außerdem spielt sich dieses Kaufhauszenario jeden Samstagnachmittag ab und auch wochentags in der Mittagspause. Es mag um geringere Geldbeträge gehen, und es handelt sich vielleicht um die städtische Fußgängerzone, aber der Gedanke, der die Leute antreibt, ist derselbe: »Let's go shopping«, oder: »Kaufen wir uns irgendwelches Zeugs, das wir nicht wirklich brauchen.« Vor fünf Jahren war es für mich der Inbegriff von Glückseligkeit, mir Kram zu kaufen, den ich nicht wirklich brauche. Ich mochte das Einkaufen und alles, was damit verbunden war, und es gefiel mir, dass ich mir (und meinen Freunden und meiner Familie) Geschenke kaufen konnte. Geschenke mag ich noch immer, aber heute gibt's was Nettes aus einem Kurzwarenladen in Nordlondon, nicht aus der Chloé-Boutique im Selfridges. Und wenn ich ein Geschenk für einen lieben Menschen suche, kann es passieren – oh ja! –, dass ich etwas selbst in Handarbeit herstelle. Aufgepasst, jetzt kommt der Hammer: Diese Eigenproduktion ist in meinen Augen nicht weniger schick oder stylisch als die Dinge, die man in den feinen Kaufhäusern kaufen kann. Ganz im Gegenteil.

Das ist noch so was, das sich mittlerweile geändert hat. Noch vor ein paar Jahren war die übliche Reaktion auf ein selbst gemachtes Geschenk oder Mitbringsel ein gequältes »Danke, ach, wie schön!« – und weg damit in eine Schublade. Heute freut man sich darüber. Eines der schönsten Geschenke zu meinem letzten Geburtstag war ein wunderschön gestrickter Lurexschal. Meine Freundin hatte sich nicht nur die Zeit abgeknapst und die Mühe auf sich genommen, diesen Schal für mich zu stricken, dazu gab es auch noch ein Etikett in roter, geschwungener Schrift: »Made for you with love by Alison.« Die Frau ist Anwältin, sie hat nicht viel Freizeit. Ihr Partner brachte einen Kuchen mit, den er selbst gebacken und durch halb London geschleppt hatte. Sie hätten genauso gut in einen Laden gehen und mir ein teures Geschenk kaufen können, darüber hätte ich mich allerdings nicht annähernd so gefreut.

Also: Sich ärmer fühlen, grüner, bewusster werden und erkennen, dass man kein Profi sein muss, um etwas mit den eigenen Händen zu schaffen. Und dass dies überraschend viel Spaß macht und äußerst befriedigend ist. Noch ein Punkt spielt bei dieser Kehrtwende zur neuen Sparsamkeit eine Rolle, und der hat, fürchte ich, mit Snobismus und Dünkel zu tun. Wenn, wie's aussieht, seltsamerweise praktisch jeder eine riesige Marc-Jacobs-

Tasche durch die Gegend schleppt und dabei die Haare nach hinten wirft, dass die sündteuren Karamellsträhnchen nur so fliegen, unterminiert das den Wert dieser Statussymbole. Was uns andererseits nur recht sein kann, weil wir sie uns ohnehin nicht mehr leisten können. Was jeder hat, ist kein Objekt der Begierde mehr. Was gut für die Demokratie ist, ist schlecht für die Einzigartigkeit, für das Gefühl, man habe etwas Besonderes, etwas besonders Wertvolles. Demokratie vulgarisiert auch: Die Dinge werden in jeglicher Hinsicht gemein. Das geht auf Kosten der Individualität.

Nennen Sie mich ruhig eine grauenvolle Person, aber ich will nicht so sein wie alle anderen. Mir sind die Dinge, mit denen ich mich umgebe, wirklich wichtig. Sie sollen etwas Besonderes sein, etwas bedeuten. Ich beschreibe hier gewissermaßen den Unterschied, den es macht, ob man Würstchen und Kartoffelbrei von hübschen Tellern isst, von denen keiner zum anderen passt, und das in einer Nicht-Einbau-Küche, in der sich Alt und Neu aufs Individuellste kombinieren und in der ein Topf mit Rosmarin auf dem Tisch steht, oder ob man Foie gras von feinstem Wedgwood speist – in einem »Designerappartement« mit goldenen Wasserhähnen im Badezimmer und Orchideen, wohin man blickt. Einige von uns finden inzwischen alles einen Tick zu Goldener-Wasserhahn- und orchideenmäßig. Wir wünschen uns etwas mehr Authentizität, etwas mehr Individualismus, etwas mehr Seele in unserem Leben. Ich fasse es nicht,

17

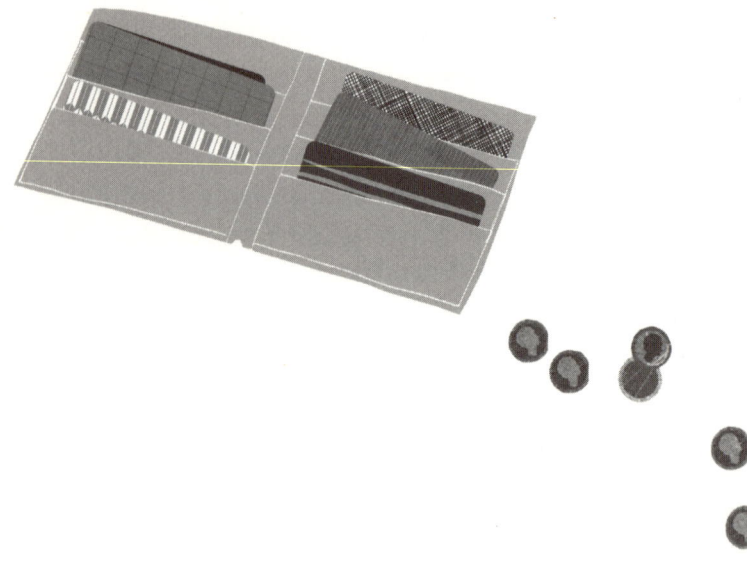

dass ich hier dieses Wort benutze (ich werde jetzt gehen und mir die Achselhaare flechten), dennoch: mehr Integrität. Weniger Schein, mehr Sein. Weniger Malen-nach-Zahlen, mehr Originalität. Weniger Oberflächlichkeit, mehr Tiefgründigkeit.

Kommen wir zur Sparsamkeit – oder zumindest der verwirklichbaren Alltagsversion davon. Am meisten hat mich in meinem neuen, sparsamen Leben überrascht, wie viel Spaß es macht. Wobei das nicht ganz stimmt. Am meisten hat mich überrascht, wie unglaublich viel Geld man damit pro Monat spart, es ist kaum zu fassen. Aber an zweiter Stelle kommt der Spaßfaktor. An dritter Stelle folgt, völlig unerwartet, das aufrichtige Vergnügen, nach billigen Lösungen zu suchen, Dinge zu reparieren, kreativ zu werden und Haushaltsangelegenheiten genauso viel Aufmerksamkeit zu widmen wie den Spätnachrichten – und ich meine das ernst und keineswegs ironisch oder retromäßig à la »Geben wir die kleine Hausfrau« (obwohl ich es ziemlich gern mag, wenn dieser Doris-Day-Moment zuschlägt, was immer wieder mal passiert).

Und die vierte und nicht zu vernachlässigende Überraschung ist das lange vermisste und nun wiedergewonnene Gefühl, meinen Teil beizutragen. Ich bin mir bewusst, dass mein Teil sehr klein ist und dass global gesehen das, was wir uns in der ersten Welt unter Sparsamkeit vorstellen, für Menschen in der dritten Welt ein unvorstellbarer, obszöner Luxus ist. Aber wir tun, was wir können, und das ist noch immer besser, als gar nichts zu tun. Aus mir wird nie und nimmer eine Kämpferin der grünen Bewegung werden, noch ein Fan dieser schrecklichen Glühbirnen, die wir nun alle verwenden sollen, obwohl in ihrem Licht alles so scheußlich aussieht. Im Zweifelsfall bin ich nun mal eher ein Luxusgeschöpf denn eine Heilige. Geben Sie mir eine Farm, ein ordentliches Einkommen und Personal, und ich werde grüner und biodynamischer als der Papst. (Und wenn Sie schon dabei sind, geben Sie mir Ludwig XVI. als Mann – oder vielleicht auch Sting.) Aber ich bin nun mal eine alleinerziehende Mutter von drei Kindern mit chronischer

Zeitnot, und das heißt eben ab und zu Abendessen aus der Dose oder eine halbe Stunde Frieden dank PlayStation. Oder Plastikspielsachen statt kunsthandwerklich wertvollem Holzspielzeug, sei's drum. Bei diesem Buch handelt es sich um keinen Ratgeber für ökologisch korrektes Leben oder wie man ein guter Mensch wird. Allerdings geht's auch nicht darum, wie man ein Geizhals wird. Ich verabscheue Geiz. Wenn Sie mehr über Geiz erfahren wollen, dann hören Sie auf zu lesen und ziehen Sie Leine – Sie haben hier nichts zu suchen. Wenn Sie mehr über die Art von Sparsamkeit erfahren wollen, bei der man Gummis aufhebt und zu Bällen zusammenschnürt, um sie seinen Kindern zu Weihnachten zu schenken, oder wenn es Ihnen Spaß macht, zwei Stunden lang Formulare auszufüllen, um 50 Cent zu sparen, oder Sie gerne Coupons sammeln, dann ist das hier das falsche Buch für Sie. Hier geht's nicht ums Knausern und Pfennigfuchsen, sondern darum, wie man für weniger Geld gut lebt.

Falls Sie sich aber dafür interessieren, gut und stilvoll zu leben, falls Sie einen Sinn für Schönheit haben, Geld sparen und dabei eine tiefe Befriedigung empfinden und sich als nützliches Mitglied der menschlichen Gesellschaft fühlen wollen, während Sie Ihr Leben in kleinen, aber entscheidenden Schritten verbessern, dann lesen Sie weiter. Sie haben nichts zu verlieren außer Ihren Schulden bei der Bank – und nichts zu gewinnen außer einem frischen Blick auf den wahren Wert der Dinge und auf sich selbst. Deshalb würde ich, selbst wenn ein warmer Millionen-Euro-Regen auf mich niederginge, zweimal überlegen, bevor ich den auf den folgenden Seiten beschriebenen Lebensstil aufgäbe. Sparsamkeit gibt einem ein gutes Gefühl, und das ist unbezahlbar.

Essen

Ideal für den Anfang. Essen müssen wir schließlich alle, und ich bin bestimmt nicht die Einzige, der angesichts des Kassenzettels nach einem anscheinend normalen Supermarkteinkauf buchstäblich die Kinnlade nach unten klappt. Schlimmer noch, nachdem man diese Unmengen gekauft, an der Kasse etwas komisch geguckt, die Taschen nach Hause geschleppt, alles ausgepackt und die Geschirrspültabletten, das Waschpulver und das Toilettenpapier weggeräumt hat, muss man feststellen, dass zwei Kühlschrankfächer locker für den Rest reichen und man in spätestens drei Tagen wieder losziehen kann. Wie ist das möglich? Und wie konnte es so weit kommen, dass zu unserer Schande ein Teil der am Montag gekauften verderblichen Lebensmittel am Freitag in der Mülltonne landet?

Im Supermarkt einkaufen – aber mit Köpfchen

Lassen Sie es einfach. Kaufen Sie im Laden um die Ecke ein, kaufen Sie täglich ein und nur das, was Sie wirklich brauchen: eine Tüte Nudeln und vielleicht ein paar überreife Tomaten vom Gemüsestand um die Ecke, die Sie billiger bekommen. Dazu eine Zwiebel, Olivenöl und etwas Basilikum vom Fensterbrett, und Sie können vier Leute für 50

Cent pro Kopf bekochen. Gut für die Sparsamkeit, keine Frage, allerdings nicht unbedingt praktikabel für Leute, die arbeiten. In diesem Fall…

Shoppen Sie online. Das ist bequem und schont die Nerven. Und Sie können nebenbei fernsehen und ein Glas Wein trinken. Außerdem ist es ein probates Mittel gegen dieses befremdliche, tranceartige Durch-die-Gänge-Schleichen – »Ach, das kenn ich ja gar nicht. Sieht lecker aus. Ich nehm mal ein paar davon mit, obwohl ich keine Ahnung habe, wann oder womit wir das essen sollen« – sowie gegen verrückte Spontankäufe wie »Wow! Handtücher! So billig und so flauschig! Die muss ich kaufen!« –, wobei man nicht behaupten kann, dass Ihre Familie nach jedem Bad tropfend dasteht. Wenn ich im Supermarkt unterwegs und nicht gerade extrem in Eile bin, dreh ich manchmal leicht durch und kaufe Sachen, nur weil ich mich darüber freue, dass sie hier angeboten werden. Wow, Harissa. Wow, Avocadoöl. Wow, und noch so ein lachhaft teurer Kram, der nur in der Küche rumsteht und Staub ansetzt, weil er nie benutzt wird, denn bei mir zu Hause geht es nicht so zu, wie es uns die Lifestylemagazine weismachen. (»Ich hab noch eine Stunde Zeit. Was fang ich nur an? Genau. Ich mache eine Tagine, besser noch, ein ganzes marokkanisches Abendessen – einfach weil's Spaß macht.« Also bitte!) Auch in den Gängen mit Pflegeprodukten und Kosmetik lauert der Wahnsinn. Ich bin absolut zufrieden mit meinem Shampoo zu Hause, erliege aber dem verführerischen Gedanken, das hier könnte besser sein. Ich habe Seife gekauft, die ich nicht gebraucht habe, nur weil ich die Packung so schick fand. (Sie können jederzeit Seife für sechs Euro kaufen. Sechs Euro! Für eine Seife!) Schlagen Sie einen Bogen um Supermärkte, damit tun Sie nicht nur Ihrem Geldbeutel was Gutes, sondern auch Ihrer seelischen Gesundheit.

Noch besser, shoppen Sie online streng nach Einkaufsliste. Heute setze ich mich mit meinen Kochbüchern hin und plane, was ich in dieser Woche koche. Ja, ich weiß, ich bin ein richtiges Hausmütterchen. Ich will mich dafür gar nicht entschuldigen: Es ist ausgesprochen befriedigend. Ich schaue meinen Vorratsschrank und meinen Kühlschrank durch und schreibe auf, was ich brauche. Damit spart man nicht nur ein Vermögen – keine Spontankäufe, keine unnötigen Sachen und nichts, was nur rumliegt, bis es abgelaufen ist* –, sondern es hindert einen auch daran, all diese Snacks zu kaufen, die nur dick machen. Sicher,

---

* Es wäre unverantwortlich, Ihnen hier nahezulegen, Verfallsdaten nicht zu beachten. Dennoch bitte ich Sie, Ihren gesunden Menschenverstand zu benutzen. Ein Joghurt, der ein paar Tage jenseits des Verfalldatums ist, wird nicht gleich eine Katastrophe auslösen, bei einem Hühnchen mag das etwas anderes sein.

das kostet etwas mehr Zeit, aber es spart Ihnen eine Stange Geld.

Je ausgeklügelter diese Einkaufsliste ist, desto besser. Am besten, Sie orientieren sich an den alten hausfraulichen Tugenden und zaubern aus den Überresten vom Sonntagsbraten zwei weitere Mahlzeiten. Falls Sie zum Beispiel ein Hühnchen braten, können Sie mit einer Zwiebel, einer Selleriestange und ein paar Karotten im Handumdrehen eine Hühnerbrühe und daraus wiederum eine Suppe zubereiten. Oder Sie besorgen sich einen Salat (ideal wäre natürlich aus eigenem Anbau, siehe Seite 47 bis 54) und Parmesan und machen aus den Überbleibseln einen Cäsar-Salat mit Hühnchen. Oder Sie nehmen wirklich gutes Brot für Hühnchen-Sandwiches (selbst gebackenes Brot ist billiger, online finden Sie dazu Tausende Rezepte). Apropos Hühnchen, hier noch ein Tipp: Ich möchte immer Hühnerbrühe machen, habe aber nach dem Essen oft weder Lust noch Zeit dazu. Meine Lösung: Ich stecke die Überreste samt Knochen einfach in die Kühltruhe, wo sie problemlos ein paar Wochen bleiben können. Wenn ich dann ein paar Tage später Zeit finde, mache ich meine Brühe (die Basis für eine herrliche Suppe oder ein leckeres Risotto, um nur zwei Beispiele zu nennen). Oder ich warte, bis sich zwei oder drei Restetüten angesammelt haben. Das ergibt dann eine wunderbar konzentrierte Brühe, die das ganze Haus mit einem herrlichen Duft erfüllt – und billiger ist als Duftkerzen. Gibt es etwas Schöneres und Anheimelnderes, wenn man an einem Winternachmittag nach Hause kommt?

Es geht nicht anders, Sie müssen persönlich in den Supermarkt? Dann hier ein paar Tipps, um dort Geld zu sparen: In Supermärkten stehen die teuersten Produkte stets auf Augenhöhe. Weiter oben oder unten im Regal finden Sie die billigeren, jedoch durchaus respektablen Alternativen.

Vergessen Sie die »schicken« Supermärkte. Die sind einfach nur irre teuer. Ich hab mir nur dadurch ein Vermögen gespart, dass ich meine Lebensmittel jetzt in stinknormalen Discountern um die Ecke einkaufe, die ich früher links liegen gelassen habe – mit der arroganten Begründung, das sei ja wie Shoppen im Albanien von 1991: halbleere Regale und eine fürchterliche Beleuchtung. Darüber bin ich inzwischen hinweg. Ich sehe nicht ein, warum ich einen horrenden Aufpreis zahlen soll, weil das Gemüse in hübschen Körben angeboten wird statt in einem nullachtfünfzehn Plastikregal. Ich habe versucht, den Unterschied zwischen einer Billig-Avocado von Lidl und einer teuren aus einem schicken Supermarkt herauszufinden – vergeblich. Und ich bin heikel. Also lassen Sie Ihre Vorurteile zu Hause und sparen Sie ordentlich Kohle. Nur um Ihnen eine grobe Vorstellung zu geben: Als ich dieses Buch schrieb, kostete dieselbe (!) Schachtel Müsli im schicken Waitrose (eine britische Supermarktkette) 2,17 Pfund und bei Lidl 89 Pence. Eine Ananas kostete bei Waitrose 1,49 Pfund und bei Lidl 49 Pence. Eine Ananas ist eine Ananas. Und so weiter. Was soll das Theater? Das geht nur auf Ihre Kosten. Da draußen gibt es eine Fülle von Informationen, wie und wo Sie Geld sparen können. Zum Beispiel bei www.geldsparen.de oder www.bonus.de.

Sie bestehen darauf, weiterhin in dem teuren Supermarkt einzukaufen, weil Sie nur dort (zum Beispiel) Biofleisch bekommen? Aber Sie wären doch wirklich dumm, wenn Sie deshalb

auch noch die Geschirrspülertabletten dort kauften. Oder Toilettenpapier, Waschpulver oder andere Haushaltswaren – Sie bezahlen dafür dort wesentlich mehr, weiß der Teufel, warum.

Hüten Sie sich vor den Schnäppchen, die keine sind, zum Beispiel die billigen Handtücher oben. Ein Schnäppchen ist nur dann ein Schnäppchen, wenn Sie das besagte Ding wirklich brauchen. Andernfalls ist es Geldverschwendung und damit nur traurig und deprimierend. (Das gilt mindestens genauso für Klamotten im Schlussverkauf – siehe Seite 110 f.)

Seien Sie kein Snob, wenn's um Einkäufe im Supermarkt geht. Zum Beispiel gibt es bei Waitrose ein wirklich leckeres Biohähnchen, das um vier Pfund billiger ist als das deutlich weniger leckere Hühnchen von meinem preisgekrönten Schickimicki-Metzger. Ich unterstütze diesen Metzger wirklich und kleine Läden überhaupt, und irgendwie glaube ich, dass Supermärkte eigentlich ganz, ganz böse sind (mit einigen Ausnahmen wie Waitrose, aber diese Kette gibt's ja nur hier auf der Insel). Doch bei einer bestimmten Art von Rotweinkennergetue bekomme ich einfach einen dicken Hals. In einer idealen Welt hätten wir alle einen wunderbaren Bäcker und Metzger und Fischhändler um die Ecke, und die Preise wären durch die Bank reell – nur ist die Welt nun mal nicht ideal. Uns fehlt die Zeit, uns die Hacken abzulaufen und den Duft frischer, von den knorrigen Fingern französischer Bauern geformter Baguettestangen zu schnüffeln – oder die Kohle dafür. Die meisten von uns arbeiten und haben eine Familie, die meisten müssen mit Zeit und Geld haushalten und sind daher auf Supermärkte/Discounter angewiesen. Der Trick dabei ist nur, diese mit Verstand zu nutzen.

In einschlägigen Büchern oder auf Internetseiten werden immer wieder die Hersteller von No-name-Produkten geoutet. Die No-name-Produkte sind häufig (aber nicht immer) mit den Markenprodukten des Herstellers identisch. Die Firma XY verkauft zum Beispiel unter ihrem Namen sündteure, leckere Schokolade, stellt aber auch eine nur minimal weniger leckere Schokolade für die Supermarktkette YX her. Die Eigenmarken der Supermärkte spielen nicht in der Premiumliga der Superlecker-Bioprodukte, aber wenn es – zum Beispiel – um eine Dose Tomaten geht, ist das vielleicht kein Weltuntergang.

Knausern beim Essen weckt bei uns allen gewisse Ängste, denke ich. Wir verbinden damit Billighackfleisch und eine deprimierend graue Freudlosigkeit – wer sieht sich

schon selbst gerne als Billighack-
typ? Ich entschuldige mich nicht
dafür, dass ich nur Biofleisch und
Bioeier esse und normalerweise
(aber nicht immer) auch nur
Biogemüse kaufe. Ich finde die
Vorstellung unerträglich, mich
oder meine Kinder von Fleisch
aus Intensivhaltung zu ernähren, das ist für mich Junkfood.
Lieber ernähre ich mich vegeta-
risch.*

Ich steh auch nicht auf Convenience-Food, diese Fer-
tigsachen, die einem angeblich so viel Arbeit ersparen,
dabei aber, was den Nährstoffwert angeht, erbärmlich
sind und stattdessen voller bedenklicher, blähender,
stimmungsverändernder Dickmacher stecken. Darüber
hinaus sind sie auch noch *unglaublich* teuer verglichen
mit selbst gekochten Sachen.** (Eigentlich ein Riesen-

---

* Ein Fleischesser schreibt: »Wir sollten eigentlich alle Vegetarier werden.«
Das hier ist weder der Ort noch die Zeit, um einen Vortrag über die Vernich-
tung der Wälder zur Schaffung von Weideland zu halten oder über die entsprechenden Auswirkungen auf die Klimaänderung – nach einem Bericht
der Vereinten Nationen von 2006 entstehen durch die Viehhaltung mehr
Treibhausgase als durch den Verkehr –, aber wer auch nur ein klein wenig
um den Zustand unseres Planeten oder seine Zukunft besorgt ist, sollte sich
über die Thematik informieren.

** Zu dem Zeitpunkt, als ich dieses Buch schrieb, kostete ein Topf Schicki-
micki-Kartoffelbrei (wer kauft so ein Zeug?) so viel wie zehn Pfund Kartoffeln. Also wirklich!

schwindel – das Zeug ist schlecht für einen und auch noch sauteuer. Heißt das Zeug Fertignahrung, weil es einen fertigmacht?) Nachdem dies geklärt ist, möchte ich noch hinzufügen: Ich esse keineswegs täglich Fleisch – und auch nicht jede Woche – und ich überlege mir genau, welche Teile ich kaufe: siehe Seite 62 bis 72.

In diesem Buch geht es nicht darum, wie man am Existenzminimum lebt. Aber wir müssen uns darüber klar werden, dass es einen Mittelweg gibt zwischen Billigkonserven und einer Parmesanorgie an der Feinkosttheke. Nicht dass ich grundsätzlich etwas gegen Billigkonserven (oder überhaupt Konserven) hätte. Es gibt langweilige und nicht sonderlich leckere Konserven, aber wenn man für eine Soße klein gehackte Tomaten braucht, wird eine Dose Billigtomaten das Rezept bestimmt nicht ruinieren. Dasselbe gilt für Baked Beans und Dosenlachs. Es muss nicht immer das Beste und Teuerste sein.

Ständig bekommen wir von Fernsehköchen zu hören, dass es beim Kochen vor allem darum geht, aus den hochwertigen Produkten und Superspitzenzutaten das Beste herauszuholen. Bis zu einem gewissen Punkt ist das durchaus richtig, aber bei Weitem nicht so entscheidend, wie sie einen glauben machen wollen. Um sich gut zu ernähren, muss man auch gut kochen können. Nur so kann man aus normalen Zutaten etwas Besonderes zaubern. Mit einem Zwanzig-Euro-Superhähnchen kann jeder eine leckere Mahlzeit auf den Tisch stellen. Mich beeindruckt es wesentlich mehr, wenn jemandem zu den Bio-Hühnerschenkeln aus dem Sonderangebot etwas Feines einfällt.

Die Nachkriegsgeneration ist es vielleicht gewöhnt, nichts wegzuwerfen, und von meinen älteren Freunden höre ich oft, dass es ständig gefüllte Pfannkuchen und Pasteten zu essen gab und man die Reste des Sonntagsbratens noch vier weitere Tage verwendete, aber wir, die wir in den Zeiten des Überflusses groß geworden sind, bekommen es bei der Vorstellung, ein Resteessen zu kochen oder mit fünf Euro vier Leute satt zu bekommen, schnell mit der Angst zu tun. Das kann ja nur unterirdisch werden, denken wir dann, und billig schmecken und aussehen. Da denkt ja jeder, wir leben wie Studenten. Wenn wir nicht unsere Familie, sondern gar unsere Freunde so bekochen sollen, wird die Panik noch größer. Kochen hat schließlich auch was mit Gastfreundschaft und Großzügigkeit zu tun und damit, für liebe Menschen zu sorgen. Das verträgt sich nach unserem Gefühl nicht mit Sparen.

Ich wär mir da nicht so sicher. An einigen der wunderbarsten Abende, an die ich mich erinnern kann, gab es Baked Potatoes und einen rustikalen Rotwein. Die etwas aufgemotztere Version, für die ich mir bis heute eine Vorliebe bewahrt habe, besteht aus wirklich leckeren Makkaroni mit Käse und Salat aus dem eigenen Garten. Das ist mir allemal lieber als Haute Cuisine oder Essen, das hübscher angerichtet ist, als es schmeckt. Wir Briten haben einfach seltsame Ansichten, was Essen angeht. Beziehungsweise, wir haben zu diesem Thema erst seit Kurzem überhaupt Ansichten. Die Behauptung, dass Essen bis in die 50er-Jahre hier auf der Insel überhaupt kein Thema war, ist wohl keine wilde Übertreibung. (Vielleicht lag es ja an den Weltkriegen mit ihren Folgen, die bewältigt werden mussten. Die kulinarischen Folgen der Weltkriege scheinen allerdings die Essensgewohnheiten der Franzosen, Spanier, Italiener oder Belgier weitaus weniger beeinträchtigt zu haben. Daher sieht man sich geradezu zu der Schlussfolgerung gezwungen, dass es den Briten schlicht egal war, was sie aßen.)

Besonders spürbar wird diese Nervosität bei »Einladungen«. Aus irgendeinem Grund sind noch immer überraschend viele Leute der Ansicht, eine »Dinner Party«, also ein festliches Abendessen, sei einem einfachen Abendessen am Küchentisch vorzuziehen, und ohne Leinenservietten, steife Blumenarrangements und teure Zutaten – geschweige denn schweißtreibendes Engagement – gehe gar nichts. Dabei braucht man eigentlich nur eine nette Runde, was Anständiges zum Essen, das alle mögen, und jede Menge Wein und Wasser – und zwar bitte Leitungswasser: Es kostet so gut wie nichts und schmeckt. Abgefülltes Wasser aus der Flasche ist passé – zu teuer und zu viel Plastik (nicht dass ich Ihnen einen Schreck einjagen möchte, aber geben Sie doch mal bei Google »Plastikwasserflasche« und »Antimon« ein). Das mit dem Leitungswasser ist Ihnen nicht ganz geheuer? Dann installieren Sie doch einen Filter unter dem Wasserhahn – in ein paar Wochen haben Sie die Investition wieder drin und ein gutes Gewissen obendrein: Ihr Beitrag zum Müllberg schrumpft deutlich. Wer sich Gedanken über Chemikalien macht, die aus Plastikteilen ins Wasser gelangen könnten, kann es mit einem Keramikwasserfilter versuchen, wie ihn das Rote Kreuz verwendet.

Uns bleiben doch nicht die Abende in Erinnerung, an denen das Essen Sterne-Niveau hatte, sondern eher jene in ungezwungener Runde, an denen das Essen lecker, aber nicht übertrieben war, und alle sich blendend amüsiert haben. Daraus folgt: Erst mal entspannen und sich keinesfalls den Kopf darüber zerbrechen, was man den Gästen vorsetzen soll. Das ist kein militärischer Einsatz und auch kein Persönlichkeitstest, bei dem alle möglichen dunklen Geheimnisse aufgedeckt werden könnten, zum Beispiel, dass Sie ein Geizhals sind. Das ist den Leuten egal, und wenn nicht, dann sollten Sie sich neue Freunde suchen. Sie stehen nun mal auf Sterneküche? Dann lassen Sie sich nicht von preisgünstigen Zutaten bremsen. *Au contraire*, schließlich geht es bei der *cuisine du terroir* genau darum: um Zutaten aus der Gegend und um Schlichtheit.

Die Vorstellung, beim Essen zu sparen, klingt erst mal fies und knauserig, aber im Grunde muss sparsam nicht

»Schluss mit üppig« bedeuten, sondern nur Schluss mit Verschwendung und Maßlosigkeit. Und wenn ich Verschwendung und Maßlosigkeit sage, dann meine ich auch Verschwendung und Maßlosigkeit – ein *Drittel* aller gekauften Lebensmittel landet im Abfall. Das ist logischerweise nicht gut für die Umwelt, denn die Energie, die für die Produktion, den Transport, die Verpackung und die Lagerung der Lebensmittel aufgewendet wurde, ist ebenso vergeudet. Und richtig gut für den Geldbeutel ist das auch nicht. Und ehrlich gesagt ebenso wenig für die Moral. Für die Englischleser unter Ihnen gibt es eine wirklich hervorragende Website, www.lovefoodhatewaste. com, die sich mit all dem befasst und geniale Lösungen anbietet. (Alle anderen werden vielleicht unter www.fragmutti.de oder www.chefkoch.de fündig.) Auf www.lovefoodhatewaste.com finden Sie unter anderem Tipps, wie Sie die Portionen richtig hinbekommen und Reste aufbewahren und wiederverwerten. Dazu gibt es jede Menge kostenlose Rezepte, wie Sie aus Gemüseresten und ein bisschen von diesem und etwas von jenem, das sonst im Müll landen würde, eine Mahlzeit zaubern können. Sie nennen einfach die Zutaten, seien es Kartoffeln, Karotten oder Käse, und flugs kommen die Rezepte. Genial. (Gibt's natürlich auch auf Deutsch, zum Beispiel auf www.kochbar.de.)

An dieser Stelle muss ich etwas abschweifen und Ihnen zwei wundervolle Bücher ans Herz legen, die allerdings – leider! – noch nicht auf Deutsch erschienen sind.

Das erste ist ein fantastisches kleines Buch von Gill Holcombe, Mutter von drei Kindern, und heißt (bitte tief durchatmen): *How to Feed Your Whole Family a Healthy, Balanced Diet. With Very Little Money and Hardly Any Time, Even If You Have a Tiny Kitchen, Only Three Saucepans (One with an Ill-Fitting Lid) and No Fancy Gadgets – Unless You Count the Garlic Crusher.* Die herzhaften, ehrlichen Familienrezepte sind köstlich, und das mit »very little money« ist absolut ernst gemeint – die Wochenplaner für die Mahlzeiten am Buchende kommen mit 30 Pfund (das war 2007) für eine vierköpfige Familie zurecht. (Und sie verwendet nur Biofleisch. Q.e.d.) Ich kann dieses Buch nicht genug empfehlen.

Das zweite Buch, das Sie interessieren dürfte, und das es ebenfalls nur auf Englisch gibt, kostet ärgerlicherweise ungefähr 30 Euro. Schauen Sie es sich näher an (zum Beispiel auf der Website www.thekitchenrevolution.co.uk), bevor Sie es kaufen, oder lassen Sie es sich schenken. Allerdings muss der Fairness halber gesagt werden, dass es praktisch im Enzyklopädieformat daherkommt. Und auf seine Art ein wahres Juwel ist. Es trägt den Titel *The Kitchen Revolution: A Year of Time-and-Money-Saving Recipes* (erschienen bei Ebury Press) und will ein Fanal sein für gutes Wirtschaften, dafür, Geld, Zeit und Energie zu sparen und der Verschwendung den Garaus zu machen. Dieser Vorsatz wird erreicht. Hier geht's mehr ums Essen als im anderen Buch, aber nicht auf eine übertrieben schicke Art. Es nimmt einen an die Hand – man bekommt eine Einkaufsliste für die Woche (im Schnitt 50 bis 60 Euro für eine vierköpfige Familie), die man fantastischerweise herunterladen und ausdrucken kann, um sie zum Einkaufen mitzunehmen. Die Autoren Rosie Sykes, Polly Russell und Zoë Heron führen vor, wie man mit diesen Einkäufen ein großes Essen zubereiten kann sowie zwei weitere Mahlzeiten aus den Resten, ein billiges Abendessen mit saisonalen Zutaten, ein Essen mit Zutaten aus dem Vorratsschrank, ein großes Essen zum Einfrieren und eine Nachspeise. Ganz schön beeindruckend und eine große Hilfe, wenn man mit saisonalen Zutaten und sparsam kochen möchte, aber nicht genau weiß, wo anfangen. Oder sich nicht groß einarbeiten, sondern einfach gesagt bekommen will, was man tun soll. Das Buch begleitet einen durch die 52 Wochen des Jahres. Ich finde es großartig. Ich koche daraus, seit ich mit diesem Kapitel angefangen habe, und wir essen sehr gut und sparen, wie versprochen, ordentlich Geld.

Saisonale Zutaten

Also, es geht darum, sich billiger zu ernähren. Beginnen Sie am besten mit saisonalen Zutaten – das liegt im Trend, ist günstig und schmeckt auch noch, weil saisonales Obst und Gemüse reif und im Übermaß vorhanden ist. Außerdem sinkt so die Wahrscheinlichkeit, dass Ihr Essen mehr Flugmeilen als Sie gesammelt hat. Unten finden Sie eine Tabelle, der Sie entnehmen können, was wann reif ist. Die beste Methode ist und bleibt jedoch, einfach in den Läden vorbeizuschauen und zu gucken, was am billigsten ist – dabei spielt es keine Rolle, ob es sich um internationale Supermarktketten oder kleine Obst- und Gemüsehändler handelt. Halten Sie sich an saisonale Zutaten und frönen Sie dem Luxus. Spargel zum Beispiel, der einen Monat zuvor noch ein Vermögen gekostet hat, ist plötzlich für die Hälfte zu haben. Und eine Sauce Hollandaise kommt nicht teuer. Es lohnt sich auch, die Augen nach Sonderangeboten offen zu halten, wenn Tomaten oder Zucchini den Markt überschwemmen. Vor allem an Straßenständen können Sie günstig abräumen. Kaufen Sie einen Berg davon und verarbeiten Sie ihn zu Soßen, Suppen, Chutneys etc. Suchen Sie nach einem Bauernmarkt in Ihrer Gegend, wo Sie Produkte aus der Region finden, und suchen Sie nach Saisonrezepten – im Internet oder einem Buch Ihrer Wahl.

aid-Saisonkalender

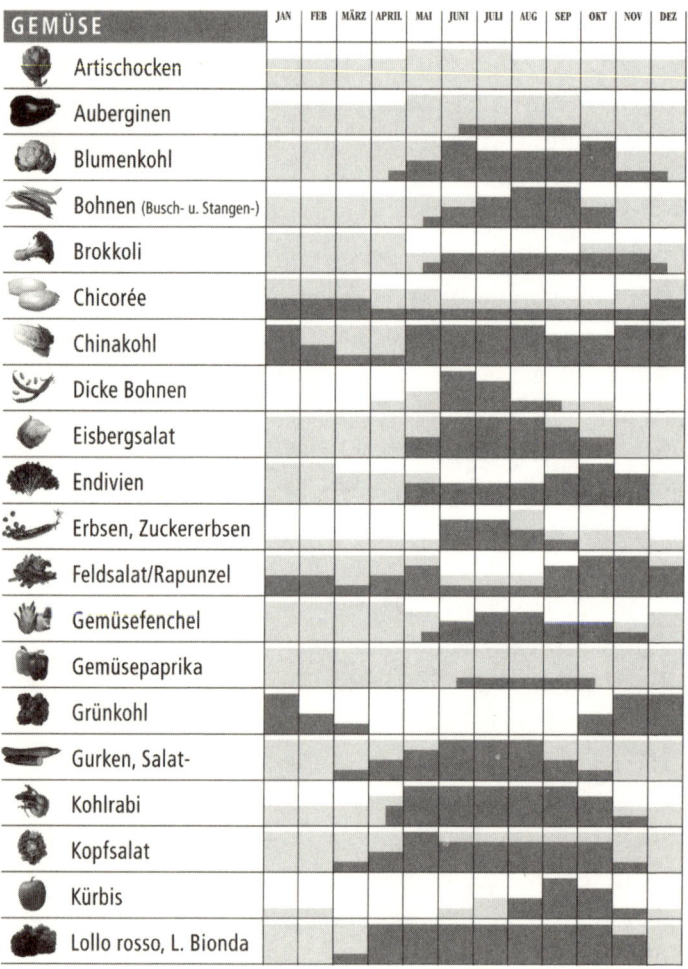

GEMÜSE	JAN	FEB	MÄRZ	APRIL	MAI	JUNI	JULI	AUG	SEP	OKT	NOV	DEZ
Artischocken												
Auberginen												
Blumenkohl												
Bohnen (Busch- u. Stangen-)												
Brokkoli												
Chicorée												
Chinakohl												
Dicke Bohnen												
Eisbergsalat												
Endivien												
Erbsen, Zuckererbsen												
Feldsalat/Rapunzel												
Gemüsefenchel												
Gemüsepaprika												
Grünkohl												
Gurken, Salat-												
Kohlrabi												
Kopfsalat												
Kürbis												
Lollo rosso, L. Bionda												

GEMÜSE	JAN	FEB	MÄRZ	APRIL	MAI	JUNI	JULI	AUG	SEP	OKT	NOV	DEZ
Mangold												
Möhren												
Porree/Lauch												
Radicchio												
Radieschen												
Rhabarber												
Rettich												
Rosenkohl												
Rote Beete/Rote Rüben												
Rotkohl												
Rucola												
Schwarzwurzeln												
Spargel												
Spinat												
Spitzkohl												
Stangen-/Bleichsellerie												
Tomaten												
Weißkohl												
Zucchini												

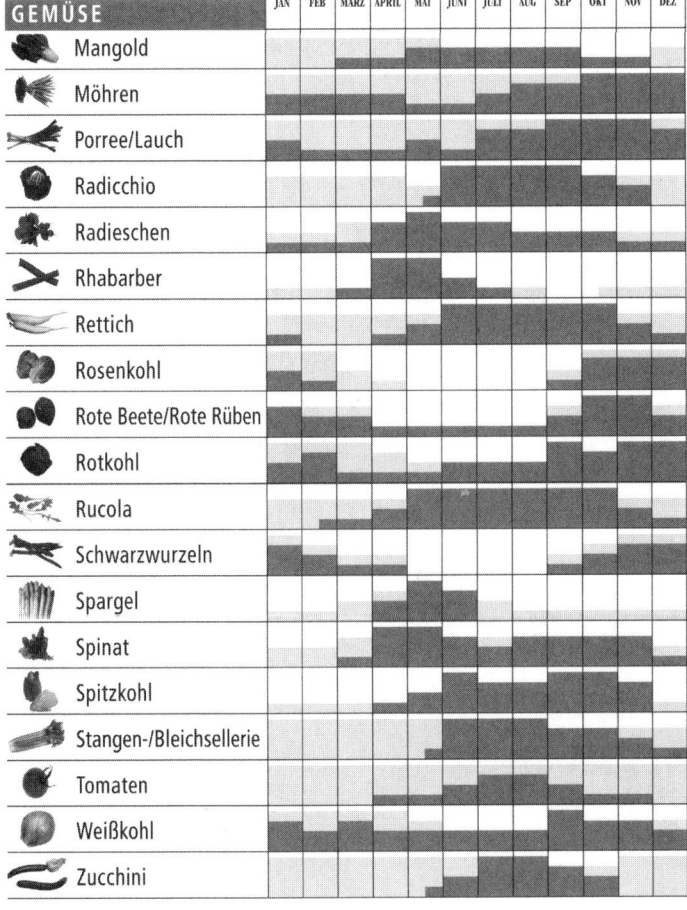

OBST		JAN	FEB	MÄRZ	APRIL	MAI	JUNI	JULI	AUG	SEP	OKT	NOV	DEZ
	Ananas	░	░	░	░	░	░	░	░	░	░	░	░
	Äpfel	▓	▓	▓	▓	░	░	░	▓	▓	▓	▓	▓
	Apfelsinen	░	░	░	░	░					░	░	░
	Aprikosen						▓	▓	░				
	Avocados	░	░	░	░	░	░	░	░	░	░	░	░
	Bananen	░	░	░	░	░	░	░	░	░	░	░	░
	Birnen	▓	▓	░	░				░	▓	▓	▓	▓
	Brombeeren							░	▓	▓	░		
	Erdbeeren					░	▓	▓	░				
	Esskastanien										░	▓	▓
	Feigen								░	░	░		
	Grapefruits	░	░	░	░							░	░
	Haselnüsse										░	▓	▓
	Heidelbeeren							▓	▓	░			
	Himbeeren						░	▓	▓	░	░		
	Holunderbeeren								░	▓	▓		
	Johannisbeeren, rot						░	▓	▓	░			
	Johannisbeeren, schwarz						░	▓	▓	░			
	Kirschen, sauer						░	▓	░				
	Kirschen, süß					░	▓	▓	░				
	Kiwis	░	░	░	░	░	░	░	░	░	░	░	░
	Litchis	░	░									░	░

OBST	JAN	FEB	MÄRZ	APRIL	MAI	JUNI	JULI	AUG	SEP	OKT	NOV	DEZ
Mandarinengruppe												
Mangos												
Melonen												
Mirabellen, Renekloden												
Papayas												
Pfirsiche, Nektarinen												
Pflaumen, Zwetschen												
Preiselbeeren												
Quitten												
Stachelbeeren												
Tafeltrauben												
Walnüsse												
Wassermelonen												
Zitronen												

Monate mit geringen Importen

Monate mit starken Importen

Monate mit Angebot aus heimischem Anbau

43

Ökokistenabos

Ständig in Supermärkten, Gemüse- und Obstläden nach den Preisschildern zu schielen, um saisonale Sonderangebote abzugreifen, ist Ihre Sache nicht? Dann überlegen Sie doch, ob nicht ein Ökokistenabonnement was für Sie wäre. Ich selbst bin da zwiegespalten. Mir ist durchaus klar, dass diese Ökokisten in mancher Hinsicht ein Segen sind – man isst saisonale Bioprodukte, oft aus der Region, und unterstützt zugleich kleine Lieferanten und Bauern. Aber ich habe ein Problem mit diesen Ökokisten, ich schaffe es nicht immer, alles aufzuessen, und habe dann die schlimmsten Schuldgefühle, wenn ich den letzten Rest der liebevoll von Hand und mit Herzblut hochgepäppelten Roten Beete in den Müll werfe.

Außerdem finde ich das, was die Anbieter unter einer Familienkiste verstehen, ganz und gar nicht familientauglich. Was soll man zum Beispiel als sechsköpfige Familie mit zwei kleinen Topinambur, einer Mango oder einem eher klein geratenen Salatkopf anfangen? Vielleicht gehören Sie ja zu den einfallsreichen Küchenfeen, die auch daraus eine Mahlzeit für die ganze Familie zaubern können, mir gelang das nie. Die Sachen sind nur immer klein und hutzlig im Kühlschrank gelegen und haben mir ein schlechtes Gewissen eingejagt, weil ich eine Verschwenderin war, die nichts mit ihnen anzufangen wusste. Das musste gesagt werden, aber es gibt natürlich auch Ökokistenabos – und das sind meines Erachtens die besten –, bei denen man wöchentlich bestellt, was man braucht, und die Produkte vermeidet, die man weniger schätzt – falls Sie also kein Freund von, sagen wir, Kraut sind (meiner Meinung nach ein zu Unrecht geschmähtes Gemüse – suchen Sie bei Google nach Rezepten für Dublin Coddle, einem fantastisch preisgünstigen und phänomenal leckeren Gericht, und dann werden wir sehen, ob Sie Ihre Meinung nicht ändern), dann ersetzen die netten Ökokistenlieferanten dieses Gemüse mit etwas anderem. Im Grunde sind Ökokistenabos wie Handyverträge: Wenn Sie den falschen unterschreiben, wird's teuer und bringt nichts, aber wenn Sie den richtigen Vertragspartner finden, kann eigentlich nichts schiefgehen. Sie brauchen ein Ökokistenabo, das sich Ihren Bedürfnissen und Vorlieben anpasst und bei dem Sie im Internet rechtzeitig nachsehen können, ob die nächste Kiste nicht unwillkommene Überraschungen enthält, die Sie besser abbestellen sollten. Es gibt viele Angebote, suchen Sie das für Sie geeignete aus.

Bauernmärkte

Schauen Sie sich auf den Bauernmärkten und in den Hofläden in Ihrer Umgebung um. Es lohnt sich. Auch hier finden Sie frische saisonale Produkte. Und die können

Sie direkt vom Erzeuger kaufen – ohne überflüssige Verpackung und Flugmeilen. Außerdem können die Bauern ehrlich gesagt jede Unterstützung brauchen, die sie bekommen können. Auch hier gibt es das Vorurteil, Bauernmärkte seien was für die reichen Langweiler aus der Mittelschicht, die ein bisschen auf rustikal machen, aber richtig günstig einkaufen könne man nur im Supermarkt. Das ist schlichtweg falsch. Im Frühling 2007 kosteten zehn Bioäpfel auf dem Peckham Farmer's Market zum Beispiel 1,60 Pfund, während Sainsbury's für sechs Äpfel (und eine Menge Plastikverpackung) 1,99 Pfund verlangte. Vergleichen Sie mal die Preise in Ihrer Gegend.

Der Trick besteht auch hier darin, einfach nur das zu kaufen, was man braucht. Ziehen Sie entweder mit einer Einkaufsliste los oder kaufen Sie nur das, was gut aussieht und Ihnen das Wasser im Mund zusammenlaufen lässt. Aber behalten Sie dabei im Hinterkopf, dass Sie mit Ihren Einkäufen etwas zubereiten müssen – die Sachen sollten also zusammenpassen.

Des Weiteren spricht für Bauernmärkte, dass dort mit offenen Karten gespielt und man nicht mit diesen abgeschmackten Verkaufstricks der Supermärkte traktiert wird – wie künstliche Brotaromen, die durch die Gänge wabern, oder 3-für-2-Angebote, die einen verleiten, Waren, die man weder will noch braucht, nur aus dem irrigen Glauben heraus zu kaufen, sie wären ein »Schnäppchen«. Hier noch ein Supertipp für Bauernmärkte: Gehen

Sie kurz vor Schluss hin und kaufen Sie, was die Verkäufer loswerden wollen. So kommen Sie spottbillig zu Ihren Sachen. Das ist natürlich weniger günstig, wenn Sie bestimmte Dinge brauchen. Aber falls noch ganz offen ist, was heute Abend auf den Tisch kommen soll, können Sie nicht viel falsch machen. Es versteht sich von selbst, dass man überall, wo verderbliche Ware verkauft wird, wie in Bäckereien, zehn Minuten vor Ladenschluss am günstigsten einkauft.

Salat und Gemüse aus eigenem Anbau

Überblättern Sie diesen Teil bitte, wenn Sie der Grüne-Daumen-Typ vom Land sind. Bei Ihnen würde ich nur offene (Glashaus-)Türen einrennen, und die Wahrscheinlichkeit wäre groß, dass Sie meinen idiotensicheren Leitfaden arg simpel fänden. Was natürlich keine Absicht ist, sondern einfach daran liegt, dass ich, was das Gärtnern angeht, vollkommen unbeleckt war. Ich hatte so überhaupt gar keine Ahnung, dass mir nicht einmal Ratgeber für Anfänger weiterhalfen – mir fehlte schlicht das notwendige Vokabular.

Falls Sie aber eingefleischter Städter sind und sich an noch nichts Anspruchsvollerem als einer kleinen Grünlilie versucht haben, dann lesen Sie bitte weiter. Selbst Nahrungsmittel anzubauen ist nicht nur total cool, sondern auch noch unglaublich einfach und bringt, meiner Meinung nach, finanziell wesentlich mehr als die Ökokiste (so hell deren ökologischer Heiligenschein auch leuchten mag).

Ich lebe in London, ich habe keinen grünen Daumen, und das ist noch milde ausgedrückt – tatsächlich scheine ich einen Daumen des Grauens zu haben, wenn es ums Gärtnern geht. Ich habe einen absolut nutzlosen und winzigen gepflasterten Garten, der nach Norden geht und anscheinend als eine Art Schnecken-Shangri-La dient. Aber ich habe Geländer, an die ich Töpfe hängen kann, und weitere Töpfe kann ich auf Fensterbretter und vor die Haustür stellen. Ich lebe in einem Haushalt mit sechs ständig hungrigen Menschen und habe ein- bis zweimal in der Woche Gäste. Ich habe angefangen, meinen eigenen Salat in besagten Töpfen (in zwei davon) anzubauen und musste ihn bisher noch nicht mit diesen chlorgewaschenen, nährstoffunbelasteten, plastikverpackten Blättern aus dem Supermarkt ergänzen. Ich platze vor Stolz auf meine Salatanbauleistung – und mein Salat schmeckt wirklich köstlich. Und bio ist er auch.

Hier die Schritte zur Salatglückseligkeit: Ich bestellte Samen bei Sara Raven's Kitchen & Garden (www.saraven.com), vor allem eine Auswahl mit dem Namen Foodie's Salad Collection. Ich erhielt zehn Setzlinge für 9,50 Pfund, das entspricht etwa elf Euro: jeweils zwei Mizuna (das ist ein japanischer Salat), Eichblatt, Indischer Senf und Lattich sowie eine Kapuzinerkresse namens Black Velvet (sehr hübsch) und einen Senf namens Osaka Purple. Die Setzlinge gingen Mitte April genial verpackt per Post raus. Die Auswahl ändert sich vielleicht von Jahr zu Jahr, aber das Prinzip bleibt gleich:

Sie packen die Setzlinge aus und stellen die Töpfchen kurz ins Waschbecken, die Kleinen haben Durst.

Sie besorgen Kübel, Töpfe oder was immer Sie ergattern können.

Sie legen Tonscherben über die Ablauföffnungen und füllen mit Komposterde auf.

Sie pflanzen die Setzlinge ein. Zugegeben, sie sehen armselig aus und klein, und der Abstand scheint viel zu groß. Jetzt heißt es Zuversicht bewahren!

Sie gießen sie jeden Tag andächtig, und – für mich unverstellbar einfach – in ein paar Wochen haben Sie mehrere *köstliche* Salatsorten zur Auswahl.

Das ist alles. Zum Verrücktwerden einfach. Jetzt brauchen Sie nur noch a) zuzugreifen und zu essen – sprich: den ganzen Salatkopf abschneiden und wegspachteln und zehn Tage warten, bis der nächste so weit ist (was in Ordnung geht, weil Sie ja noch genug andere Salatsorten zur Auswahl haben); oder b) die Hälfte der Blätter zu pflücken, also wenn Sie zwölf Blätter haben, pflücken Sie sechs und so weiter. Dadurch wird die Pflanze zwar kräftiger, aber es macht mehr Spaß, dabei zuzusehen, wie das Ding innerhalb von ein paar Tagen wieder ins Kraut schießt. Und so haben Sie mehr Salat, als Sie brauchen, und das monatelang und für rund elf Euro. Ein weiteres Plus: Kinder sind wirklich scharf darauf, Dinge zu essen, die sie selbst angebaut oder (zumindest ab und zu) gegossen haben.

Ich will jetzt nicht endlos von meinem Salat schreiben, muss aber noch unbedingt ein paar Sätze zu meinen Kräutern fallen lassen – ebenfalls von Sarah Raven und ebenfalls für um die elf Euro – glattblättrige Petersilie, wilder Rucola, Kerbel (wunderbar in Omelettes), Basilikum und Schnittlauch. Funktioniert nach demselben

Prinzip, und die Dinger schmecken nicht nur wunderbar, sondern sind auch noch fantastisch billig verglichen mit den Kleinstkräuterportionen in den schwitzigen Mini-Plastikbeutelchen aus dem Supermarkt. Ich habe auch meinen eigenen Thymian, Rosmarin und marokkanische Minze (am besten geeignet für Tee und frische Minzsoße). Falls Sie diese Kräuter aus Samen ziehen (was ich mich diesmal noch nicht getraut habe), bekommen Sie für jeden Pfennig, den Sie ausgeben, feine Sachen in Hülle und Fülle. Trotzdem finde ich, dass rund 22 Euro nicht viel sind für einen langen Sommer voller Salat und frischer Kräuter.

Ich muss Sie unbedingt noch auf www.rocketgardens. co.uk aufmerksam machen, die sich als »Großbritanniens einziger Lieferant von Instant-Küchengärten« bezeichnen und dafür 2007 sogar einen Preis gewannen (den Good Housekeeping Food Award). Die Angebote dort sind einfach fantastisch, falls Sie sich, wie ich, nicht zutrauen, alles selbst zu machen, das heißt Pflanzen aus den Samen zu ziehen. Die Leute dort schneidern Ihren Garten darauf zu, wie viel Platz Ihnen zur Verfügung steht, egal ob Sie tatsächlich einen Flecken Garten haben oder nur einen Fensterkasten. Ich bestellte den Instant Patio Container Garden* (36,99 Pfund, das entspricht etwa 43 Euro, also dem Preis für zwei Wochen Biogrün aus der

---

* Also einen »Instantgarten für die Veranda«. Den gab's im Juni 2008. Auf der Website können Sie sich über die aktuellen Produkte informieren.

Ökobox.) Dafür bekam ich genug Tomaten, grüne und gelbe Gartenkürbisse, Busch- und Stangenbohnen, gemischten Blattsalat, Mizuna (diesen japanischen Salat), roten, gelben und grünen Mangold, Rucola und Erbsen, um eine ganze Horde hungriger Wikinger den Sommer über durchzufüttern. Die Firma hat auch einen Fenstergarten im Angebot (der erstaunlich ergiebig ist) und ein paar bezaubernde Gärten für Kinder. Aber es gibt auch richtig große Gärten.

Ich will Sie hier nicht mit Webadressen bombardieren, schließlich kann heute jeder mit Google umgehen. Außerdem finden Sie bei den beiden angegebenen Webadressen genug Tipps fürs Gärtnern. Falls Sie aber noch mehr darüber erfahren wollen, sollten Sie auf www.window.box vorbeischauen oder ganz langsam mit Senf und Kresse anfangen. Das mag jetzt leicht albern klingen,

aber wenn man nie zuvor mit Blumenerde in Berührung gekommen und nervös ist, ist das ein wunderbarer Einstieg – so wie Spazierengehen, wenn man Angst vor dem Fitnessstudio hat (siehe Seite 257 bis 259). Oder von einem Punkt zum anderen gelangen will – aber dazu später mehr.

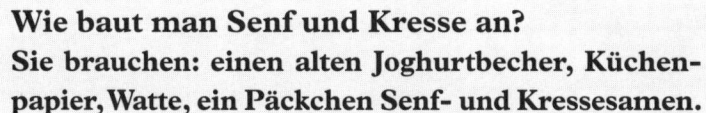

Wie baut man Senf und Kresse an?
Sie brauchen: einen alten Joghurtbecher, Küchen-
papier, Watte, ein Päckchen Senf- und Kressesamen.

Waschen Sie den Joghurtbecher und entfernen Sie das Etikett. Stecken Sie das angefeuchtete, zusammenge-knüllte Küchenpapier in den Becher und legen Sie da-rüber eine dünne Schicht feuchte Watte. Lassen Sie dabei unter dem Becherrand etwa zwei Zentimeter Rand frei. Streuen Sie den Samen auf die Watte und drücken Sie ihn leicht fest. Stellen Sie den Becher an einen warmen, hellen Platz – nach sieben Tagen sollten Senf und Kresse sprießen. Sorgen Sie dafür, dass die Watte stets leicht feucht ist, also gegebenenfalls gießen.

Schrebergärten

Ohne Schrebergärten würde in diesem Ab-schnitt etwas fehlen – zwar schwer ranzukom-men, aber die Mühe lohnt sich. Melden Sie sich bei einem der Vereine und lassen Sie sich auf die War-teliste setzen. Über kurz oder lang werden Sie Ihren Garten bekommen. Ich kenne Leute, die leben praktisch für ihren Schrebergarten und die unschlagbare Kombination aus frischer Luft, körperlicher Betätigung und dem Gefühl, etwas erreicht zu haben.

Nahrungsmittel, die umsonst zu haben sind

Kostenlose Nahrungsmittel, die in der freien Natur wachsen und nur darauf warten, gepflückt zu werden, dürfen natürlich nicht unerwähnt bleiben. Allerdings habe ich selbst außer Brombeeren, Brennnesseln für eine leckere Brennnesselsuppe und wildem Knoblauch (wächst in der Nähe von Hasenglöckchen – an seinem Duft werden Sie ihn erkennen) noch nie fürs Essen gewildert. Wenn Sie sich umsehen, finden Sie genug Lektüre, die Ihnen zeigt, wie Sie diese und andere feine Sachen, von Nüssen und Körnern bis zu Blumen und Pilzen, finden und was Sie damit Leckeres zubereiten können. Ein (britischer) Hippie-Klassiker zu diesem Thema ist *Food for Free* von Richard Mabey. Und wenn Sie Pilze suchen, dann bewaffnen Sie sich bitte mit einem guten Bestimmungsbuch: Frische Schwammerl umsonst sind herrlich, eine Pilzvergiftung dagegen ist tödlich.

Doch zurück zu unserem Essen. Gemüse, selbst gezogen oder gefunden, haben Sie nun, aber vielleicht sind Sie ja kein Vegetarier – was Sie wiederum nicht sein müssen, um ein wunderbares und fleischloses Essen auf den Tisch zu bringen.

Hier komme ich nicht umhin, etwas abzuschweifen und einen kleinen Lobgesang auf die indische vegetarische Küche einzuschieben. Ich kann mich noch schwach an den Aufruhr erinnern, den Edwina Currie, damals Gesundheitsministerin, mit ihrer Bemerkung über Eier und Salmonellen, vor allem aber mit ihren Auslassungen über die schlechten Essgewohnheiten armer Leute auslöste. »Typisch arrogante Mittelschicht!«, schrie die Presse auf. »Die Armen essen, was sie sich leisten können! Lasst sie in Frieden!« So abstoßend ich Ms. Currie fand, dachte ich damals, dass sie mit dem Essen absolut recht hatte und es keinen Grund gab, warum arme Briten sich eine Million Mal schlechter ernähren sollten als arme Inder – und sich in teigige Fettwänste verwandeln und ihre Kinder in kleine Möpse. Und dafür auch noch ein Schweinegeld ausgeben sollten.

Es ist ein absoluter Trugschluss, wenn auch ein sehr hartnäckiger, dass »gesundes« Essen teurer ist. Das stimmt einfach nicht – nicht einmal annähernd. Gesundes Essen schmeckt anders, weil es nicht voller Chemikalien und Zusatzstoffe steckt. Und wenn man an industriell gefertigten und mit Zusatzstoffen überladenen Mist gewohnt ist, schmeckt einem das vielleicht nicht, so wie Leute, die ständig Diet Coke trinken (was nicht billig ist), völlig ausflippen und jammern und wehklagen, sie könnten unmöglich Wasser trinken (umsonst), das schmecke ihnen nun mal nicht. Was ein ganz anderes Thema ist. Doch was das Geld betrifft, ist die Sache eindeutig. Man könnte sechs Leute problemlos mit Reis, Dhal und Raita durchfüttern und müsste dafür deutlich weniger ausgeben als für eine erbärmliche Tiefkühlpizza oder ein schrottiges Fertiggericht. Und wenn man Zeit hat, könnte man noch Chapattis dazu machen (Zutaten: Mehl und Wasser), wofür man noch mal 30 Cent ausgeben müsste. Damit stellen Sie etwas Leckeres und Nahrhaftes auf den Tisch, das allen schmeckt, und erhalten noch ordentlich Wechselgeld von Ihren fünf Euro zurück – eine Tüte rote Linsen kostet im Supermarkt zur Zeit einen knappen Euro und beim Inder um die Ecke etwas mehr als die Hälfte. (Tipp: Kaufen Sie Hülsenfrüchte, Gewürze, Reis, Chutneys und Zutaten in einem Asialaden – Sie zahlen dort die Hälfte dafür und bekommen wegen des hohen Umsatzes frischere Ware. Das gilt auch für die riesigen Mengen Koriander, Ingwer, Knoblauch, frische Chilis und in der entsprechenden Jahreszeit umwerfende Alfonsomangos – eine Offenbarung nach den harten, unverdaulichen, überteuerten Kanonenkugeln aus dem Supermarkt.*)

Ich bin froh darüber, in Großbritannien und nicht in Indien zu leben, aber wir bekommen ständig zu hören, Curry sei unser neues Nationalgericht, und daher finde ich es an der Zeit, dass wir alle miteinander endlich ka-

---

* Auch in türkischen Supermärkten gibt es oft für wenig Geld viele frische Kräuter und frisches Gemüse.

pieren, dass indisches Essen schnell, einfach und unglaublich billig ist, wenn man sich an die Grundregeln hält. Vor ein paar Monaten hatte ich Gäste eingeladen und keine Lust, in den Supermarkt zu gehen. Außerdem war ich auf dem Spartrip und wollte so wenig Geld wie möglich ausgeben, weshalb ich zu meinem Inder in der Drummond Street ging und zwölf Leuten ein ausgesprochen feines, duftendes, umwerfendes indisches Festmahl für unter 20 Pfund (etwa 23 Euro) vorsetzte – ohne Wein, aber inklusive einem prächtigen Mangocurry, von dem manche noch heute schwärmen. (Es war Mangosaison, und sie waren fast schon überreif. Man bekam sie kistenweise für einen Spottpreis.) Das ist also mein heißester Tipp, wenn Sie für wenig Geld köstlich essen wollen. Und dieser Tipp ist sehr, sehr gut, auch wenn das nach Eigenlob stinkt.

Sie können nicht indisch kochen? Nun, das hier ist nicht gerade ein Kochbuch, aber zwei Kochbücher sind bei mir ständig im Einsatz: 1) *30-Minute Indian* von Sunil Vijayakar (eine geniale Köchin, von der auch einige Bücher auf Deutsch erhältlich sind, zum Beispiel *Indisch kochen: Die asiatische Küche frisch genießen*) und 2) Vicky Bhogals *Cooking Like Mummyji* (ein Meisterwerk über die Küche, die ich bei meiner Oma kennenlernte, gut geschrieben und einfach zu kochen).

Ein leckeres indisches Currygericht mit Variationen

Hierbei handelt es sich um ein Basic der indischen Küche, eine sehr aromatische Currysoße, die Sie nach Gusto mit Gemüse aufpeppen können. Werfen Sie rein, was Sie im Kühlschrank finden und was weg muss, und sie schmeckt wunderbar. Mit frischem Gemüse schmeckt sie deliziös.

Für 4–6 Personen

1 mittelgroße Zwiebel, klein gehackt
3 EL Pflanzenöl (ich verwende Erdnussöl)
1 daumengroßes Stück Ingwer, geschält und grob gerieben
2 grüne Chilischoten, entkernt und klein gehackt
½ TL gemahlener Kreuzkümmel
½ TL gemahlener Koriander
1 Stange Zimt
Samen von 6–8 Kardamonkapseln
1 Prise Kurkuma
Salz
2 Dosen stückige Tomaten

1. Die Zwiebel bei mittlerer Hitze anbraten, bis sie weich ist.
2. Den Ingwer, die Chilis, Gewürze und eine großzügige Prise Salz zufügen, die Hitze verringern und fünf Mi-

nuten köcheln lassen, damit die Gewürze ihr Aroma freigeben. Dabei umrühren, damit nichts anbrennt. Wenn's zu kleben beginnt, ein paar Tropfen Wasser dazugeben.

3. Die gehackten Tomaten hinzufügen.

4. Im Lauf der nächsten fünf bis zehn Minuten trennt sich das Öl von den Tomaten. Daran erkennen Sie, dass die Soße fertig ist.

5. In diese Soßenbasis geben Sie nun alles an Gemüse, was Sie haben. Bedenken Sie dabei, dass hartes Gemüse (wie Kartoffeln) länger braucht als weiches Gemüse (wie Spinat) und daher zuerst rein muss. Also, rein mit dem Gemüse Ihrer Wahl und einer weiteren großzügigen Prise Salz, umrühren, eine Tasse Wasser zugeben, wenn die Soße für Ihr Gefühl zu fest wird.

6. Köcheln lassen, bis das Gemüse weich ist, was, je nach Ihrer Wahl, 5 bis 15 Minuten dauern kann. Hier ein paar Gemüsevorschläge (einzeln oder in beliebiger Kombination):

* Kartoffeln, in Stücke geschnitten
* tiefgefrorene Erbsen
* selbst gemachter Käse (Paneer, siehe Seite 78 bis 80)
* grüne Bohnen, auf dieselbe Länge geschnitten
* ganze Babyschalotten, geschält
* Blumenkohlröschen
* Pilze
* Kohl, klein geschnitten
* Gartenkürbis, in Scheiben geschnitten

* Zucchini
* Kürbis, in Würfel geschnitten

Varianten:

* Fügen Sie eine Tasse gewaschener roter Linsen hinzu, füllen Sie mit Wasser auf, und fertig ist das Dhal. Geben Sie noch mehr Wasser dazu, und Sie haben eine Linsensuppe.
* Verwenden Sie nur zwei Esslöffel Tomaten und dazu eine Dose Kokosmilch. Das bedeutet allerdings, dass Sie alles bei niedriger Hitze vor sich hin köcheln lassen müssen und die Sache mit dem Öltrennen vergessen können. So erhalten Sie eine leckere, eher südindische Grundlage, die vollkommen anders schmeckt.
* Experimentieren Sie mit ein, zwei Prisen Garam Masala oder Tandoori Masala zehn Minuten vor dem Servieren. Mal sehen, wie das schmeckt.
* Geben Sie zum Gemüse Reste vom Vortag – Hühnchen oder Lamm passen besonders gut. Selbst mit einem kleinen Stückchen Fleisch schmeckt es schon wieder anders.
* Die Kokosmilchvariante ist besonders köstlich mit Krabben. Und fantastisch mit Lamm und Spinat.
* Experimentieren Sie mit frischem Fisch. Aber bitte mit robustem Fisch, der nicht so leicht zerfällt.

* Ein paar großzügige Löffel Joghurt in die Basissoße sorgen für einen kräftigeren Unterton, aber aufgepasst: Nicht zu heiß werden lassen, sonst gerinnt der Joghurt.

* Sie fürchten, es kann nur langweilig schmecken, wenn man einen Haufen klein geschnittene Kartoffeln in die Soße gibt? Weit gefehlt, das schmeckt fantastisch.

* Tiefkühlerbsen + selbst gemachter Käse (siehe Seite 78 bis 80) = Maatat Paneer; Spinat + selbst gemachter Käse = Sag Paneer.

* Soßen auf Tomatengrundlage können Sie mit einer Dose abgespülter Kichererbsen aufpeppen und strecken, bei Soßen auf Kokosbasis funktioniert das nicht. Falls die Soße zu dick wird, einfach Wasser zugeben.

* Ihr Vorratsschrank ist völlig leer? Dann tut es auch eine Dose Kichererbsen mit etwas grünem Gemüse – ein sehr herzhaftes Essen.

* Eiercurry (meine Leibspeise): Geben Sie klein geschnittene Kartoffeln in die Tomatensoße. Fügen Sie dann zehn Minuten vor dem Servieren noch halbierte weichgekochte Eier hinzu. Löffeln Sie die Soße über die Eier, damit diese den Geschmack aufnehmen und schön warm werden. Mit Korianderblättern servieren, dann schmeckt's noch besser.

Fleischwaren

So, nun wenden wir uns wieder der Welt der Fleisch-fresser zu. Zum Glück für Pfennigfuchser liegen billige Fleischstücke momentan unglaublich im Trend.

Rindfleisch

Fangen wir hier an, wo man mit den billigsten Stücken die beste Seelennahrung zubereiten kann. Dazu wirft man diese Stücke morgens in den Topf und lässt sie den ganzen Tag leise vor sich hin köcheln. Und wenn man abends nach Hause kommt, hat man was Leckeres zum Spachteln. Sie lassen ungern das Gas an, wenn Sie nicht zu Hause sind? Suchen Sie sich bei eBay einen gebrauchten Slow Cooker (Langsamkochtopf). Mehr als zehn, zwölf Euro sollte der nicht kosten.

- **Der Rinderkamm** ist das Stück zwischen Hals und Schultern. Er ist billig und schmeckt köstlich, braucht aber lange, bis er zart ist – wie die meisten billigeren Stücke. Geeignet für Eintöpfe, Currys und zum Schmoren.

- **Beinfleisch** eignet sich hervorragend für Eintöpfe und zum Auskochen für eine Rinderbrühe.

|| **Brust und Bauchlappen**, dazu gehören Rinderlappen, Rippenbogen, Kronfleisch (Zwerchfellstück) und Bruststück, sind weitere Stücke, die sich wunderbar für Eintöpfe, zum Schmoren, langsamen Braten und Dünsten oder für Hackfleisch eignen.

|| **Bauchlappen und Rippenbogen** eignen sich sehr gut zum Kurzbraten, brauchen aber etwas Unterstützung, um richtig zart zu werden, sprich: Sie müssen mariniert werden, um nicht zäh, sondern himmlisch zu schmecken.

Online finden Sie Hunderte von Rezepten, wie Sie marinieren und aus diesen Stücken das Beste rausholen, damit sie nicht fasrig schmecken, sondern auf der Zunge zergehen.

Lammfleisch

Mir gefällt es sehr, dass Lamm per se aus Freilandhaltung stammt. Billige Stücke sind: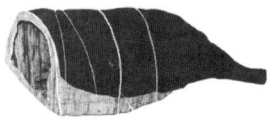

|| **Nacken**, wunderbar für Eintöpfe und als Hackfleisch.

|| **Schulter** schmeckt langsam gebraten unglaublich lecker. Man kann sie aber auch in Würfel schneiden

und damit einen unserer geliebten Eintöpfe oder Currys zubereiten.

❚❚ **Brust** ist vielseitig verwendbar, man kann Hackfleisch daraus machen, Kebabs oder Burger.

❚❚ **Und vergessen Sie nicht das Hammelfleisch.** Es ist billig, unglaublich geschmacksintensiv und erlebt gerade so was wie eine Renaissance bei den Feinschmeckern. Der Prince of Wales hat sogar extra eine Website mit Informationen über dieses unterschätzte Fleisch lanciert; www.muttonrenaissance.org.uk.

Schweinefleisch

❚❚ **Schweinebauch** ist ein herrliches Stück Fleisch und belohnt langsames Kochen mit einem sensationellen Geschmackserlebnis und einer Zartheit, über die Ihnen jeder Chinese Bände erzählen könnte. Man kann ihn Stunden kochen, und er wird nicht trocken, sondern bleibt saftig, was ich persönlich wahnsinnig liebe.

❚❚ **Schweineschulter** ist ebenfalls wunderbar zum langsamen Braten.

❚❚ **Schweinenacken** liefert leckere Koteletts, Spareribs, Schweinesteaks, Hackfleisch und Schweinegulasch.

Schweinebacken sind wahrscheinlich mit das Beste vom Schwein – extrem billig und auf der Speisekarte einiger Londoner Toprestaurants zu finden.

Durchwachsener Speck ist das billigste Stück – und für mich das beste, Sparsamkeit hin oder her.

Ein leckerer Eintopf mit Variationen
Für 4–6 Personen

2 Zwiebeln, grob geschnitten
1 EL Olivenöl
1 EL Butter
1 Thymianzweig oder 2 Lorbeerblätter
800 g Rindfleisch in Stücken (Rinderkamm, Beinfleisch, Bauchlappen oder Rippenbogen)
1 gehäufter EL Mehl
2 Pastinaken, in grobe Stücke geschnitten
4 Karotten, in grobe Stücke geschnitten
2 EL pürierte Tomaten
1 Knoblauchzehe, klein gehackt
1 Dose Bier oder ½ Flasche billigen Rotwein
285 ml Wasser oder Brühe
Salz und frisch gemahlener Pfeffer
eine Handvoll Petersilie und Dill, klein gehackt

1. Zwiebeln in einem großen gusseisernen Topf in Öl und Butter anbraten.
2. Thymian und die Lorbeerblätter hinzufügen.
3. Die Fleischstücke im Mehl wälzen und mit den Pastinaken, den Karotten, den pürierten Tomaten, dem Knoblauch, dem Alkohol und der Brühe in den Topf geben.
4. Salzen, pfeffern, umrühren und aufkochen lassen.
5. Entweder auf der Platte leise köcheln lassen oder in den auf 160 °C vorgeheizten Backofen stellen.
6. Drei bis vier Stunden kochen, bis das Fleisch zart ist. Es ist fertig, wenn es zerfällt, sobald man die Stücke zu teilen versucht.
7. Eintöpfe schmecken am Tag zuvor gekocht immer besser. Dann kann man das überschüssige Fett abschöpfen. Einfach aufwärmen, die Petersilie und den Dill drüberstreuen und mit Kartoffelpüree servieren.

Variationen:
* Sie könnten weiße Bohnen daruntergeben.
* Wurzelgemüse passt zu allen Eintöpfen, verwenden Sie also neben Karotten und Pastinaken ruhig auch Rüben, Sellerie, Fenchel, Rote Beete oder Topinambur.
* Italienischer schmeckt die Angelegenheit, wenn Sie die Weinvariation wählen und eine große Dose Tomaten hinzufügen und eine kleine Dose Anchovis. Und am Schluss mit schwarzen Oliven und fein gehackter Petersilie und zerzupften Basilikumblättern garnieren.

* Sie können genauso Lammfleisch verwenden, aber dann bitte nicht mit Bier aufgießen. Probieren Sie es mit Lammnacken, -schulter oder -brust oder mit Hammelfleisch. Gehen Sie vor wie oben, aber gießen Sie mit Wein auf. Eine französisch-provenzalische Note erreichen Sie, wenn Sie nach der Hälfte der Kochzeit braune Linsen hinzufügen. Orientalisch wird's, wenn Sie die Zwiebeln mit gemahlenem Kreuzkümmel, Zimt und Piment anbraten, mit Wasser statt Wein aufgießen, die Pastinaken weglassen und stattdessen zwei grob geschnittene Auberginen nach der Hälfte der Kochzeit hinzufügen.
* Schweinefleisch schmeckt am besten mit chinesischen Gewürzen. Dazu passt weder Wein noch Bier, geben Sie besser einen Schuss Sherry zu Wasser oder Brühe sowie Sternanis und 150 ml Sojasoße. Geben Sie mit dem Knoblauch ein fingergroßes, klein gehacktes Stück Ingwer in den Eintopf und servieren Sie das Ganze mit fein gehacktem Koriander.

Innereien

In den letzten Jahren bin ich etwas heikel geworden, was Innereien angeht, eine Schande – als Kind waren Hirn in brauner Butter* und »Hirn-Masala« (eine Spezialität meiner Mutter, was insofern bemerkenswert ist, als sie inzwischen eine ausgesprochene Vegetarierin geworden ist) meine Lieblingsgerichte. Beim Gedanken daran läuft mir das Wasser im Munde zusammen. Ich finde, Innereien sind völlig zu Unrecht in Verruf geraten, und das hat viel mit dieser Vermenschlichung der Tiere zu tun – ach, das Hirn des süßen Kälbchens, oh, die Nieren des niedlichen Lämmchens. Eigentlich ziemlich nervig. Entweder man isst Tiere oder nicht. Und wenn man sie isst, dann bringt es ehrlich gesagt nichts, wegen des einen oder anderen Stück Fleischs ein Mordsgewese zu veranstalten, während man die anderen munter wegmampft – das ist einfach nur unnötig heikel (dabei bin ich zugegebenermaßen selbst heikel – ich kann keine Zunge essen). Und wenn Sie Wurst essen, haben Sie bereits Penis, Anus, Darm und Augäpfel gegessen, also so gesehen… Außerdem sind Innereien unglaublich nährstoffreich und billig, und Sie unterstützen so, dass nichts von dem Tier verschwendet wird. Ganz zu schweigen davon, dass es schmeckt – denken Sie nur an Ochsenschwanzsuppe. Sie wollen mehr darüber wissen? Dann schauen Sie sich die

---

* Mir fehlen die Worte, um zu beschreiben, wie köstlich das schmeckt(e).

Rezepte in Fergus Hendersons Standardwerk *Nose to Tail Eating* an.

Die im Buch erwähnten Kochbücher sind übrigens nur Empfehlungen, Sie finden sicher ähnliche Bücher auf dem deutschen Markt und in Ihrer öffentlichen Bücherei. Außerdem gibt es online genug Rezepte.

Weil wir gerade dabei sind, hier eine Handvoll meiner Favoriten unter den englischsprachigen Kochseiten und -blogs:

www.chocolateandzucchini.com
In Englisch (oder Französisch) geschriebener Blog einer jungen Französin, die liebevoll schildert, was sie isst, kocht, kauft und bäckt. Wunderbare Rezepte, gut und schwungvoll geschrieben, hält locker mit den besten Kochbüchern mit.

www.chow.com
Großartige Website mit Rezepten, Blogs, Nachrichtenboard und Videos – ausgesprochen nützlich.

www.101cookbooks.com
Ein Online-Kochtagebuch mit größtenteils vegetarischen Rezepten. Die Rezepte sind fantastisch, und es gibt auch Foren.

📖 *www.theendivechronicles.com*
Ich liebe diese Rezepte.

📖 *www.pinchmysalt.com*
Noch eine Sammlung mit wunderbaren Rezepten –
schicke Hausmannskost, wie man sie liebt.

📖 *www.cookingforengineers.com*
Eine dieser Seiten für analytische Denker. Erklärt auf
geniale Weise, wie's funktioniert und warum.

📖 *www.foodwishes.blogspot.com*
Ein Videokochbuch!

📖 *www.startcooking.com*
Eine Seite für Anfänger.

Noch ein letzter Tipp zum Thema Fleisch: Essen Sie
weniger davon. Und gehen Sie intelligent damit um. So
sollten Sie zum Beispiel, falls Sie nach langen fleisch-
losen Wochen plötzlich ein Heißhunger nach Fleisch
überkommt, nicht einfach ein Filetsteak kaufen, braten
und essen – davon wird nur einer satt. Lassen Sie sich
was einfallen: Schneiden Sie es zum Beispiel in dünne
Scheiben und machen Sie einen Thai-Rindfleischsalat
daraus – davon werden vier satt (im Kasten unten finden Sie ein leckeres Rezept dafür). Sie essen gerne öfters

Fleisch? Dann kaufen Sie sich eben billigere Stücke. Für Sie ist Fleisch etwas Besonderes? Kaufen Sie sich das beste Stück, das Sie sich leisten können, und versuchen Sie möglichst viel daraus zu machen.

Thailändischer Rindfleischsalat (scharf)

Für 4 Personen

2 EL Tamari-Sojasoße
3 EL Erdnussöl
2 EL Fischsoße (Nam pla)
Saft von 2 Limetten
100 g Steak (Lende, Filet), so dünn wie
   möglich quer zur Faser geschnitten
1 Stück (2,5 cm) frischer Ingwer, geschält
   und gerieben
1 TL Zucker
2 Knoblauchzehen, zerdrückt
2–3 frische rote Chilis, fein geschnitten
50 ml Brühe
Öl zum Braten
25 g Kokoscreme, gerieben
glatte Petersilienblätter, gezupft
Romanasalat, zerzupft

2 Frühlingszwiebeln, in Ringe geschnitten
1 Handvoll Koriander, gehackt

1. Vermischen Sie jeweils einen Esslöffel Tamari-Soja-soße, Erdnussöl, Fischsoße und Limonensaft miteinander. Verteilen Sie die Mischung über das dünn geschnittene Steak, sodass es von allen Seiten bedeckt ist, und lassen Sie es etwa eine Stunde in der Marinade ziehen.

2. Geben Sie für das Dressing das, was von der Tamarisoße, dem Öl und der Fischsoße übrig ist, in eine Schüssel, und schlagen Sie das Ganze mit zwei Löffeln Limonensaft, dem Ingwer, dem Zucker, dem Knoblauch, den Chilis und der Brühe auf.

3. Geben Sie einen Schuss Öl in eine Pfanne. Erhitzen Sie es auf mittlerer Flamme, und geben Sie, wenn das Öl heiß ist, das dünn geschnittene Rindfleisch hinein. Unter Rühren so lange anbraten lassen, bis es außen braun ist.

4. Schütten Sie das Dressing drüber, und rühren Sie, wenn es aufkocht (was nur ein paar Sekunden dauert), die Kokoscreme und die Petersilie hinein.

5. Servieren Sie das Rindfleisch auf den Romanasalatblättern, und streuen Sie die Frühlingszwiebeln und den Koriander darüber.

Fisch

Nun zum Fisch. Das mit dem Fisch ist nicht so einfach. Wildwasserfisch zu fischen oder zu angeln ist böse. Die Fische werden immer weniger, ihr Ökosystem wird zerstört, das Wasser vergiftet. Greenpeace empfiehlt, weniger Fisch zu essen, aber wir scheinen alle mehr zu essen: so lecker und so gesund und frei erhältlich für jeden, der eine Angel hat. Wildwasserfische sind offensichtlich nicht unbegrenzt vorhanden, und es ist schwierig, sie nachhaltig zu fischen. Fisch aus Aquakultur, die Kritiker mit Bergbau vergleichen, ist die einzige Möglichkeit, die Nachfrage zu befriedigen, vor allem, wenn es um die ganz oben in der Nahrungskette angesiedelten Fische wie Thunfisch und Lachs geht. Das Problem ist nur, dass Aquakultur die Umwelt schädigt: Das Wasser wird verschmutzt, Wildwasserfische werden dezimiert (sie dienen als Nahrung), Krankheiten und Parasiten auf die wilden Arten übertragen und andere Meerestiere bei dem Versuch gefährdet, die Aquakulturen vor ihnen zu schützen. Hat schon was von einem Horrortrip, diese Fischsituation.

Ich will hier nicht lang predigen, also falls Ihnen das alles egal ist und Sie wie bisher Fisch essen wollen, dann bitte. Andererseits sind laut den Nahrungsmittel- und Umweltorganisationen weltweit 70 Prozent der Fischbestände am Limit, bereits überfischt oder gefährlich dezimiert. Ein Grund, uns vielleicht doch zu bemühen, unseren Fischkonsum zu überdenken und auf Nachhaltigkeit zu achten. Greenpeace rät deshalb zu Fisch a) aus nachhaltig betriebener Fischerei* und b) dass bei dessen Fang keine Fangmethoden verwendet wurden, die die Meeresumgebung oder -bewohner schädigen oder zerstören.

Das ist gut und schön, aber in der Realität ist es natürlich sehr schwer festzustellen, ob besagter Fisch aus nachhaltigem Fang stammt. Ein weites und sehr komplexes Feld, falls Sie mehr darüber wissen wollen, finden Sie im Internet genug Material über Gefahren und Methoden der Fischereiwirtschaft und Rat und Tat, wie man sich als Verbraucher verhalten soll beziehungsweise welchen Fisch man guten Gewissens essen kann und welchen man besser meiden sollte.

Bis dahin hier ein paar Richtlinien:

- **Essen Sie weniger von den großen Fischen** wie Thunfisch, Schwertfisch oder Hai. Dies sind die gefährdetsten Arten, und außerdem leben sie am längsten, haben den höchsten Fettanteil und speichern im Lauf ihres Lebens am meisten Toxine.

- **Essen Sie kleinere Meerestiere** wie Muscheln, Schnecken, Sardellen und Sardinen. Davon gibt

---

* Das heißt, dass nicht mehr Fische gefangen werden, als nachwachsen können.

es mehr, und sie pflanzen sich schneller fort, daher sind sie weniger gefährdet. Außerdem haben sie weniger Fett und lagern damit weniger Toxine ein. Und glücklicherweise sind sie auch noch billiger.

In Europa arbeiten die wenigsten Fischereiflotten nachhaltig. Am ehesten sind noch mit Schleppangeln gefangene Fische zu empfehlen und Fische von kleinen Kuttern, die küstennah fischen und jede Unterstützung brauchen können.

Die Supermarktketten reagieren langsam, aber doch auf die Überfischung und richten ihre Einkaufspolitik zunehmend danach aus, ob es sich um »nachhaltigen Fisch« handelt, der den Ökostandards genügt. Im Internet erfahren Sie mehr darüber, wie es um die Nachhaltigkeit Ihres Supermarkts und Ihres Lieblingsfisches steht und welche Alternativen es gibt.

Ihr Fischhändler um die Ecke bezieht seinen Fisch vielleicht aus einer nachhaltigen Quelle – fragen Sie ihn.

Fragen Sie stets, wenn Sie Fisch kaufen, woher er stammt und wie er gefangen wurde. Und kaufen Sie den Fisch nicht, wenn man Ihnen diese Frage nicht beantwortet oder Sie mit der Antwort nicht zufrieden sind.

🐟 **Eine nützliche Website ist** www.fishonline.org/site/www/search/simple. Sie hätten's lieber auf Deutsch? Kein Problem, versuchen Sie es zum Beispiel auf der Seite des WWF: www.wwf.de/themen/meere-kuesten/ueberfischung/einkaufsratgeber-fische-meeresfruechte.

Milchprodukte

Es gibt noch eine ganze Menge Dinge, die Sie selbst machen können, unter anderem die Zutaten fürs Essen. Es ist zum Beispiel überraschend einfach, Käse zu machen. Man braucht Milch, klar – Kuhmilch (das Zeug, das man in der Flasche kaufen kann, tut es vollkommen, falls Sie gerade keine Kuhherde rumstehen haben), Ziegenmilch, Schafmilch, Büffelmilch und sogar Milchpulver gehen in Ordnung. Für weichen Frischkäse – Quark, Topfen oder wie immer Sie ihn nennen – reicht lebender Joghurt oder Zitronensaft (siehe unten) als Kultur. Bei komplizierteren Käsesorten werden Sie um eine Starterkultur (im Grunde genommen nichts anderes als nützliche Bakterien) nicht herumkommen. Vielleicht brauchen Sie auch noch Lab – das kommt darauf an, welchen Käse Sie machen wollen – und Salz, Kräuter oder andere Gewürze.

Zu diesem Thema finden Sie jede Menge Tipps im Internet.

Hier das Rezept, mit dem alles anfing – leider weiß ich nicht mehr, woher ich es habe, weil ich es in mein Online-Kochbuch kopiert habe. (Ich lege Ihnen dringend nahe, erstellen Sie sich auch so ein Kochbuch mit den Rezepten, die diese genialen Hobbyköche ins Internet stellen – es kostet nicht nur nichts, es wird in null Komma nichts zur Bibel. Ich machte das mit einem Apple und der Software, die man dazu bekommt und mit der das Erstellen einer Website oder eines Blogs so einfach ist, dass es bereits peinlich wird. Der Vorteil ist: Ihre Familie und Ihre Freunde können jederzeit Ihre Seite/Ihren Blog lesen und sind so auf dem Laufenden. Im Internet gibt es unendlich viele Seiten mit Rezepten und genialen Artikeln rund ums Essen – und das umsonst.)

Kinderleicht: Käse selbst gemacht

Wir machen also unseren eigenen Frischkäse, das ist der einfachste von allen. Denken Sie in Richtung Ricotta, Quark, Topfen oder Paneer – weich und mild und rein im Geschmack.

Für 400 g brauchen Sie:
einen großen Topf
einen Holzlöffel
ein Sieb
ein großes Tuch aus dünner Baumwolle – mopsen Sie eine alte Windel, eine allzu dünne können Sie einfach zusammenlegen
eine Schüssel, in der das Sieb gut Platz hat
eine Schnur

2 Liter vollfette Biomilch
4–5 EL frisch gepressten Zitronensaft

1. Die Milch in den Topf gießen, der groß genug sein sollte, damit die Milch nicht überkocht. Auf mittlerer Hitze zum Kochen bringen, dabei mit dem Holzlöffel umrühren, damit die Milch nicht anklebt. Während-dessen die Zitronen ausdrücken.
2. Wenn die Milch kocht, von der heißen Platte nehmen und sofort den Zitronensaft zugeben – allerdings lang-sam, nicht auf einmal.

3. Während Sie den Zitronensaft zugießen, mit dem Holzlöffel die Milch in Bewegung halten, am besten mit einer schabenden Bewegung. Nach ein paar Sekunden sollte die Milch gerinnen. Die kleinen Klumpen, die sich dabei bilden, sind der selbst gemachte Käse.

4. Topf zudecken und zwei Stunden beiseitestellen, damit sich die Klumpen setzen können. (Tipp: Ich habe den Topf nur eine Stunde beiseitegestellt, und das war kein Problem.)

8. Hängen Sie das Sieb in die Spüle oder eine große Schüssel, falls Sie die Molke sammeln möchten. Legen Sie das Baumwolltuch in das Sieb. Gießen Sie die geronnene Milch nun langsam in das Sieb. Binden Sie, sobald die Flüssigkeit abgelaufen ist, die Baumwolltuchenden mit der Schnur zu einem hübschen Beutel zusammen.

6. Hängen Sie den Beutel zum Abtropfen über die Spüle oder eine Schüssel. Nach drei Stunden können Sie den selbst gemachten Käse essen. Er hält sich problemlos drei bis vier Tage im Kühlschrank.

So einfach ist das. Ich will hier nicht als currybesessen rüberkommen, aber wenn Sie Spinat angebaut haben, könnten Sie für ein paar Cent schnell ein Sag Paneer auf den Tisch bringen.

Noch leichter zu machender Käse

Was ich auch gerne mache, ist Labneh, diesen cremigen Käse aus dem Mittleren Osten, der so unglaublich lecker zu Fladenbrot und Meze schmeckt. Oder auf Bruschetta (die macht man mit altem Brot, das man billig bekommt; in dem Feinkostladen bei mir um die Ecke gibt es das Brot kurz vor Schluss manchmal umsonst) mit Olivenöl und Kräutern. Das geht so einfach, dass jedes Kind das kann. Meine machen es oft genug. Man braucht nur zwei Zutaten: sechs Becher guten, normal fetten Joghurt (ich nehme Schafsjoghurt) und zwei Teelöffel Salz. Auch hier kommt wieder das dünne Baumwolltuch zum Einsatz sowie ein Schneebesen und eine Schüssel. Geben Sie den Joghurt einfach in die Schüssel, und rühren Sie das Salz etwa eine Minute in den Joghurt. Dann legen Sie das Sieb mit dem Tuch aus, gießen den Joghurt hinein, binden das Tuch an den Ecken zusammen und hängen das Säckchen zum Abtropfen über eine Schüssel (etwa zwölf Stunden). Das ist alles. Und es schmeckt fantastisch.

Wie man Butter macht

Dementsprechend ist auch Butter sehr einfach selbst herzustellen, allerdings ist es finanziell gesehen uninteressant, es sei denn, Sie haben eine günstige Sahnequelle oder zu viel Sahne, die umzukippen droht. In diesem Fall

lohnt es sich, Butter daraus zu machen und diese einzu-
frieren. Und so geht Buttern (übrigens wieder etwas, das
Kindern großen Spaß macht):

 Sie brauchen einen großen Behälter mit einem
Deckel, eine Schüssel und entweder genug Achselschmalz, ein elektrisches Rührgerät oder eine Küchenmaschine und so viel Sahne, wie da ist – zum
Beispiel 285 ml.

 **Warten Sie, bis die Sahne Zimmertemperatur
erreicht hat, und schütteln Sie sie 40 Minuten
wie verrückt** oder, was wesentlich schneller geht,
schlagen Sie sie mit dem Handrührgerät oder geben
Sie sie in die Küchenmaschine. Sie erhalten nach einiger Zeit (logischerweise) Schlagsahne, und die wird
nun immer dicker und steifer. Jetzt heißt es aufpassen, ich stelle dann auf Impulsstufe.

 Die Sahne wird gelb und körnig. Die Körner sind
die ersten Butterstückchen, die Flüssigkeit ist die
Buttermilch. Schlagen Sie jetzt langsamer – die Butter wird von einer Sekunde auf die andere zu einem
Klumpen.

 Gießen Sie die Buttermilch, so gut es geht, ab.
(Sie können sie zum Kochen oder Backen verwenden – Sodabrot zum Beispiel wird wunderbar damit.)

Waschen Sie die Butter (ja, Sie haben richtig gelesen). Legen Sie sie dazu in eine Schüssel und geben Sie sehr kaltes Wasser dazu – wenn das Wasser nicht kalt ist, schmilzt die Butter nämlich. Drücken Sie die Butter mit einem Holzlöffel zu einem großen Klumpen zusammen und pressen Sie die restliche Buttermilch heraus.

 Gießen Sie das Wasser vorsichtig weg und wiederholen Sie das Ganze so lange, bis das Wasser klar bleibt. Das kann bis zu 15 Durchgänge erfordern – machen Sie einfach weiter.

 Und jetzt geht's mit den Händen weiter – oder Sie nehmen zwei Löffel, um die Butter auszupressen und dafür zu sorgen, dass der letzte Rest Wasser herausgedrückt wird.

 Am Schluss noch Salz, Kräuter oder nach was Ihnen der Sinn steht, hinzufügen und die Butter in eine hübsche Form bringen. Voilà – selbst gemachte Butter. In der Gefriertruhe hält sie sich drei Monate. (Tipp: Ungesalzen hält sie sich besser.)

Wie man Joghurt macht

Auch Joghurt ist einfach selbst zu machen. Sie brauchen entweder einen lebendigen Joghurt oder eine Joghurtkultur (gibt es online oder im Reformkostladen) und natürlich Milch, um loszulegen. Die nötige Info bekommen Sie überall, natürlich auch im Internet. Wenn Sie mit eigenen Augen sehen wollen, wie's funktioniert, dann schauen Sie sich das tolle Video auf www.videojug.com an, eine Website, auf der es Tausende von Videos über jedes nur vorstellbare Thema gibt. Da erfahren Sie, wie man schnorchelt oder Kajal aufträgt und natürlich auch, genau, wie man Joghurt macht: www.videojug.com/film/how-to-make-greek-yoghurt.

Marmeladen, Chutneys und Eingemachtes

Seltsamerweise habe ich keine umwerfenden Webseiten zu diesem Thema gefunden, auch wenn das oben erwähnte Videojug Ihnen nur zu gern zeigt, wie man Erdbeermarmelade macht. Andererseits, wer braucht Webseiten, wenn es die großartige Marguerite Patten gibt und ihr Buch *Jams, Preserves and Chutneys*. Ich liebe

das: das sparsame Wirtschaften und das bezaubernd Viktorianische (wie Marguerite Patten es nennt) an diesen Regalen voller Konserven; den Spaß, den es macht, aus billigen Saisonfrüchten und -gemüsen wunderbare Köstlichkeiten zu zaubern. Ich kann dieses Buch nicht genug empfehlen: Es machte aus mir – die ich nichts Klebriges mag und nach einem Unfall mit einer heißen Pfanne eine Heidenangst davor habe, mich zu verbrennen – innerhalb eines Nachmittags eine ganz ordentlich Marmeladenköchin. Wie sich herausstellte, ist Marmeladekochen gar nicht so schwer – wer hätte das gedacht? Das Tüpfelchen auf dem i meiner neu entdeckten Fähigkeiten war dann ein geniales Marmeladenrezept meiner Freundin Juliet, das Sie auf Seite 85 finden. Sie werden begeistert sein: Tschüss, gekaufte Marmelade, hallo selbst gemachte Perfektion. Und dabei so einfach, selbst für eine kleine Marmeladenjungfrau wie mich.

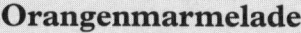

Orangenmarmelade

Diese Marmelade schmeckt frisch und säuerlich und ist weder zu dunkel noch zu bitter.

Für 8 kleine oder 6 mittlere Gläser:
2 kg Bitterorangen
3 Zitronen
4 kg Einmachzucker

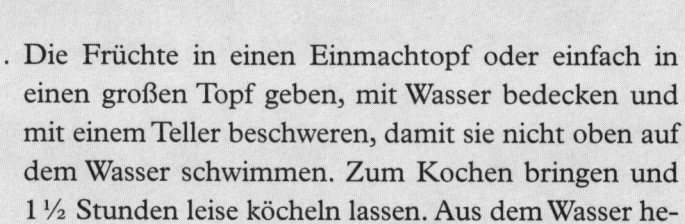

1. Die Früchte in einen Einmachtopf oder einfach in einen großen Topf geben, mit Wasser bedecken und mit einem Teller beschweren, damit sie nicht oben auf dem Wasser schwimmen. Zum Kochen bringen und 1 ½ Stunden leise köcheln lassen. Aus dem Wasser herausnehmen und abkühlen lassen. Das können Sie auch am Tag vor dem großen Marmeladekochen erledigen.
2. Etwa drei Liter von dem Orangenkochwasser abmessen (das geht nicht ganz so genau, denn wenn Sie mehr Wasser haben, können Sie es später einkochen lassen).
3. Die Orangen und die Zitronen durchschneiden. Mit einem Löffel das Fruchtfleisch und die Kerne herausholen und in das Orangenwasser geben. 15 Minuten kochen. Währenddessen die Orangen- und Zitronen-

schalen klein schneiden; grob oder fein – ganz wie Sie wollen.

4. Das gekochte Orangenwasser samt den Kernen und dem Fruchtfleisch durch ein Sieb in eine Schüssel gießen und anschließend zurück in den großen Topf. Zucker und Schalen zugeben und zum Kochen bringen. 15 Minuten kochen, bevor Sie testen, ob die Marmelade geliert.

5. Eine Gelierprobe ist nicht so kompliziert, wie es sich anhört. Mit einem passenden Thermometer können Sie sich die Probe sogar sparen – einfach in die Mitte stecken, und wenn Ihre Marmelade 105 °C heiß ist, dann passt es. Sie haben kein Thermometer? Stellen Sie eine Untertasse in den Gefrierschrank. Wenn die Marmelade Ihrer Meinung nach fertig ist, holen Sie die Untertasse heraus und geben ½ Teelöffel Marmelade darauf. Lassen Sie die Marmelade abkühlen, bevor Sie mit dem Finger durch die Marmelade streichen: Wirft sie Falten? Dann ist sie fertig. Wenn nicht, fünf Minuten weiterköcheln lassen und noch mal versuchen. Manchmal dauert es 17 Minuten, bis die Marmelade geliert, manchmal 25.

6. Die Marmelade noch heiß in die mit heißem Wasser ausgespülten Gläser geben.

Lunchpaket

Ode an das Lunchpaket
Oh Lunchpaket!
Wie warst du toll.
Doch die Imbissbude
War dein Tod.
Wie schade.

Die Leute zahlen sich dumm und dämlich für ihr Mittagessen – damit meine ich nicht das Mittagessen im Restaurant. Ich meine den kleinen Happen am Imbissstand oder im Take-away-Restaurant. Ich habe schon länger nicht mehr in einem Büro gearbeitet, daher bin ich immer wieder überrascht, was so ein Sandwich kostet. Unter drei Euro scheint man bei den großen Ketten kaum ein anständiges Sandwich zu bekommen. Dazu ein Brownie oder ein Fruchtsalat, eine Flasche Mineralwasser und vielleicht noch einen Kaffee, dann sind schnell sieben Euro beisammen. Das sind 35 Euro die Woche, und dazu können Sie locker zehn Euro draufgeben, wenn Sie starbuckssüchtig sind – ganz zu schweigen von einer Muffins- oder Limosucht, dafür müssen Sie zusätzlich löhnen. Irgendwie ergibt das keinen Sinn: Es ist ja nicht so, dass alle das Geld dafür haben oder ihr Geld nicht lieber für etwas anderes ausgäben oder dass das Essen, von dem wir hier reden, so umwerfend schmecken würde, dass man gerne diese lächerlich überzogenen Preise zahlt.

Meiner Meinung nach ist es wieder Zeit für das gute alte, selbst gemachte Sandwich oder – in Ihrem Fall – die gute alte Wurstsemmel oder das Wurstbrötchen. Von Ihnen geschmiert, mit einwandfreien Zutaten belegt und in eine braune Tüte gesteckt. Oder, wenn Ihnen das lieber ist, Zeit für einen Salat, Nudeln oder was immer Ihnen mundet. Das kostet Sie zehn Minuten am Morgen und spart Ihnen ein Vermögen sowie die Zeit, die Sie vor der Imbissbude anstehen, sich ärgern und unter Druck setzen. Wenn Sie pro Tag sieben Euro für Ihr Mittagessen ausgeben – darauf läuft es wohl hinaus, Sie geben sicher manchmal weniger aus, dafür gehen Sie an anderen Tagen mit Ihren Kollegen eine Pizza essen – und weitere zehn Euro wöchentlich für Kaffee und/oder Muffins und/oder Schokoriegel und/oder Chips (das geht schnell, wenn der kleinste und simpelste Latte bei 1,50 Euro anfängt), dann geben Sie pro Jahr 2340 Euro nur für Essen in der Arbeit aus. Zwei Worte: Lassen Sie's. Und bitte, bitte trinken Sie Leitungswasser. Es ist gesund, es hilft Ihnen, Ihr Gewicht zu halten, es löscht den Durst wie nichts sonst auf der Welt, und es ist umsonst.

Essen gehen

Meine zweite Bitte bezieht sich aufs Essengehen. Jeder kennt ein billiges Restaurant um die Ecke, aber die wenigsten wissen, wie unglaublich günstig man in den exklusivsten und beweihräuchertsten Restaurants des Landes essen kann, wenn man das Mittagsmenü wählt. Versuchen Sie es bitte. Ein Abendessen für zwei Personen in einem solchen Lokal in London kann Sie locker 120 Pfund pro Kopf kosten, das Mittagsmenü liegt gewöhnlich zwischen 20 und 40 Pfund. Und wir reden hier von wirklich feinen, aufwendig gemachten Sachen, ganz so, wie es sich gehört. Falls Sie sich mal etwas Besonderes leisten und in Luxus schwelgen wollen, ohne das Gefühl zu haben, dafür eine Hypothek aufnehmen zu müssen, dann leisten Sie sich so ein Mittagsmenü. Aber buchen Sie im Voraus, vor allem wenn Sie eine Gruppe sind. (Was gibt es Schöneres für eine Familienfeier als ein Mittagsmenü in einem Edelrestaurant? Es ist etwas Besonderes, und die Rechnung bringt niemanden um.)

Picknicks

Auch ein Picknick ist nichts anderes als auswärts essen, und darum geht's bei meinem nächsten Tipp. Die Idee finden alle toll, die Realität weniger, dabei kann ein Picknick mit etwas Vorausplanung richtig Spaß machen. Ich will hier nicht in die Einzelheiten der Picknickplanung einsteigen, es sei nur so viel gesagt: Sie müssen sich dabei nicht notwendigerweise auf »Mittags im Park« beschränken. Ein Nachtpicknick, sei es in einem Park, in freier Wildbahn, an einem Strand oder im Garten, ist sehr romantisch und wesentlich billiger als eine Abendessenseinladung (außerdem rücken die Gäste nicht mit hochgeschraubten Erwartungen an, sondern freuen sich in der Regel über alles, was kulinarisch über einem Schinkenbrot steht). Ein *Candlelight Picknick for Two* ist eine wunderschöne Idee für das erste Date (oder das dritte oder zweihundertste). Und Jahreszeiten sollten Sie genauso locker sehen – mein schönstes Picknick hatten wir in der Bonfire Night, also immerhin am 5. November, eiskalt war es und stockfinster, am Primrose Hill.

Rund um uns wurden Feuerwerkskörper abgeschossen, und die Kinder waren dick eingepackt wie Eskimos. Wir hatten eine Plane und Decken dabei, die wir auf den Boden gelegt haben, und selbst gemachte Hotdogs (die wir ebenfalls dick eingepackt haben, um sie warm zu halten). Dazu gab's Schokoladekuchen und Glühapfelsaft (in Thermosflaschen) und für die Erwachsenen Glühwein. Das war einer der schönsten Abende, und gekostet hat er uns, da wir alles selbst gemacht haben, etwa zehn Pfund, also etwas mehr als elf Euro.

Hühner

Ach ja, noch was: Hühner. Genauer: Hühnerhaltung. Nicht dass sich damit recht viel Geld sparen ließe (früher hielten sich die Leute Hühner aus Sparsamkeit, aber früher waren die Eier auch rationiert, was sie heute offensichtlich nicht mehr sind). Es ist billiger und macht weniger Umstände, seine Eier im Laden zu kaufen – selbst Eier von frei laufenden Hühnern oder Bioeier. Trotzdem finde ich es ziemlich cool, seine eigenen Hühner zu haben. Und seine Omeletts aus den eigenen Eiern zu machen. Ich habe schon selbst mit dem Gedanken gespielt, aber ich stehe nicht besonders auf Vögel. (Ich mag ihre Füße und ihre Schnäbel nicht. Und ihre Augen mag ich genauso wenig.) Also habe ich gekniffen, um nicht zu sagen: die Flatter gemacht – haha. Falls Sie damit aber keine Probleme haben und Hühner mögen – und die wunderbaren Eier, die Sie dann ständig frisch und frei Haus bekommen – und sich auch von der heftigen Investition für Ihr zukünftiges Hühnerglück nicht abschrecken lassen (Sie brauchen große, fette, gesunde, geimpfte Hühner, Biohühnerfutter, ein genial designtes Hühnerhaus namens Eglu, einen Futter- und Wasserbehälter, einen Auslauf und ein Buch, das Ihnen erklärt, was Sie tun müssen), dann schauen Sie mal bei www.omlet.de vorbei. Die Zielgruppe sind natürlich eingefleischte Städter – wenn Sie auf dem Land wohnen, können Sie sich sicher woanders und billiger ein paar Hühner besorgen und sich selbst einen Hühnerstall zusammennageln. Käme wohl um einiges günstiger. Allerdings noch eine Warnung: Hühner ziehen Ratten an, die es auf das Hühnerfutter abgesehen haben. Und vergessen Sie nicht, wer Hühner hat, der hat auch Hühnermist.

Ein paar Fakten zur Hühnerhaltung

Bevor Sie loslegen, sollten Sie klären, ob Sie in Ihrer Wohngegend Hühner halten dürfen. Falls Sie grünes Licht bekommen und sich alles gut überlegt haben, dann:

- **Legen Sie sich mindestens zwei Hühner zu** (ein Huhn allein ist unglücklich). Für eine durchschnittliche Familie reichen zwei bis vier Hennen.

- **Als Richtlinie:** Eine Hybridhenne legt etwa 300 Eier pro Jahr, häufig ein Ei pro Tag. Hybridhennen werden vier bis fünf Jahre alt.

- **Hybridhennen sind die besten Legehennen**, weil sie genau dafür gezüchtet wurden. Zu den Hybridhennen gehören Black Rock, ISA Brown, White Star und Loman. Hybridhennen sind in der Haltung relativ problemlos. Sie kosten zwischen neun und 14 Euro. Hühner mit Stammbaum kosten mehr Geld und legen weniger Eier (die Leute kaufen sie, weil sie so hübsch sind).

- **Hühner müssen geimpft werden** (Sie sollten sie bereits geimpft kaufen).

- **Am besten kaufen Sie Hühner,** die zwischen 16 und 20 Wochen alt sind.

- **Kaufen Sie die Hühner online** oder schauen Sie im Lokalteil oder in Wochenblättern nach Anzeigen von Tierärzten, Züchtern, Bauern oder auf einem Geflügelmarkt. Im Internet finden Sie jede Menge Tipps.

● **Sie brauchen mindestens 2 x 1,33 Meter Platz** für Ihren Hühnerstall (inklusive Nistplatz und Auslauf). Ideal wäre es, wenn die Hühner zwischendurch aus dem Auslauf heraus und im Garten herumlaufen könnten. Dabei richten sie natürlich auch gerne Schaden an – Hühner sind schließlich im Herzen Urwaldtiere und lieben es, nach Futter zu suchen und sich zu verstecken –, und das heißt für Sie, Sie müssen Ihre wertvollen Pflanzen und Blumen schützen.

● **Wenn Sie ein klein wenig handwerklich geschickt sind,** können Sie sich selbst einen Hühnerstall bauen. Hühner brauchen im Grunde nur ein »Haus«, einen geschützten Schlafplatz und genug Nistplätze sowie einen sicheren Auslauf, um sich die Beine zu vertreten und zu scharren. Gefahr droht von den Hühnerräubern Fuchs, Dachs und Ratte. Also tragen Sie Sorge, dass Ihr Hühnerstall sicher ist.

● **Hühner brauchen eine gewisse Pflege,** und der Hühnerstall muss von Zeit zu Zeit sauber gemacht werden.

● **Hühner essen Körnerfutter,** für Küken gibt's extra Kükenfutter. Beides ist im Tierfutterhandel erhältlich. Zwischendurch freuen sie sich auch über Leckerbissen wie Brot- und Gemüsereste, aber geben

Sie ihnen nichts Salziges, Zuckriges oder Fettes zu fressen.

- **Sie brauchen täglich frisches Wasser.**

- **Hühner brauchen Grit** (Kies, Muschel-, Schnecken- oder Eierschalen) für die Verdauung. Falls sich die Viecher selbst keinen suchen können, müssen Sie ihnen welchen geben.

- **Sie brauchen ein Bett:** Stroh oder staubfreie Holzwolle oder Laub.

Bienen

Und weil wir gerade bei der Tierhaltung sind, auch Bienen sind eine Möglichkeit. Ich will hier nicht so tun, als sei ich aus Recherchegründen Imkerin geworden, aber es gibt tatsächlich gar nicht so wenige Leute in der Stadt, die sich auf ihrem Dach Bienen halten. (Falls Sie übrigens an Heuschnupfen leiden: Essen Sie Honig aus Ihrer Gegend – er kann wahre Wunder wirken, wie mein Sohn vor einigen Jahren feststellte, als ich Hackney-Honig in ihn hineinlöffelte.) Sollten Sie Gefallen an der Idee finden, sich so einen Bienenstock zuzulegen und mit Ihrem Honig Geld zu verdienen, dann schauen Sie bei Ihrem örtlichen Bienenzüchterverband vorbei.

Auf den folgenden Seiten finden sich immer wieder Abschnitte über Ernährung – sehen Sie einfach im Register nach, wenn Sie etwas Bestimmtes suchen.

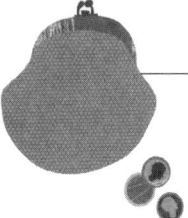

Woran man nicht sparen sollte

Bei manchen Dingen verbietet sich das Sparen, fürchte ich. Dann, wenn Sparen in Geiz umkippt, ist es einfach nur ekelhaft. Oder wenn die paar gesparten Cent das Vergnügen nicht wert sind, das einem entging. Darunter fallen in diesem Kapitel meiner Meinung nach Butter und frischer Kaffee. So etwas wie gute billige Butter gibt es nicht (außer Sie kommen günstig an Sahne und buttern selbst, wie es oben erklärt wurde). Und genauso wenig können Sie für 99 Cent eine Packung bester Bohnen kaufen. Und ich persönlich finde auch billiges Toilettenpapier absolut schrecklich. Diese kleine Liste wäre nicht vollständig ohne Biofleisch und Bioeier. Bei dem Gedanken an Legebatterien wird mir übel – ich kann es ehrlich gesagt nicht fassen, dass es kein Gesetz dagegen gibt und dass es Menschen gibt, die kein Problem damit haben, Legebatteriehühner oder ihre Produkte zu essen. Hugh Fearnley-Whittingstall, der Kämpfer für das Biohuhn, ist mein Held – schauen Sie auf seiner Website vorbei (www.rivercottage.net, Sie finden dort auch gute Rezepte für saisonale Gerichte).

Kleidung

ch hasse billige Klamotten. Okay, das stimmt nicht ganz. Zum Glück für dieses Kapitel gibt es billige Klamotten, die ich absolut toll finde, und, keine Frage, man kann auch in Sachen für 30 Euro absolut fantastisch aussehen, wenn man mit Verstand vorgeht. Aber was ich hasse, sind diese Läden in der Fußgängerzone, die diese extrem billigen Klamotten verkaufen, und diese extrem billigen Klamotten, die sie verkaufen.

Wie kamen wir überhaupt auf die Idee, ein neues Kleid könne sieben Euro kosten? Wenn das fertige Stück nur sieben Euro kostet und der Laden noch was daran verdient, was kann dann bitte die Näherin bekommen haben? Und unter welchen Bedingungen arbeiten diese Näherinnen unserer Vorstellung nach? Beziehungsweise wie alt sind sie? Also ich habe weder was gegen Klamotten noch gegen ein Schnäppchen. Aber ich frage Sie, wer kann so ein Kleid tragen und sich gut dabei fühlen? (Antwort: Millionen Kunden. Was mich wahnsinnig deprimiert. *Und* dabei sehen sie auch noch unmöglich aus.)

Wer so was anzieht, sagt damit im Grunde genommen: »Ja, ich weiß, wahrscheinlich war ein verzweifeltes achtjähriges Kind, das 20 Cent die Woche verdient, an der Herstellung dieses Kleides beteiligt. Aber was soll's, es ist so billig. Und ist es nicht nett?« Nett würde ich das nicht nennen. Ich frage mich, was sich die Menschen, die in diesen Läden einkaufen, bei Spendenaufrufen für arme Kinder in der dritten Welt denken. Empfinden sie Mitleid mit den armen Kindern dort und ihrem furchtbar harten Leben und drücken ordentlich ab?

Das stört mich am meisten. Aber mich stört noch einiges mehr. Zum Beispiel ist es das Einfachste auf der Welt, Klamotten allein deshalb zu kaufen, weil sie billig sind. Das haben wir alle schon mal getan. Das Kleidungsstück selbst ist eher so lala denn umwerfend. Sein Hauptreiz ist der niedrige Preis. Also rennen wir im Laden rum, schaufeln uns ein billiges T-Shirt nach dem anderen auf den Arm – die allesamt garantiert nach dem dritten Mal Waschen auseinanderfallen – und denken uns: »Ja, sicher, aber was soll's, das ist so billig, dass ich es dann einfach wegwerfe und mir ein neues hole.« Keine Ahnung, mag sein, dass ich mit meiner Meinung zu diesem Thema allein auf weiter Flur stehe. Aber für mich ist das dekadenter, abstoßender und moralisch verwerflicher als das Verhalten dieser grotesk reichen Frauen, die sich nur Couture kaufen. Von denen gibt es weltweit etwa 2000, von denen wiederum nur 200 regelmäßig Couture kaufen. Wogegen die Frauen, die guten Gewissens billigen Schrott kaufen, an die Millionen zählen.

Die Ressourcen dieser Welt sind begrenzt. Die Menschen haben ein Recht darauf, nicht für zwei Cent schuften zu müssen, nur weil eine dumme Tusse in Europa glaubt, sie könne sich ein billiges Kleid kaufen und es einfach wegwerfen, wenn es kaputt geht. Ich hör lieber auf, bevor ich richtig wütend werde, ich denke, Sie haben verstanden, worum es mir geht. Nein, eins noch: Laut TRAID (Textile Recycling for Aid and International Development) werden in Großbritannien jährlich 900 000 Tonnen Kleidung und Schuhe weggeworfen, wovon nur 200 000 Tonnen für die Wiederverwertung gerettet werden. Der Rest wandert in die Mülldeponie. (In Deutschland landen laut Aussage des Roten Kreuzes 250 000 Tonnen im Müll.)

Es ist Ihr Geld, und Sie bestimmen, was Sie damit machen.

Der springende Punkt bei billigen Klamotten ist, dass sie einfach nie schön sind und immer billig aussehen. Billig ist hier ästhetisch gemeint. Billige neue Kleidung sieht billig aus. Ich erkenne ein billiges Kleid auf hundert Schritt Entfernung: Die Farbe ist schlecht (vor allem billiges Schwarz sieht übel aus – es ist nie schwarz genug*, und das Schwarz wird noch übler, wenn Sie es wa-

---

* Im Gegensatz zu billigen schwarzen Haarfärbemitteln, die immer zu schwarz sind und einen aussehen lassen, als trage man eine verendete schwarzmatte Krähe auf dem Kopf herum. Falls Sie schwarze Haare haben und die ersten grauen Haare färben wollen, dann sind Sie mit einem etwas helleren Ton besser bedient. Es sei denn, Sie sind ein Goth. Siehe dazu Seite 301 bis 308.

schen); das Muster ist schlecht (sieht immer billig aus); die Verarbeitung ist ein Desaster – die Nähte gehen auf, der Schnitt ist seltsam; der Stoff ist entsetzlich – dünne, billige Baumwolle, die keinen Monat hält, oder ein sich elektrisch aufladendes, schweißtreibendes synthetisches Teil... Sie verstehen, was ich meine. Und das gilt übrigens alles genauso für Handtaschen – billiges Leder ist nicht umsonst billig, und der Grund dafür ist niemals ein guter Grund. Während ich dieses Buch schrieb, erschien in der Zeitschrift *Ecologist* eine Reportage über Leder aus Bangladesch und die gesundheitlichen Probleme, die durch das Gerben entstehen. Nutzen Sie jede Gelegenheit, sich zu informieren.

Das Kleid, in dem Sie sich umwerfend fühlen – und zwar jedes Mal in den letzten fünf Jahren, wenn Sie es trugen –, oder die Hose, in der Sie aussehen, als würden Sie auf Stelzen laufen: Sie wollen mir doch nicht weismachen, die wären billig gewesen? Das nehme ich Ihnen

nämlich nicht ab. Wie wir alle wissen, hat Kleidermachen etwas mit Kunst zu tun und mit Können. Deshalb war Yves Saint Laurent auch Yves Saint Laurent, und die Person, die Mark Darcys Weihnachtspulli strickte, eben nicht. (Übrigens ist das keine Ehrenrettung für die teuren Topdesigner, wenn ich hier über die bösen Billigklamotten herziehe: Einige von ihnen lassen in genau denselben Fabriken arbeiten wie die Billighersteller.* Also immer fragen und einen ordentlichen Wirbel machen, sollte Ihnen die Antwort nicht gefallen oder falls man Sie mit einer ausweichenden Antwort abspeisen will. Lassen Sie sich keinesfalls abwimmeln. Das ist ein echtes Problem, und früher oder später müssen wir uns alle mit den Konsequenzen auseinandersetzen. Vielleicht möchten Sie ja auch wissen, wer für welches Label unter welchen Bedingungen arbeitet – recherchieren Sie im Internet oder lesen Sie den Bericht »Let's Clean Up Fashion« aus dem Jahr 2008 von Labour Behind the Label, den Sie auf www.labourbchindthclabcl.org/rcsourccs findcn können.)

---

* So wie einige »schrottige« Supermärkte ihre Fertiggerichte von denselben Herstellern beziehen wie die »schicken« Supermärkte.

Mit gutem Gewissen shoppen

Folgende Firmen haben sich gegen Kinderarbeit ausgesprochen:*

American Apparel

»Bekleidungsherstellung ist eine harte Branche, aber wir versuchen stets, eigene Wege zu gehen … Letztlich läuft es darauf hinaus zu versuchen, die eigenen Arbeiter zu kennen und ihnen die Gelegenheit zu geben, einen fairen Lohn zu verdienen. Die durchschnittliche Näherin mit Arbeitserfahrung bei American Apparel verdient 25 000 Dollar im Jahr (17 500 Euro – das entspricht einem Stundenlohn von 12 Dollar beziehungsweise 8,50 Euro), was mehr als das Doppelte des landesüblichen Mindestlohns ist. In manchen Fällen zahlen wir auch mehr … wir garantieren einen sicheren Arbeitsplatz und Vollzeitbeschäftigung, in der traditionell von Saisonarbeit geprägten Bekleidungsindustrie ist das eine Seltenheit.«

H&M

»Wir sagen Nein zur Kinderarbeit. Als Firma sehen wir uns in der Verantwortung gegenüber den Beschäftigten unserer Lieferanten. H&M ist nicht Eigentümer der Fabriken, die unsere Produkte herstellen. Wir arbeiten mit etwa 800 Lieferanten, hauptsächlich in Europa und Asien.«

---

* Quelle: © Lisa Armstrong, *The Times*, June 2008, NI Syndication

GAP

»Wenn einer unserer Lieferant plant, einen Teil der Produktion an einen Subunternehmer zu vergeben, bestehen wir darauf, dass auch dieser sich an unsere Richtlinien hält, wozu das Verbot von Kinderarbeit, die Befolgung der landesüblichen Arbeitsgesetze, die Vereinigungsfreiheit der Arbeiter sowie das Verbot von Zwangsarbeit gehören.«

Adili.com

»Sämtliche Produkte, die Adili vertreibt, berühren zumindest eines der Umwelt- oder gesellschaftlichen Probleme, die bei der Herstellung, dem Transport und dem Verkauf von Kleidern anfallen. Wir evaluieren die Marke und das Produkt unter Berücksichtigung ethischer Rahmenbedingungen, die den Umwelteinfluss, die Arbeitsbedingungen und Fair Trade betreffen. Und zwar über die gesamte Lieferkette eines Produkts.«

People Tree

»Wir sind ein sehr aktives Mitglied von IFAT, der International Fair Trade Association. Wir unterstützen 50 Fair-Trade-Herstellergruppen in 15 Entwicklungsländern.«

Außerdem kann man in Deutschland bei den folgenden Anbietern mit gutem Gewissen einkaufen bzw. bestellen: **Alnatura, Armedangels, fairliebt, Fairwear, hess natur, Inka Koffke, Kuyichi, Maas Natur, Patagonia, Slowmo uvm.**

Die gute Nachricht ist, es gibt mehr als genug fantastische, gut gemachte und billige Kleidungsstücke da draußen – Sie müssen nur wissen, wo Sie diese finden. Trotzdem möchte ich vorausschicken, gegen jedes Bauchgefühl (ja, ich weiß, in diesem Buch geht es eigentlich um *Sparsamkeit*): Bei Kleidungsstücken sollten Sie immer das Beste kaufen, das Sie sich leisten können. Geben Sie so viel Geld aus, wie Sie können, aber tun Sie das nicht zu oft – also vielleicht ein-, zweimal im Jahr und nicht jeden Samstag. Eine fantastisch geschnittene, qualitativ hochwertige Jacke macht Ihnen zehn Jahre lang Freude. Ein klassisches kleines Schwarzes können Sie jahrzehntelang anziehen – bis es Ihnen Ihre Tochter wegschnappt und sich dann Ihre Enkelinnen drüber kloppen. Ein Kaschmirpulli ist schick, warm, langlebig und wird nie unmodisch. Für

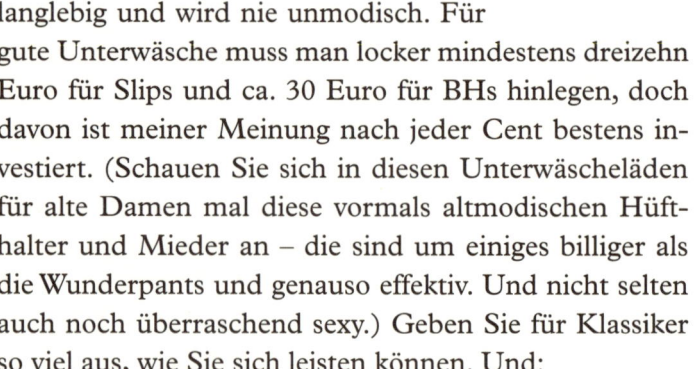

gute Unterwäsche muss man locker mindestens dreizehn Euro für Slips und ca. 30 Euro für BHs hinlegen, doch davon ist meiner Meinung nach jeder Cent bestens investiert. (Schauen Sie sich in diesen Unterwäscheläden für alte Damen mal diese vormals altmodischen Hüfthalter und Mieder an – die sind um einiges billiger als die Wunderpants und genauso effektiv. Und nicht selten auch noch überraschend sexy.) Geben Sie für Klassiker so viel aus, wie Sie sich leisten können. Und:

Achten Sie auf Ihre Kleidung. Das klingt nach einer Selbstverständlichkeit, ist aber eine verloren gegangene Kunst. Selbst hochwertige Kleidung braucht etwas Unterstützung.

Stopfen Sie Schuhe und Stiefel aus. Etwas zusammengeknülltes Zeitungspapier in den Spitzen hilft, das Schuhwerk bis zum nächsten Gebrauch in Form zu halten.

Lernen Sie den Umgang mit Nadel und Faden. Nähen Sie den losen Knopf am Kleid wieder an. Bitten Sie jemanden, Ihnen zu zeigen, wie man einen Riss flickt oder ein Loch stopft. Achten Sie auf die Nähte. Lernen Sie, wie man Sachen enger oder – was Sie wohl eher brauchen werden – wie man sie weiter macht.

Imprägnieren Sie alles gegen widriges Wetter, was aus Wildleder ist, und natürlich Schuhe und Handtaschen – die Sachen halten so wesentlich länger.

Lernen Sie, mit der Hand zu waschen (und lesen Sie ab Seite 143 über die diversen Mythen der ach so wichtigen chemischen Reinigung nach).

Lassen Sie kaputte Reißverschlüsse ersetzen (oder lernen Sie, es selbst zu machen).

Lernen Sie, wirklich gut zu bügeln, und verwenden Sie, wenn nötig, ein Stärkespray. Alte Kleidungsstücke wirken manchmal nur alt, weil sie schlabbrig und müde aussehen – mit so einem Spray können Sie sie im Handumdrehen wieder in Form bringen. Auch billige Anstecksträußchen blühen mithilfe des Sprays wieder auf.

Sichern Sie Ihre Schränke gegen Motten. Selbst wenn Sie keine Motten haben, können sich jederzeit welche einnisten. Diese Mistviecher kommen überall hin und fressen in alle Textilien Löcher.

Verwenden Sie eine Kleiderbürste, um damit Flusen und Haare zu entfernen und die Fasern aufzupeppen – vor allem Wintermänteln und Jacken tut das gut, die sonst im Lauf der Jahre etwas platt und glänzend werden.

Rasieren Sie von Wollsachen regelmäßig die Fussel weg. Noch besser: Kaufen Sie richtig edle Teile, die fusseln um einiges weniger, wenn überhaupt.

Verwenden Sie ein wirklich gutes Deodorant. Am besten ein nicht parfümiertes. Einige der aggres-

siveren Marken fressen regelrecht den Stoff unter Ihrer Achsel weg. (Keine Ahnung, wozu es diese Deos
eigentlich gibt: Noch so ein Beispiel für den Versuch,
Frauen wegen ihres Körpers zu verunsichern. Kein
Mensch schwitzt so sehr, es sei denn Sportler.)

**Tragen Sie blickdichte Strumpfhosen, Netz-
strumpfhosen oder verzichten Sie ganz auf eine
Strumpfhose** (und greifen Sie stattdessen, falls notwendig, zu einer Bräunungscreme). Dünne Strumpfhosen sind nach ein paar Einsätzen hinüber und eine
reine Geldverschwendung, außerdem sehen sie matronenhaft aus.

**Pflegen Sie Ihre Lederhandtaschen mit einem
Lederpflegemittel.**

Schlussverkauf

Sie haben sich entschieden, in teure Klassiker zu investieren? Dann ist es nur logisch, sich in den Schlussverkauf zu stürzen. In meinem Buch *The Shops* schrieb ich, wie sehr ich Schlussverkäufe verabscheue – all diese Sachen, die das ganze Jahr über niemand wollte und die nun nur auf Sie warten –, aber ich bin bereit, eine Ausnahme für langlebige Klassiker zu machen, die zeitlos sind. Bei Schlussverkäufen ist es, wie bei allen Schnäppchenjagden, entscheidend, sich nicht von dem Gedanken mitreißen zu lassen, etwas sei schön, nur weil es billig ist. Diese Dinge sind nicht ohne Grund heruntergesetzt, und der Grund ist nicht, dass das Teil so super war, dass jeder es haben wollte. Andererseits müssen die Läden ihre Lager ab und zu räumen, und wenn die Ware gut ist, kann man dabei tatsächlich ein Schnäppchen machen. Verfolgen Sie den Schlussverkauf mit Argusaugen und seien Sie mit voller Konzentration dabei. Also lassen Sie sich nicht, wenn Sie nach einer schwarzen Kaschmirjacke suchen, ablenken und zum Kauf eines Stapels Maxikleider verleiten, nur weil die so wahnsinnig billig sind. Die sind nämlich nur deshalb so wahnsinnig billig, weil sie definitiv *last season* sind.

Am ersten Tag des Schlussverkaufs lässt sich das ein oder andere Schnäppchen ergattern, aber am letzten Tag

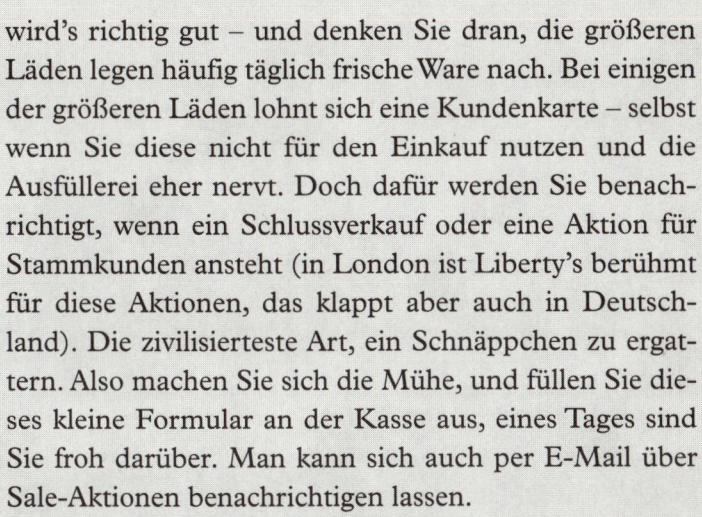

wird's richtig gut – und denken Sie dran, die größeren Läden legen häufig täglich frische Ware nach. Bei einigen der größeren Läden lohnt sich eine Kundenkarte – selbst wenn Sie diese nicht für den Einkauf nutzen und die Ausfüllerei eher nervt. Doch dafür werden Sie benachrichtigt, wenn ein Schlussverkauf oder eine Aktion für Stammkunden ansteht (in London ist Liberty's berühmt für diese Aktionen, das klappt aber auch in Deutschland). Die zivilisierteste Art, ein Schnäppchen zu ergattern. Also machen Sie sich die Mühe, und füllen Sie dieses kleine Formular an der Kasse aus, eines Tages sind Sie froh darüber. Man kann sich auch per E-Mail über Sale-Aktionen benachrichtigen lassen.

Geben Sie so wenig wie möglich für Mode mit Verfallsdatum aus. Am besten, Sie verzichten ganz darauf. So wie ich, andererseits bin ich nicht mehr ganz so jung. Was nicht heißt, dass mir Kleidung nicht mehr wichtig wäre. Allerdings kaufe ich die Sachen, weil ich sie mag und weil sie mir stehen, nicht weil in irgendeiner Frauenzeitung steht, das sei in dieser Saison absolut angesagt. Und ich trage die Sachen Jahre, wenn nicht Jahrzehnte. Ein klassisches Wickelkleid aus Seidenstrick von Diane von Fürstenberg zum Beispiel wird – anders als billigere Kopien – niemals die Form verlieren, ausleiern, ausfransen oder matronenhaft oder gestrig aussehen. Sie zahlen dafür 200 Euro aufwärts, aber Sie können es 20 Jahre tragen. (Rechnen Sie sich das stets durch: Ein 200-Euro-Kleid über 20 Jahre = 10 Euro pro Jahr, wenn Sie es nur einmal jährlich tragen. Wenn Sie es einmal im Monat tragen, kostet es Sie nur noch 83 Cent pro Verwendung.) Das nenne ich ein Schnäppchen. Und ich finde, langfristiges Denken zahlt sich bei Kleidung (buchstäblich) aus. Das dröge Nylonkleid, das nur 40 Euro kostete und das Sie einmal anziehen, kommt Sie viel teurer als das Teil von Vivienne Westwood, für das Sie sechs Monate sparten, aber in dem Sie sich jedes Mal, wenn Sie es tragen, wie eine Göttin fühlen – selbst an den dicken und fetten Tagen und kurz vor Ihrer Periode oder wenn Ihre

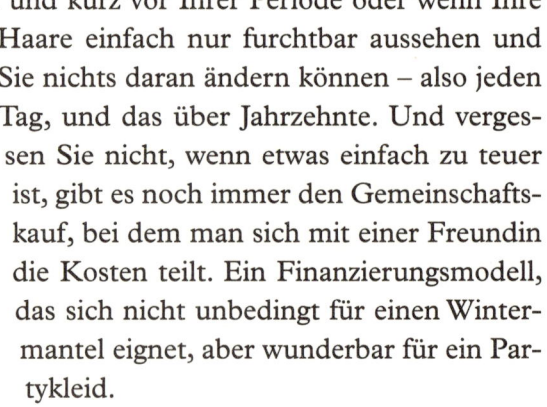

Haare einfach nur furchtbar aussehen und Sie nichts daran ändern können – also jeden Tag, und das über Jahrzehnte. Und vergessen Sie nicht, wenn etwas einfach zu teuer ist, gibt es noch immer den Gemeinschaftskauf, bei dem man sich mit einer Freundin die Kosten teilt. Ein Finanzierungsmodell, das sich nicht unbedingt für einen Wintermantel eignet, aber wunderbar für ein Partykleid.

Ultratrendige Teile sehen buchstäblich innerhalb weniger Monate, manchmal

Wochen, richtig alt aus. Aber wenn es denn sein muss, dann kaufen Sie sich ein, zwei hippe Sachen aus einem der moralisch akzeptablen Läden. Besser noch, kaufen Sie sich stattdessen billige (aber nicht billig wirkende) Accessoires. So machen das übrigens die Leute, die ihr Geld mit Mode verdienen: nicht die Designer selbst (die tragen in der Regel Jeans) und auch nicht die typische Modejournalistin, die jede Menge umsonst bekommt und auf den Rest Rabatt, aber die Assistenten und Juniorstylisten und die Mädels, die die Mode so sehr lieben und in diesem Business so lausig verdienen. Es ist immer derselbe Look: klassisch, dazu ein Killer-Accessoire und ein oder zwei gut gewählte Kaufhausversionen des aktuell angesagten Stils oder der aktuell angesagten Farbe. Übrigens studieren diese Leute – ich kenne ein paar – die Fotos der Promis in Stylemagazinen und lachen sich kaputt. (Sie sehen immer so aus, als hätten sie Geld wie Heu, selbst wenn man weiß, dass das nicht der Fall ist. Sie wissen schon, so wie reiche Leute aussehen, diese Aura von Wohlstand und Reichtum, die manche Menschen ausstrahlen, selbst wenn sie nur eine Jeans und ein T-Shirt anhaben, und die andere wiederum niemals zu erreichen scheinen, so sehr sie sich auch abmühen und sich von Kopf bis Fuß in teuerste Designerklamotten werfen? Daran müssen Sie arbeiten, das ist entscheidender als die Klamotten. Es geht dabei um den Teint, die Haare und die Zähne. Mehr dazu in dem Kapitel über Beauty.)

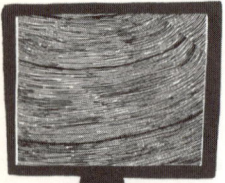

Das wäre also mein erster Tipp. Gehen Sie selten shoppen und kaufen Sie möglichst wenig Sachen und möglichst gute – aber nur Klassiker. Viel Geld für aktuelle Mode auszugeben ist Geldverschwendung.

Und nun zur eher klassischen Variante von Sparsamkeit. Erstens, lesen Sie die Blogs. Es gibt Hunderte davon, auch auf Deutsch. Hier für den Anfang ein paar für die Englischleser unter Ihnen, die deutschen googeln Sie sich lieber selbst:

www.flatbrokefabulous.blogspot.com
Inspiration for free von einer coolen Modeschülerin.

www.thrillsandfrills.blogspot.com
Hier geht's weniger ums Sparen, aber der Blog ist nett geschrieben, und die Kleider und Einkaufstipps sind wirklich gut.

www.makedostyle.blogspot.com
Nennt sich »Make Do and Mend«, und es geht drum, wie man für wenig Geld stylish sein kann.

www.thebudgetbabe.com
Spürt den Trend auf und zeigt Ihnen, wie Sie die Sachen billiger bekommen.

www.brokeandbeautiful.com
Auf gut deutsch: Pleite und schön, nicht zu viel versprochen. Außerdem gibt's hier viele Links zu anderen Sparseiten.

www.fdiary.wordpress.com
Chic mit kleinem Budget – die Bekenntnisse einer Fashion-Sparfüchsin.

www.economyofstyle.blogspot.com
Fröhlich und selbstbewusst – eine Frau mit wenig Geld und einem großem Herz für Mode.

Wie man in den USA shoppt, ohne einen Schritt vor die Tür zu tun

Beim Lesen dieser Blogs oder beim Betrachten der amerikanischen Onlinestores wurde Ihr Appetit geweckt? Dann kommt dieser Tipp sicher gelegen. Viele dieser Shops liefern nur innerhalb der Vereinigten Staaten. Und damit hat sich das? Falsch. Sie machen das nämlich so: Sie gehen auf www.myus.com und besorgen sich ein Konto (kostet zwar was, ist aber jeden Cent wert). Diese Firma stellt Ihnen eine amerikanische Adresse zur Verfügung, über die Sie von amerikanischen Websites kaufen können. Dann liefert sie Ihnen Ihre Einkäufe an

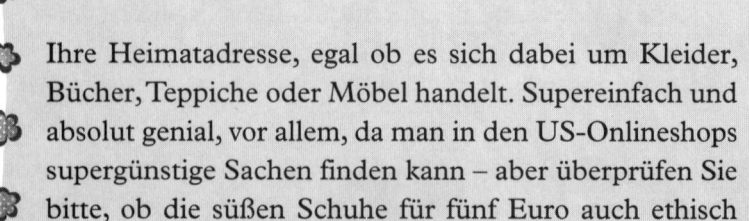

Ihre Heimatadresse, egal ob es sich dabei um Kleider, Bücher, Teppiche oder Möbel handelt. Supereinfach und absolut genial, vor allem, da man in den US-Onlineshops supergünstige Sachen finden kann – aber überprüfen Sie bitte, ob die süßen Schuhe für fünf Euro auch ethisch einwandfrei produziert wurden.

eBay

So, nachdem dies erledigt ist, schauen Sie natürlich als Erstes bei eBay vorbei. Die persönliche Katastrophe der einen ist für die andere die Verkörperung des perfekten Traums für ihre Figur. Noch ein paar Tipps am Rande – nur ein paar, da wir ja inzwischen wohl alle wissen, wie eBay funktioniert:

Sie haben mehr als einmal beim selben Verkäufer gekauft? Markieren Sie ihn als Favoriten und behalten Sie sein Angebot im Auge – wenn Sie denselben Geschmack teilen, sind die Chancen groß, dass da noch mehr kommt. Als ich eine Menge Gewicht abnahm und meine gesamte Garderobe verkaufte, wurde praktisch alles von denselben drei Leuten aufgekauft.

🛍️ **Lassen Sie sich nicht davon abhalten,** wenn der Verkäufer im Ausland wohnt. Aber prüfen Sie, wie teuer Sie der Versand kommt. Einige meiner besten Schnäppchen kamen aus den USA – nicht zuletzt dank des schwachen Dollars.

🛍️ **Stöbern Sie auch in den eBay-»Boutiquen«,** nicht nur bei den einzelnen Verkäufern. Es gibt Leute, die wunderbare Kleider machen können, aber nicht das Geld haben, einen richtigen Laden zu eröffnen – mit Regalen, Theke, Kasse, Tür und Ladenklingel –, und sich deshalb auf einen virtuellen Laden beschränken. Schauen Sie bei www.etsy.com vorbei, darüber gibt's im nächsten Kapitel mehr. Dort finden Sie Unmengen von fantastischen, originellen Klamotten, die nicht von Designern, sondern von hochtalentierten »normalen« Leuten gemacht wurden, und das zum Teil für einen Spottpreis. Außerdem entwickeln Sie eine Beziehung zu dem Verkäufer – vielleicht können Sie das gute Stück sogar ändern lassen und länger, mit Rüschen oder wie auch immer bestellen.

🛍️ **Fragen Sie stets, bevor Sie bieten, wie und ob man das gute Stück auch zurücksenden kann.** Bei einem guten Verkäufer sollten Sie den Kauf problemlos zurückgeben können und Ihr Geld erhalten, ohne sich ewig über die Gründe für die Rückgabe kabbeln zu müssen.

Lassen Sie sich von Mängeln wie Flecken oder kleinen Rissen nicht abhalten – die lassen sich beheben (und wirken sich in der Regel äußerst positiv auf den Preis aus). Das gilt vor allem für echte Vintagekleidung.

Verwenden Sie einen Sniper – nervig für die anderen, aber entscheidend, wenn Sie etwas wirklich haben wollen und gegen Ende der Auktion nicht vor dem Computer sitzen können. Versuchen Sie www.auctionsniper.com – die Idee dahinter: Ein Sniper überwacht die Auktion automatisch und greift in den letzten zehn Minuten (oder Sekunden) aktiv ein, indem er ein um die entscheidenden Euro oder Cent höheres Gebot abgibt.

Hüten Sie sich vor Kopien. Es sei denn, Sie haben eine Vorliebe für Designerkopien. Es ist viel klüger und auf lange Sicht besser, nach einer Vintage Ossie Clark zu suchen als nach einer aktuellen Louis Vuitton, die wahrscheinlich nur eine billige Kopie ist.

Swappen

Die Sache mit eBay ist nur, es frisst Zeit. Und genau das ist das Schöne am Swappen oder, auf gut Deutsch: Tauschen. Ein Abend reicht, man ist unter Freunden, trinkt Wein und tratscht (dabei werden aber nicht die Schlüssel oder Partner getauscht – auch wenn sich das hier fast so anhört). Kleidertausch ist absolut angesagt, und das ist kein Wunder: Es macht Spaß, es kostet nichts und ist absolut sinnvoll. Man kann online tauschen, zu einer Swapparty gehen oder selbst eine mit Freundinnen veranstalten. (Achten Sie dabei aber darauf, dass Ihre Gäste in etwa die gleiche Kleidergröße haben, sonst funktioniert es nicht.)

Hier ein paar Webseiten zur Inspiration, allerdings nur die Spitze des Eisbergs:

Online swappen

 www.whatsmineisyours.com
Kaufen und tauschen Sie (oder schachern Sie um) Designerklamotten, Vintageklamotten und aktuelle Markenmode.

 www.rehashclothes.com
Tauschen Sie Kleidung, Accessoires und Bücher.

Lernen Sie neue Freunde kennen und tun Sie was Gutes für die Umwelt.

www.swapstyle.com
Nennt sich selbst »die weltgrößte Online-Fashionparty«. Tauschen Sie Kleidung, Accessoires, Kosmetik, Schuhe und vieles mehr.

www.swishing.org
Fashion-Swapping-Partys.

www.tausch-dir-was.de
Hier wird gegen Coupons getauscht, für die man dann andere Artikel erwerben kann.

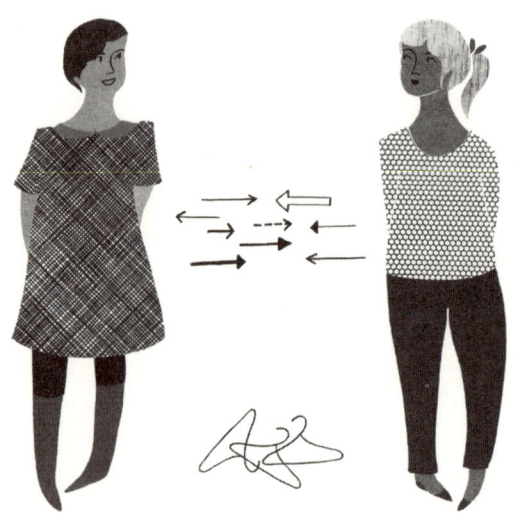

Events

 www.swaporamarama.org
Eine wahnsinnstolle amerikanische Seite, die nicht nur Klamotten-Swap-Partys organisiert, sondern daneben auch noch so eine Art Nähkurse, in denen man gleichzeitig lernt, die Sachen umzuändern. Als ich das hier schrieb, fand zum ersten Mal in Brighton ein Swaporama-Event statt, also hoffen wir, dass die Idee auch hier auf der Insel Fuß fasst und dann zu Ihnen auf den Kontinent kommt.

 www.myspace.com/swaparamarazzmatazz
Swapping-Partys finden (zurzeit) monatlich statt, und zwar in: Favela Chic, 91–93 Great Eastern Street, London EC2A 3HZ; Tel.: 0 20 76 13 42 28 (falls Sie von Deutschland oder vom Handy anrufen, Vorwahl für England – 00 44 – nicht vergessen.) Also wenn Sie gerade zufällig in London sind oder was Ähnliches zu Hause auf die Beine stellen wollen ...

Organisieren Sie selbst eine Party

So schwer ist das nun auch wieder nicht – Sie suchen ein geeignetes Datum aus, fragen Ihre Freundinnen und bitten sie, wiederum Freundinnen mitzubringen. Sorgen

Sie dafür, dass jeder Gast mindestens eine Person hat, die etwa dieselbe Kleidergröße trägt und mit der er tauschen kann. Besorgen Sie Wein, und das wär's.

Hier noch ein paar Tipps:

- **Bitten Sie darum, dass nur frisch gewaschene Kleidungsstücke zum Tausch angeboten werden.**

- **Machen Sie sich nicht zu viele Gedanken, was Sie zum Tauschen anbieten.** Sie werden überrascht sein, was die Leute wollen – was dem einen sein Ramsch…

- **Sind Sie sicher, dass Sie genug Platz haben?** Die Leute möchten ihre Sachen herzeigen und sich umziehen. Und Sie möchten schließlich nicht, dass dabei jemand über den Hund stolpert.

- **Stellen Sie mindestens zwei Spiegel auf, in denen man sich ganz betrachten kann.**

- **Überlegen Sie, was Sie tun, wenn zwei Leute dasselbe Stück möchten.** Eine Münze werfen ist immer gut. Oder Sie schlagen vor, dass die zwei interessierten Damen das Stück kurz vorführen und die Runde entscheidet, wem das Teil am besten steht.

Kleidung ändern und aufpeppen

Machen Sie das, es lohnt sich definitiv. Es bringt neuen Schwung in Ihre Garderobe, und vor allem die Sachen profitieren immens, an denen Ihr Herz hängt und die Sie trotzdem nie tragen. Sie werden sie wieder lieben, wenn Sie:

🎀 **die Kleidungsstücke so ändern, dass diese wieder perfekt sitzen.** Das trauen Sie sich nicht zu? Dann blättern Sie vor auf Seite 129, »Kleidung selber nähen«. Immer noch nicht? Dann bringen Sie das Stück in die chemische Reinigung oder zu einer Änderungsschneiderin, falls Sie das Glück haben, so jemanden zu kennen – es kommt Sie noch immer billiger als der Kauf eines neuen Teils. Ich verlasse mich ganz auf die Änderungsschneiderinnen, die in kleinen, dunklen Läden in düsteren Vierteln arbeiten, am besten im Hinterzimmer einer chemischen Reinigung. Das klingt ein bisschen hart, aber es bringt wirklich nichts, im schicksten Viertel in die schickste Änderungsschneiderei zu gehen. Schauen Sie auch in den Anzeigenteil Ihres Lokalblatts – es gibt oft Leute, die unglaublich gut nähen und zu Hause arbeiten, um sich etwas dazuzuverdienen.

🔘 **aus den alten Stücken etwas machen, das Sie wirklich tragen.** Dazu braucht es Kreativität und gewisse Fertigkeiten im Umgang mit Nadel und Faden. Sehen Sie dazu auf den unten angegebenen Websites nach. Als ich zum Beispiel von den Motten heimgesucht wurde, warf ich meine Sachen nicht einfach weg, sondern schnitt sie einfach knapp über den Mottenlöchern ab, säumte sie wieder, und voilà, ich hatte eine etwas kürzere/ärmellose Variante. Meine alten Lieblingsstücke in einem ganz neuen Look.

🔘 **die Knöpfe oder den Besatz austauschen.** Mit Perlmuttknöpfen zum Beispiel wirkt alles gleich einen Tick peppiger, und in der Regel braucht man nicht mehr als vier bis sechs Knöpfe, also kommt das nicht teuer. Eine alte Weste sieht mit einem Organdybesatz oder einer braven Schleife völlig anders aus.

🔘 **alten T-Shirts einen neuen Ausschnitt schnipseln.** In den 80ern machte ich das ständig. Und jetzt habe ich wieder damit angefangen, weil ich einfach kein T-Shirt mit einem hübschen Ausschnitt finde. Dazu muss man nicht einmal nähen oder einsäumen können – eine scharfe Schere reicht. Das Ergebnis ist schön schräg, aber nicht zu durchgeknallt.

🪡 **eine Kurzwarenhandlung in Ihrer Gegend suchen und deren Dienste weise nutzen.** Sie werden dort teuer anmutenden Besatz, Stoffblumen, Federn, Pailletten und anderen Tand bekommen, mit dem Sie aus einem nichtssagenden Nullachtfünfzehnkleid ein heißes Teil zaubern können. Londonreisenden (realen und virtuellen) empfehle ich VV Rouleaux (www. vvrouleaux.com). Dort gibt es wunderhübsche Bänder und exquisiten Besatz.

🪡 **die Schuhe putzen.** Muss eigentlich nicht erwähnt werden, macht aber einen Riesenunterschied. Und kaufen Sie sich nicht sofort neue: Wofür gibt es einen Schuster, der Ihnen neue Absätze draufmacht? Ein guter Schuster kann die Schuhe oder Stiefel auch ausweiten, falls Sie schnell Blasen darin bekommen oder Ihre Waden dick wirken. (Ihre Waden sind dick? Schauen Sie bei www.duoboots.com und www.vivaladiva.com vorbei. Dort finden Sie schicke Stiefel mit weitem Schaft.) Der Schuster flickt oder färbt Ihnen übrigens auch die geliebte Handtasche. (Und bitte kaufen Sie nicht eine dieser überteuerten vormaligen Statussymbole: Die It-Bag altert unglaublich schlecht, wenn sie nicht eh schon tot ist.) Falls Ihnen der Stöckel in London abbricht: Classic Shoes (23–35 Brecknock Road, London N7 0BL). Das sind die Besten. Sie können wahre Wunder wirken und sind dabei ein Familienunternehmen und unglaublich nett. (Falls Sie auf solche regionalen Tipps stehen, bei denen ich mich sehr zurückhalte, weil sie ja für Leute, die nicht in London leben, eher wenig bringen, dann schauen Sie doch mal bei www.tipped.co.uk vorbei oder bei www.trustedplaces.com. In Deutschland gibt es ähnliche Dienste, zum Beispiel www.quype.com.)

alles, was jenseits des Aufpeppens ist, zu Kissen verarbeiten. Dazu brauchen Sie nicht einmal eine Nähmaschine. Und aus alten Pullis lassen sich ausgesprochen kuschelige Kissen basteln. Auch toll gemusterte Kleider, die ihre beste Zeit definitiv gesehen haben, geben oft erstaunlich schöne Kissen ab. Ich liebe www.recycle-eh.com/textiles.htm, weil die Autorin nicht besonders gut näht, wovon sie sich aber nicht im Geringsten abschrecken lässt. Sie begnügt sich auch nicht mit Kissen, Kuscheltieren, Stoffhandtaschen und Hüten oder Wärmflaschen... Schauen Sie sich die Website an und holen Sie sich Anregungen und Infos. Im nächsten Kapitel geht's dann ums Handarbeiten und Basteln.

sich der Wardrobe-Refashion-Bewegung anschließen, die sich in den USA gebildet hat und deren Mitglieder sich vornehmen, für eine gewisse Zeit keine neue Kleidung zu kaufen und stattdessen die alten Sachen wieder in Schuss zu bringen und aufzupeppen oder sich selbst was zu nähen, stricken, häkeln, kleben. Es gibt mehr als ein Dutzend Blogs dazu und jede Menge Leute mit guten Ideen und Tipps – googeln Sie. Hier eine Seite für den Einstieg: www.nikkishell.typepad.com/ wardrobefashion. Und vielleicht noch www.sweetsassafras.org/category/sewing.

färben. Als ich noch eine französische Schule (in London) besuchte, also als mein Englisch noch nicht so toll war, fuhren wir jeden Morgen an einer chemischen Reinigung in der Baker Street vorbei. Die hatte ein großes Schild im Fenster mit der Aufschrift WE WILL DYE FOR YOU! Ich hielt das für das genialste Wortspiel überhaupt – dye (färben) und die (sterben): wow! Die Reinigung gibt es immer noch, und als wir vor ein paar Monaten vorbeifuhren, rief eines meiner Kinder »WE WILL DYE FOR YOU – superwitzig«, was mich in die Zeit zurückversetzte, als ich zehn oder elf war. Also, färben. Fürs Kaltfärben brauchen Sie nur einen Eimer und Salz, in der Waschmaschine geht's noch einfacher. Am problemlosesten lassen sich Naturfasern färben (Synthetik lässt sich auch färben, aber man weiß nie genau, wie die Farbe kommt – Pink wird zu Lila und so weiter.) Übrigens eine wunderbare Methode, um ätzend aussehender alter Unterwäsche einen Jungbrunnen zu verpassen – aus grätzigem Grau mach Zinnoberrot, aus diesem schrecklich drögen »Natur« ein frisches Türkis – aber auch für T-Shirts, alte Hemden, Socken – eigentlich für alles. Alte weiße Handtücher, die ihre besten Tage gesehen haben, reagieren besonders gut.

nähen. Was unglaublich cool geworden ist, vor allem bei Leuten unter 30. Sie gehören eher meiner Generation an und haben nur vor Äonen in der Schule genäht und finden, das sei eher was für Omis? Dann denken Sie noch mal ganz genau darüber nach. (Das gilt übrigens genauso für Stricken, Häkeln und Basteln allgemein, deshalb kommt ja auch gleich ein ganzes Kapitel zu dem Thema.) Es sollte nicht zu schwer sein, einen Nähkurs in Ihrer Gegend zu finden, sei es über das Schwarze Brett im Supermarkt, eine Anzeige im Wochenblatt oder unseren lieben alten Freund Google. Aller Wahrscheinlichkeit nach werden Sie dort nicht nur was lernen, sondern auch nette Leute treffen. Womit wir beim nächsten Punkt wären…

Kleidung selber nähen

Sie haben noch nie was genäht? Oder nicht mehr seit den unseligen Handarbeitsstunden damals in der Schule? Glauben Sie mir, es ist ziemlich einfach, solange Sie sich nicht an einem Ballkleid oder einem Brautkleid versuchen. Und man spart überraschend viel Geld damit und hat auch noch Spaß. Ganz zu schweigen von dem tiefen Gefühl der Befriedigung, wenn so ein Teil fertig ist. Man braucht dafür nichts weiter als eine Nähmaschine, ein Schnittmuster und Stoff. Ein Himmelsgeschenk, wenn Sie eine »ungewöhnliche« Größe oder Figur haben und mit Kleidern von der Stange nicht sonderlich zurecht-kommen. Sobald Sie die Grundlagen intus haben, trauen Sie sich ruhig auch, mit den Schnitten zu experimentieren und so lange daran herumzubasteln, bis alles maßgeschneidert aussieht – was es ja auch ist. Darüber hinaus sind selbst genähte Kleider originell, preis-wert und wunderschön. Pech für die Billigläden!

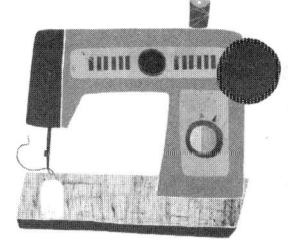

Schauen Sie, bevor Sie loslegen, noch bei www.thread-banger.com vorbei und lassen Sie sich inspirieren. Diese Seite ist einfach genial und eine großartige Hilfe, ob Sie nun aus einer alten Jeans ein Jeanshemd schneidern oder sich an Engelsflügeln versuchen wollen. Oder bei www.

naehen-schneidern.de, dort erfahren Sie sogar, wie Sie Handtaschen oder Kissen zaubern können.

Machen Sie sich als Erstes mit dem ganzen Nähmaschinenszenario vertraut. Und zwar bevor Sie sich eine Maschine kaufen. Gehen Sie dazu zu einem Fachhändler oder/und besuchen Sie einen Kurs. Übrigens: Auch wenn wir nicht so gut nähen können, die Generationen vor uns konnten es sehr wohl – und sie können es immer noch. Fragen Sie doch Ihre Mama, Oma, Tante oder diese nette ältere Dame in Ihrer Nachbarschaft um Rat.

Lassen Sie sich vom Vertrauen oder der Begeisterung für Ihre Nähkünste nicht dazu hinreißen, das teuerste Modell zu kaufen. Eine neue, leichte und leicht zu benutzende Maschine für einfache Näharbeiten gibt es bereits für gute hundert Euro. Es reicht, wenn Sie damit Stickstich und Zickzackstich nähen können. Falls Sie nicht vorhaben, das Nähen zum Beruf zu machen, ist es durchaus überlegens- und lohnenswert, sich die Kosten mit gleichgesinnten Freundinnen zu teilen – macht ja auch mehr Spaß, wenn man sich austauscht und gegenseitig hilft. Und damit wäre mit etwa 33 Euro pro Kopf der Grundstock für eine neue Garderobe gelegt.

Ziehen Sie beim Nähen die Schuhe aus – die Pedale sind ziemlich empfindlich. Außerdem haben Sie mehr Kontrolle, wenn Sie spüren, wie viel Druck Sie ausüben. Und: Gehen Sie es langsam, sehr langsam an.

Beginnen Sie mit etwas Einfachem, einer Tragetasche oder einem Kissenbezug. Oder ändern Sie ein T-Shirt um. Verschwenden Sie, bevor Sie sich an ein einfaches Kleid oder einen Rock wagen, den einen oder anderen Gedanken an Stoffe. Die Grundregel lautet: Zweimal messen, einmal schneiden. Das ist wichtig, wie ich zu meinem Leidwesen feststellen musste.

Ein einfaches Kleid oder ein Rock, denken Sie sich. *Aber wie geht das?* Im Internet finden Sie hierzu weitaus bessere Infos, als ich sie Ihnen hier geben könnte. Denn dort lesen Sie nicht nur, wie's geht, Sie sehen es auch. Versuchen Sie:

 *www.howtomakeclothes.wordpress.com*

www.threadbanger.com (die haben ein Video)

www.sewmamasew.com

www.crafster.org

www.videojug.com

www.naehen-schneidern.de

www.kostenlose-schnittmuster.de

Natürlich gibt es noch Hunderte von anderen Seiten – die Links auf den erwähnten Seiten führen Sie zu ihnen.

Einfach immer weiternähen. Beginnen Sie, sobald Sie das erste Stück fertig haben, mit dem nächsten. Übung macht auch hier den Meister.

Stoffe

Halten Sie sich bei Stoffen anfangs an einfache Sachen – das heißt Stoffe, die nicht rutschen und nicht zu sehr strukturiert sind. Verwenden Sie für Baumwollstoffe einen Baumwollfaden, für alles andere einen synthetischen Faden. Stoffe können sehr teuer sein, also schauen Sie sich um. Man kann sie relativ billig online in den USA kaufen, allerdings können hier die Versandkosten teuer zu Buche schlagen. Einen Blick wert sind:

www.reprodepotfabrics.com
Hier gibt's schöne altmodische Stoffe, Retrosachen, ausgefallene Knöpfe, Bänder und Schnittbögen.

www.purlsoho.com
Eine Schatzgrube wunderbarer Stoffe und Accessoires.

www.equilter.com
Ein unglaublicher Fundus an Stoffen und ein sehr hilfreiches »Design Board« mit Vorschaubildern der diversen Stoffe.

www.superbuzzy.com
Wer pfiffige japanische Muster sucht, ist hier gut bedient.

 www.stoffe-hemmers.de
Hier gibt's einen kostenlosen Musterversand und auch allerlei Zubehör wie Reißverschlüsse, Bänder etc.

 www.stoffe.de
Klicken Sie mal auf den Link »Reduzierte Stoffe« – vielleicht werden Sie fündig.

Muster

Neue Schnittmuster kosten um die acht Euro, bei eBay bekommen Sie sie natürlich billiger, und wenn Sie online suchen, finden Sie jede Menge Gratisschnittmuster.

Schnittbögen werden nach Schwierigkeitsgrad eingeteilt, und das sollten Sie, wenn Sie Anfängerin sind, beachten. Und kaufen Sie den Schnittbogen in Ihrer Größe – denken Sie nicht: »Puh, die haben nur Größe 36, ich mach das einfach kleiner/größer und dann passt es schon.« Nein, das tut es nicht, wenn Sie Anfänger sind.

Vintage

Das macht Ihnen alles etwas Angst? Es gibt immer noch Vintage – das früher weitaus weniger schick Secondhand genannt wurde. So finden Sie die besten Sachen:

 Charity Shops – Einkaufen für den guten Zweck, gibt es inzwischen auch in Deutschland. Oxfam hat bereits in mehreren Städten Läden eröffnet, die gespendete gebrauchte Kleider (und nicht nur die, auch Bücher, Geräte …) für einen guten Zweck weiterverkaufen. Wenn Sie Designerklamotten suchen, sind die Läden in teuren Gegenden ein heißer Tipp.

 Sie sind bereits vom Nähvirus infiziert? Dann behalten Sie im Hinterkopf, dass Sie sehr viel ändern können. Der Stoff ist wahnsinnig toll, aber leider ist das Teil schlecht geschnitten? Da lässt sich vielleicht ein Rock draus machen oder ein paar tolle Kissenbezüge. (Das klingt so, als sei ich besessen von Kissenbezügen. Bin ich auch. So ein Kissenbezug geht so schnell! Und so einfach! Und ist ein so nettes Geschenk!)

 Schauen Sie, wo immer Sie sind, in den Charity Shop rein. Manchmal finden Sie in dem unscheinbarsten Dorf wahre Juwelen, während die Läden in der großen Metropole nichts als Ramsch haben. Ich fand in einem walisischen Charity Shop auf dem flachen Land einen Schatz echter walisischer Decken und ausgerechnet in Moreton-in Marsh ein Halston-Kleid. Die Leute auf dem Land haben einen anderen Geschmack als die in der Stadt – das kann zu Ihrem Vorteil sein.

 Märkte sind stets einen Blick wert. Selbst wenn Sie denken: »Der Markt hier ist wirklich nur was für sechzehnjährige Kids und Touristen.« Lassen Sie sich überraschen. Man braucht nur Zeit und genug Geduld, um jeden Stand und jeden Kleiderständer durchzusehen.

Rümpfen Sie nicht die Nase über große Vintageläden wie Beyond Retro in London (www.beyondretro.com), weil die viel zu viel verlangen und man dort keine Schnäppchen mehr findet. Der Vorteil bei diesen Läden ist, dass sie sehr gut sortiert sind und man sich so eine Menge Zeit spart – sprich: sich nicht durch Stapel von Kleidern und Massen von Teenagern durcharbeiten muss, um das eine Juwel zu finden. Und die Klamotten kosten immer noch nur einen Bruchteil von dem Neupreis. Herz, was willst du mehr.

 Fragen Sie (höflich), ob Sie auf dem Dachboden der Mütter oder Großmütter Ihrer Freunde nachschauen dürfen. Ich kenne Frauen in den Sechzigern oder Siebzigern, die unglaublich tolle Kleider haben, die noch super in Schuss sind, die sie aber nicht mehr tragen und bei denen sie nicht recht wissen, was sie mit ihnen tun sollen. Als Celia Birtwell, eine großartige Designerin, die in den 60ern mit ihren Stoffentwürfen berühmt wurde, diese Minicollection für Topshop entwarf, die ein Erdbeben in der Modewelt auslöste, unterhielt ich mich mit einer älteren Freundin. »War sie nicht mit Ossie Clarke verheiratet?«, fragte meine Freundin unschuldig. »Ich hab Massen von diesen Sachen oben.« Schenken Sie den Sachen ein neues Zuhause, aber versuchen Sie, sie zu bezahlen. Und lassen Sie sich nicht gleich mit einem höflichen »nein, nein« abwimmeln.

 Kaufen Sie nicht nur Vintage-Kleider – halten Sie auch die Augen nach Schuhen, Handtaschen und Accessoires offen. Vintage-Schmuck ist einfach nur super.

 Lassen Sie sich keinen kommerziellen oder Wohltätigkeitsflohmarkt in Ihrer Gegend durch

die Lappen gehen. Besser noch, organisieren Sie selbst einen, dann sitzen Sie direkt an der Quelle. Sie bekommen Superklamotten und tun auch noch was Gutes – was gibt's Schöneres?

Ältere Kleidung ist in der Regel besser verarbeitet. Damit meine ich: Es ist mehr Stoff verarbeitet. Wenn Sie Größe 40 haben und sich gerade noch in Größe 38 quetschen können, darin allerdings wie eine Wurst aussehen – dann schauen Sie sich die Nähte an. Vielleicht können Sie das gute Stück weiter machen.

Noch etwas: Probieren Sie alles an – verlassen Sie sich nicht auf das Etikett. Kleidergrößen haben sich in den letzten Jahrzehnten sehr verändert, um sich an die veränderten Körpermaße anzupassen. Nicht, dass wir alle fetter geworden wären, aber Brust- und Taillenumfang etc. sind größer geworden. Und natürlich hat auch die Eitelkeit zugenommen.

Hüten Sie sich davor, Kram zu kaufen, in dem Sie aussehen, als möchten Sie auf einen Maskenball gehen. Ich liebe zum Beispiel Kleider aus den 40er-Jahren, aber in manchen sieht man aus wie Joan Crawford, vor allem, wenn man eine Freundin der Augenbraue ist wie ich. Also, auch hier gilt: Vor dem Kaufen probieren.

137

Freunden Sie sich mit den Besitzern Ihrer Lieblingsläden an. Leute, mit denen Sie über Monate oder Jahre eine Beziehung aufgebaut haben, legen für Sie Sachen zur Seite – das ist vor allem eine nicht zu unterschätzende Hilfe für diejenigen unter uns, die eine »ungewöhnliche« Größe oder Figur haben. Ach ja, und gehen Sie nicht im Jogginganzug zum Einkaufen, sondern ziehen Sie Sachen an, von denen Sie gerne mehr hätten. Damit jeder sieht, was Ihnen gefällt.

 Reden Sie mit den Leuten im Laden. Häufig befindet sich noch Ware im Lager, die erst sortiert, etikettiert oder ausgepreist werden muss. Sagen Sie klar, was Sie wollen und wonach Sie suchen.

 Überprüfen Sie immer, ob sich in der Achselgegend Flecken (appetitlich!) befinden oder ob der Stoff fadenscheinig oder eingerissen ist. Vor allem, wenn es sich um empfindliches Gewebe handelt.

 Kombinieren Sie. Sich von Kopf bis Fuß in Vintage zu kleiden ist heikel, vor allem, wenn man sich seines Stils nicht ganz sicher ist und sich auch nicht auf eine Periode beschränken möchte (wenn das mal nicht eine schöne gynäkologisch anmutende Redewendung ist).

Die Online-Vintagestores werden immer besser. Mein absoluter Favorit ist www.legacy-nyc.com mit seiner kleinen, aber sich ständig ändernden Auswahl an ernstzunehmender Mode und Accessoires (hier kriegen Sie auch die Vintage-Handtasche von Hermès). Die Seite wird genial von Rita Brookoff aufbereitet, die unter ihrem eigenen Label, Legacy, auch fantastische neue Kleider im Vintage-Stil (in tollen Vintage-Mustern) verkauft. Nicht gerade billig, aber immer noch ein Spottpreis, verglichen mit den Summen, die man für solche Stücke neu hinblättert. Und der schwache Dollar hilft zusätzlich. Sie liefert die Sachen in die ganze Welt. Ganz toll finde ich auch noch What Comes Around Goes Around (www.nyvintage.com). Dabei handelt es sich um eine größere Firma, die Leute dort haben ebenfalls ein Händchen dafür, ihre Ware genial in Szene zu setzen. Auch sie liefern weltweit. Es erübrigt sich zu erwähnen, dass beide ein Ladengeschäft in Manhattan haben, das absolut einen kleinen Umweg wert ist – die beiden sind einen Steinwurf voneinander entfernt –, falls Sie gerade in New York sind. Auch in Großbritannien gibt es jede Menge Vintage-Shops – www.absolutevintage.co.uk, www.fuk.co.uk und www.marthascloset.co.uk, um nur einige zu nennen.

 Denken Sie daran, Sie können Ladenbesitzer, zu denen Sie eine Beziehung aufgebaut haben, bitten, die Augen nach bestimmten Sachen offen zu halten und sie für Sie beiseitezulegen. Aber Sie können nicht einfach in einen Laden hineinmarschieren und verlangen, man möge doch bitte ein Cocktailkleid im Stil der 30er-Jahre und in Topzustand auftreiben. Man würde Sie für leicht durchgeknallt halten. Aber sobald Sie die Leute dort besser kennen – und gezeigt haben, dass Sie es ernst meinen, indem Sie auch kaufen –, ist das immer einen Versuch wert.

 Vergessen Sie Ihre eigenen Sachen nicht: Was das Internet unter anderem zu einem Quell der Freude macht, ist, dass jeder selbst Vintage-Verkäufer werden kann – was Sie langweilig finden oder was Ihnen nicht mehr gefällt, ist garantiert für jemand anderen genau das Richtige. Benutzen Sie eBay für Ihre Händlerkarriere oder schauen Sie, ob www.fashiondig.com etwas für Sie ist. Noch ein Tipp: Amerikaner sind absolut pingelig, was Sachen aus »smoke-free homes« angeht. Also Nichtraucher vor!

 Meine liebe alte Freundin (und Visionärin) Orsola de Castro macht und verkauft seit 1977 die tollsten Kleider, die alle recycled sind, das heißt, aus Teilen anderer Kleider bestehen, und zwar unter dem Label From Somewhere, www.fromsomewhere.co.uk. Ich kann ihre Sachen nicht genug empfehlen. Sie sind nicht billig, aber sooo schön.

Kleider verkaufen auf eBay

Sie haben sich ein Vintage-Teil gekauft, und es sitzt nicht richtig? Und dieses Cocktailkleid aus den 80ern sieht etwas arg nach *Dallas* aus? Verkaufen Sie es über eBay. Das kostet Zeit, wenn Sie nur hier ein Stück und da ein Teil verkaufen und kein Geschäft daraus machen. Aber es ist wirklich sehr einfach, und es macht Spaß, den Leuten dabei zuzusehen, wie sie sich um die eigenen Sachen reißen.

Auf eBay findet man sehr klare Verkaufsanleitungen, deshalb hier nur ein paar allgemeine Tipps:

- **Richten Sie ein PayPal-Konto ein** (www.paypal. de). Paypal ist absolut sicher und wunderbar, um Geld wie bei einem Bankkonto über das Internet zu überweisen: Käufer hinterlegen ihr Geld auf Ihrem Paypal-Konto, und Sie überweisen das Geld dann auf Ihr Bankkonto. Sie können das Geld natürlich auch, statt es auf Ihr Bankkonto zu überweisen, sparen, um damit etwas online zu kaufen.

- **Bevor Sie Ihr Angebot einstellen,** sollten Sie etwas recherchieren. Suchen Sie nach ähnlichen Produkten, um eine Vorstellung zu bekommen, wie Sie am besten formulieren und wie niedrig Sie den Startpreis für die Auktion ansetzen.

● **Ohne Bild geht es nicht,** und am besten ist es, wenn das gute Stück (von Ihnen oder einer Freundin) bei optimalem Licht vorgeführt wird.

● **Überlegen Sie sich genau, unter welcher Überschrift Sie Ihr Stück anbieten.** Unter welchem Stichwort würden Sie danach suchen? »Vintage 80er-Jahre-Stil Cocktailkleid in Pink, Größe 36« wird zum Beispiel mehr Erfolg haben als »Vintagekleid in Pink«.

● **Vergessen Sie die Maßangaben nicht** (wie Brustumfang, Vorderlänge, Schulter bis Taille, Taille bis Naht, Innenseite Bein und so weiter) – sonst verlieren Sie schüchterne Interessenten, die ungern nachfragen.

● **Seien Sie ehrlich** – verheimlichen Sie dieses kleine Loch unter der Achsel nicht.

● **Setzen Sie den Startpreis niedrig an.** Wenn Ihr Angebot attraktiv ist, werden die Gebote immer höher, aber mit einem zu hoch angesetzten Preis lassen sich nur schwer Bieter anlocken.

Die richtige Kleidungspflege

Na ja, auf die richtige Pflege kommt es an. Ich zum Beispiel finde, dass die chemische Reinigung größtenteils ein Mythos ist, und zwar ein sehr teurer Mythos. Die Kleidungshersteller müssen sich schützen, falls etwas einläuft. Also nähen sie in jedes Stück eine Wäschemarke mit der Aufschrift »Chemisch reinigen« – einfach so. Die Wahrheit ist jedoch, dass Sie praktisch alles mit der Hand waschen können. Ich hab das anfangs nicht glauben wollen, als mir eine Freundin davon erzählte, die nicht nur umwerfende Klamotten, sondern auch einen ausgeprägten Hang zur Sparsamkeit hat. Doch es erwies sich als wahr. Hier die Info:

- **Alles, was laut Wäschemarke chemisch gereinigt werden sollte, kann mit der Hand gewaschen werden.**

- **Alles, was laut Wäschemarke** ausschließlich **chemisch gereinigt werden darf, kann wahrscheinlich immer noch mit der Hand gewaschen werden, allerdings sollten Sie es vorsichtig angehen,** sprich: Wenn es heißt »Dry clean only« und das Teil absolut versifft ist, dann wandert es in die chemische Reinigung, da die Entfernung von Flecken riskant ist (aber durchaus möglich, siehe unter anderem www.ktcampbell.com/domesticity/hand_wash.html).

Die einfache Methode und die Methode für die Teile, bei denen Sie nun gar kein Risiko eingehen möchten: Gehen Sie auf http://shop.hagertyshop.com/epages/Store.sf/de_DE/ und kaufen Sie Hagerty® Dry-Cleaning-Kit. Dieses Wunderwerk der modernen Forschung verwandelt Ihren Trockner in eine chemische Reinigungsmaschine (eine chemische Reinigungsmaschine ist übrigens genau das – ein riesiger Trockner mit etwas Chemikalien drin) und reinigt bis zu sechs Stücke. Keine Angst, es ist genial, und es funktioniert, sogar bei großen Teilen wie Mänteln. 13,60 Euro für 16 Kleidungsstücke, als ich dieses Buch schrieb.

Die etwas nervenstrapazierendere, aber absolut effektive Methode:
– Nehmen Sie sehr milde Seife in flüssiger Form. Lösen Sie sie in heißem Wasser auf und geben Sie dann kaltes Wasser dazu. Das Waschwasser sollte lauwarm sein.

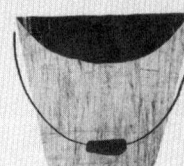

– Reiben Sie, zum Beispiel mit dem Finger, sanft an den Schmutzflecken. Wenn Sie zu stark rubbeln, rauen Sie die Fasern auf, das kommt weniger gut.

– Schwenken Sie die Kleidungsstücke im Waschbecken – immer sanft und sachte, solange die Teile keine Flecken haben. Ich schwenke sie nicht mal. Ich lasse sie einfach etwas in dem warmen Seifenwasser liegen. Schrubben oder Wringen ist verboten.

– Lassen Sie das Seifenwasser ablaufen und ersetzen Sie es mit sauberem, kaltem Wasser. Schwenken Sie die Stücke darin, bis sie sauber gespült sind, wechseln Sie gegebenenfalls das Wasser.

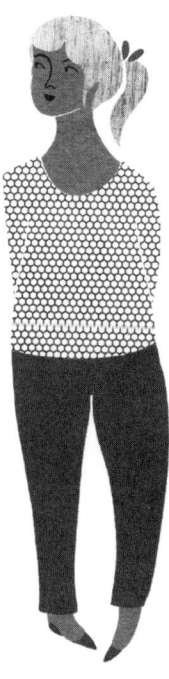

– Drücken Sie das Wasser aus – *nicht wringen* – und legen Sie das Kleidungsstück zum Trocknen auf ein dick gefaltetes Handtuch. Zupfen Sie es gegebenenfalls zurecht (zum Beispiel einen Pulli) oder hängen Sie es zum Trocknen an einen warmen Platz (zum Beispiel ein Seidenkleid oder alles, was sich nicht streckt, wenn es schwer vom Wasser ist). Ich trockne aus Sicherheitsgründen alles flach. Wechseln Sie das Handtuch aus, wenn es zu nass ist.

145

– Lassen Sie das Kleidungsstück liegen, bis es trocken ist (was Seide guttut, erfahren Sie weiter unten). Das funktioniert wunderbar bei Wolle, auch bei Kaschmir und Seide. Kunstseide geht wahnsinnig leicht ein: daher keinesfalls schwenken oder reiben – einfach ins Wasser tauchen und ein paar Minuten liegen lassen.

Bei großen Stücken wie Wintermänteln fahren Sie am besten mit der Hagerty-Methode (siehe oben).

Bügeln Sie Pullis leicht, wenn diese trocken sind – dadurch fühlen sie sich weniger steif an. (Wolle wird bei Kontakt mit Wasser nämlich etwas hart und steif.) Bügeln Sie Seide, solange sie noch etwas feucht ist.

Stecken Sie die Stücke nach der Handwäsche niemals **in den Trockner.** Sie würden auf Miniaturgröße schrumpfen.

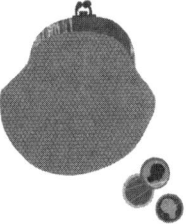

Woran man nicht sparen sollte

Wie schon gesagt, an langlebigen Klassikern. Und wenn Sie Unterwäsche brauchen, die ein paar Pfunde verschleiert, dann beschwöre ich Sie: Schauen Sie sich die modernen Mieder- und Korsettversionen an.

Leder (es gibt nichts Traurigeres als billiges Leder).

Manche würden wohl noch Denim hinzufügen, aber zu denen gehöre ich nicht – dieses ganze Phänomen der 200 Euro teuren Jeans (das nenn ich mal Marketinggenies) ist komplett an mir vorbeigegangen. Ich trage Gap-Jeans oder alte Levi's, und mit denen bin ich rundum zufrieden.

Tipp: Lassen Sie sich nicht zum Kauf von allzu billigem Kaschmir verleiten: Das fusselt nur und trägt sich schlecht.

Handarbeiten

Wenn Sie unter 30 sind und ein Checker, dann verstehen Sie wahrscheinlich, wovon ich rede, wenn ich sage, dass die Bastel- und Handarbeitsbewegung *ganz groß* und supercool ist. Wenn Sie über 30 sind oder in einem Erdloch hausen (was bewunderungswürdig sparsam ist), haben Sie vielleicht keine Ahnung, wovon ich spreche. Also hier ein kurzer Überblick.

Ich bin keine Bastelhistorikerin, doch soweit ich das überblicke, gibt es zwei entscheidende Punkte. Erstens, einige Leute haben immer gebastelt und sich mit Handarbeiten beschäftigt – viele aus der Generation unsere Mütter hatten diese Nachkriegsangewohnheit und hörten nie damit auf. Zweitens, daneben gibt es eine neuere, coolere Underground-Bewegung, die 2001 richtig Momentum erreichte, als in Amerika das Magazin *ReadyMade* auf den Markt kam, das noch immer sehr gut läuft. Überzeugen Sie sich selbst auf: www.readymade-mag.com. Dabei handelt es sich um eine schöne, hippe, smarte, designbewusste Zeitschrift »for people who like making stuff« – also für Leute, die gern selber was machen. Es wandte sich an die bereits existierende Bewegung und machte sie zugleich zum Trendsetter. Ein paar Jahre später schrieb eine gewisse Debbie Stoller ein bahnbrechendes Buch namens *Stitch 'n Bitch: The Knitter's Handbook*, von dem allein in den ersten sechs Monaten nach der Veröffentlichung über 200 000 Stück verkauft wurden und das, wie es der Titel verspricht, Stricken vom Oma-Image befreit, gründlich entstaubt und daraus etwas Cooles, Modernes, Kreatives und Hippes macht. Mit diesem wunderbar geschriebenen Buch (das sich noch immer sehr gut verkauft) lernen sogar Leute mit zwei linken Händen voller Daumen das Stricken. Schritt-für-Schritt-Anleitungen und Illustrationen sind dabei eine immense Hilfe, dazu gibt es jede Menge sexy Muster und Vorschläge für Dinge, die man sofort haben will. Leider ist dieses Strick-Buch von Stoller nicht auf Deutsch erschienen. (Ihr Häkelbuch gibt es auf Deutsch, dazu später.)

Stoller gründete die erste Stitch-'n-Bitch-Strickgruppe in New York, Spin-offs in Chicago und Los Angeles folgten. (Zu diesem Punkt erschienen in der Klatschpresse zur Verwirrung der Herausgeber plötzlich Fotos von jungen Starlets, die am Set strickten.) Die Behauptung, dass Stollers Buch, dem rasch drei weitere folgten, darunter ein ebenso brillantes Häkelbuch mit dem Titel *The Happy Hooker* (deutsch: *Maschen Ware: Heiße Teile zum Selberhäkeln*), ein weltweites Phänomen auslöste, ist nicht übertrieben: Überall wuchsen S&B-Strickgruppen wie die Pilze aus dem Boden – suchen Sie nach einer Gruppe in Ihrer Nähe, Freund Google hilft Ihnen.

Die Blogosphäre wurde vom Handarbeitsfieber gepackt. Praktisch jeder war davon angesteckt. Man strickte, häkelte, handarbeitete und bastelte, was das Zeug hielt, und es machte Spaß, war schräg und modern. Ein Teil des Charmes dieser Unmengen von Blogs lag und liegt darin, dass die meisten Leute Autodidakten sind. So bekommt man, wenn man ihre Blogs liest, das Gefühl, man sei Teil einer Bewegung und befinde sich unter Gleichgesinnten, die alle mehr oder weniger auf demselben Niveau sind und sich gegenseitig unterstützen und helfen und so dazulernen. Es war tatsächlich eine absolut kreative Explosion, die da online stattfand und bei der smarte junge Frauen all diese »traditionellen« Handarbeitstechniken für sich neu erfanden. Sie machten wirklich tolle Sachen – und ließen andere an ihren Fortschritten und den neu erworbenen Techniken teilhaben. Wie sie das machten? Sie schrieben Blogs, sie stellten Videos auf ihre Webseiten oder in YouTube, Fotos von ihren Fortschritten, vor allem aber schrieben sie mit einer beneidenswerten Verve und einer Begeisterung, die kein Halten kannte. Sie waren *witzig*, und das war unerhört neu in der bis dahin eher lahmarschig verkniffenen Welt der Handarbeits- und Bastelfreaks. Sie machten sich sogar über sich selbst lustig. Und ihre Sachen waren echt cool. Und das nicht à la »ganz cool für was Selbstgemachtes«, sondern à la »ich will das haben«. Ich könnte ein ganzes Buch nur darüber schreiben und was es für so viele junge Frauen bedeutet – boa –, Häuslichkeit neu zu definieren und positiv zu besetzen. Für unsere Zwecke hier aber reicht es, wenn Sie wissen:

- **Handarbeiten ist cool.**

- **Handarbeiten ist billig.**

- **Handarbeiten macht Spaß und ist zutiefst befriedigend.**

- **Handarbeiten ziehen Sie an.**

- **Handarbeiten sind geniale Geschenke.**

- **Handarbeiten lassen sich verkaufen und bringen Geld.**

Noch nie war der Zeitpunkt geeigneter, sich aufs Handarbeiten und Basteln zu stürzen. Da draußen wartet buchstäblich eine ganze Welt der Information und Unterstützung. Ihr Appetit ist geweckt? Dann sollte Ihr erster (Auf-)Ruf wohl www.crafster.org gelten, der Urmutter aller Handarbeits- und Bastelseiten, die alles enthält, was es zu dem Thema gibt, und eine riesige Online-Community bildet.

Aber gehen wir's etwas langsamer an. Mein Vorschlag wäre, dass Sie fürs Erste ein paar Handarbeitsblogs lesen. Sowohl www.craftyblogs.co.uk und www.craftgossip. com bemühen sich, wenn auch nicht immer sehr erfolgreich, die guten Handarbeits- und Bastelsachen im Internet ausfindig zu machen. Oder versuchen Sie mal http://

nadelundfaden.beate-zaech.de. Im Anschluss finden Sie eine Liste mit meinen Lieblingsseiten, die wiederum jede Menge Links haben. Einige dieser Seiten beschäftigen sich nicht nur mit Handarbeiten und Basteln, sondern auch mit Kochen (hängt ja alles zusammen). Viele schreiben nicht nur über ihre Handarbeits- und Bastelerfolge, sondern erzählen auch von ihrem Alltag. Diese Blogs sind einfach nur göttlich, ein bisschen so, wie es sich in Kaschmirhausschuhen gemütlich zu machen und Spiegelei mit Toast aufzutunken. Und natürlich sind sie auch eine absolute Inspiration.

Sie werden feststellen, dass einige dieser Blogger inzwischen ein Buch auf dem Markt haben: Anfangs waren die Verlage etwas zu langsam, um mit der neuen Handarbeitsbewegung Schritt zu halten, das hat sich geändert. Und einige haben ihren eigenen Onlineshop: Denken Sie dran, mit Handarbeiten lässt sich echt Geld verdienen. (Apropos, heutzutage ist mein Rat an alle angehenden Autoren, die glauben, sie bräuchten einen »richtigen« Job nebenher: Bloggen Sie, bloggen Sie, bloggen Sie. Es ist schier unglaublich, wie viele Buchverträge, Zeitungskolumnen und so weiter sich daraus ergeben. Außerdem lernen Sie durch diese Art von Schreiben für die Öffentlichkeit – die Ihnen zudem Unmengen von Feedback bringt – Disziplin, und die kann ein zukünftiger Autor immer brauchen.)

Ach ja, die Blogs. Hier zumindest einige davon, und die bunt durcheinander.

www.angrychicken.typepad.com
Auf eine ansteckende Weise enthusiastisch. Voller fantastischer Näh-Ideen für jeden, egal ob Anfänger oder Profi (die Autorin, Amy Karol, ist zugleich die Autorin eines genialen Buchs mit dem Titel *Bend the Rules Sewing*, das ich nicht genug empfehlen kann).

www.rosylittlethings.typepad.com/posie_gets_cozy
Bezaubernder Blog, der einen in seinen Bann zieht. Enthält alles von Handarbeiten bis hin zu Kochrezepten. Wie ein schönes, langes, warmes Bad.

www.yarnstorm.blogs.com
Jane Brockets anregender und unglaublich schöner Blog. Wie sie die Farbe einsetzt! Vorsicht, Nebenwirkung – kann eine heftige Attacke von Lifestyleneid auslösen.

www.apronthriftgirl.typepad.com
Hier geht's um Sparsamkeit allgemein.

www.makinggooduse.typepad.co.uk
Witziger britischer Blog über den Versuch, spar-

sam und grün zu leben. Mit einem Schwerpunkt auf Handarbeiten.

 *www.weewonderfuls.typepad.com*
Hier gibt es kostenlose Muster für ziemlich süße, schräge Sachen: Woll- oder Stoffpuppen und -häschen und ein ganz besonders hübsches Schweinchen.

www.loobylu.com
Hinreißender Blog, der Häuslichkeit, Familienleben, Dekoration und Handarbeiten kombiniert.

www.mollychicken.blogs.com/my_weblog
Wieder ein wunderschön gemachter Blog, der Wert legt auf den optischen Eindruck. Mit Unmengen Anregungen zum Handarbeiten und rund ums Haus.

www.purlbee.com
Gehört zu dem tollen Wollladen in New York. Hier finden Sie superschöne und kostenlose Strickmuster.

Sie finden diese Seiten toll? Da draußen gibt es noch Hunderte, wenn nicht Tausende davon und eine ganze Menge auf Deutsch. Googeln Sie und nutzen Sie die Links.

Stricken (und Häkeln)

Immer schön der Reihe nach: Schauen Sie sich auf der riesigen, freundlichen und zuverlässigen www.knitty.com um. Eine anregende, faszinierende und unterhaltsame Seite, auf der Sie jede Information zum Stricken finden, die sich ein Mensch nur wünschen kann. Es gibt viele kleinere, superfreundliche britische Seiten (und sicher auch deutsche, österreichische und Schweizer Seiten) – ich mag besonders www.castoff.info und www.ukhand-knitting.com.

So ein großes Teil – einen Pulli oder eine Weste – zu stricken ist unglaublich befriedigend. Es ist nicht recht viel billiger, als einen maschinengestrickten Pulli aus der Massenproduktion zu kaufen. Andererseits kostet ein, zugegeben wunderschöner, aber durchaus rustikaler und offensichtlich handgestrickter Pulli in der besten Einkaufsgegend Londons 400 Pfund, das sind etwa 470 Euro. Den könnten Sie sich genauso gut selbst stricken. Dazu kommt der nicht ganz unbedeutende Nebeneffekt, dass Sie dabei friedlich zu Hause sitzen, kreativ und ganz bei der Sache – und bei sich – sind, statt sich in der Stadt rumzutreiben und Geld auszugeben, nur um sich am nächsten Tag mit einem Kater herumzuplagen.

Beim Stricken und Häkeln kommt man besonders billig weg, wenn man kleine Dinge strickt wie Schals, Socken, Babysachen oder Puppen. Geld spart man auch dann, wenn man etwas aus einem besonders luxuriösen Garn strickt oder häkelt, selbst ein Teil aus Kaschmir bekommt man so für einen Bruchteil dessen, was man im Laden dafür bezahlen würde.

Ich habe bereits Debbie Stollers exzellente Bücher erwähnt (siehe Seite 149 bis 150). Doch am besten lernt man stricken, wenn man es gezeigt bekommt. Sie können sich die Strickvideos auf den diversen Strickseiten im Internet ansehen, darunter (unter vielen anderen) www.howcast.com und www.videojug.com, wobei ich einfach auf www.knittinghelp.com gehen würde, auf dem es nur so von solchen Videos wimmelt. YouTube ist ebenfalls ein heißer Tipp für Strick- und Häkelvideos (und überhaupt für Handarbeits-, Bastel- und Handwerkervideos). Suchen Sie sich ein Video, das Ihre Fragen klärt.

Etwas online zu sehen und erklärt zu bekommen ist toll, aber noch toller ist, wenn es Ihnen Ihre Mutter zeigt und erklärt. Oder Ihre Oma, die ältere Nachbarin oder (was wohl eher der Fall sein wird) die Zwanzigjährige von nebenan. Fragen Sie herum: Sie werden überrascht sein, wie viele Leute stricken. Klappt alles nicht? Dann machen Sie doch bei einer Strickgruppe mit – die Leute dort sind cool, freundlich, es gibt meist was zu lachen, und Sie bekommen jede Menge Hilfe und Infos (und das umsonst!). Google hilft suchen, falls Sie aber wider Erwarten keine Gruppe in Ihrer Nähe finden sollten, dann gründen Sie doch Ihre eigene: Selbst für Unterhaltung zu sorgen ist absolut zu empfehlen. Man spart Geld und sitzt nicht rum, bis etwas weniger Langweiliges passiert. Sie könnten auch bei einem Strickkurs mitmachen, die allerdings meiner Meinung nach teuer und bei Weitem nicht so lustig und interessant sind wie eine Strickgruppe.

Wolle und Garne

Es ist schon merkwürdig, einerseits ist Stricken/Häkeln/ Handarbeiten der Inbegriff von Cool geworden, andererseits sterben die Wollläden langsam aus. Den nächsten Wollladen finden Sie, wo immer auf der Welt Sie gerade sind, indem Sie www.knitmap.com aufrufen. In Ihrer Nähe gibt es keinen Wollladen und kein Kaufhaus mit einer guten Wollabteilung? Dann müssen Sie online bestellen. Das geht problemlos – nur auf eins müssen Sie aufpassen, wenn die Wolle nicht aus derselben Farbpartie stammt, kann die Farbe unterschiedlich ausfallen, und das sieht dann echt bescheiden aus. Also beim Nachkauf immer auf die Farbpartienummer auf der Banderole achten. Es gibt unzählige Onlineshops für Wolle und

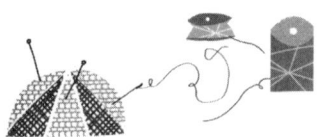

Garne, wie www.traumwolle.com, www.wollkontor.de oder www.naturfasern.de, um nur einige zu nennen.

Www.fun2do.co.uk verkauft ein Ding namens Knifty Knitter, einen Strickrahmen aus Plastik für Kinder und Anfänger, der an eine überdimensionierte Strickliesl erinnert und mit dem man unter anderem Mützen, Schals, Socken oder einen wirklich coolen kleinen Octopus stricken kann. Knifty Knitters werden auch bei eBay angeboten.

Garn gibt's natürlich auch umsonst. Sie müssen nur einen alten Pulli auftrennen (je größer, desto besser – es sei denn, Sie stehen auf Streifen). Wie das geht? Dazu finden Sie ausführliche Anweisungen www.recycleyarn. com und auch auf www.instructables.com/id/How-to-recycle-an-old-sweater-or-a-botched-one-i/.

Zu den Strickmustern: Die kann man selbstverständlich kaufen, aber auch hier ist das Internet eine unerschöpfliche Quelle für Gratismuster. Schauen Sie bei www.knittingpatterncentral.com oder www.stricken-mit-strickanleitung.de vorbei, tolle Seiten voller Infos, Tipps und Anleitungen.

Patchwork und Quilts

Patchwork

Patchwork und Quilting sind zwei verschiedene Techniken, die bei Patchwork-Quilts zusammen zum Einsatz kommen. Und was gibt es Schöneres, um hübsche alte Stoffreste zu verwerten. Solche Flickenteppiche oder

-decken müssen nicht unbedingt exakt geometrisch gearbeitet sein. Gestalten Sie Ihre Patchworkdecken so chaotisch, wie Sie wollen, Hauptsache, Sie sind mit dem Endresultat zufrieden. Übrigens eignen sich diese Decken wunderbar, um Erinnerungsstücke zusammenzustellen: zum Beispiel ein kleines Stück vom ersten Lätzchen Ihres Babys, dazu ein Stück vom Taufkleid und ein Stück von der Schuluniform (in Ihrem Fall vielleicht vom ersten Fußballoutfit oder vom ersten Schultag – der Fantasie sind keine Grenzen gesetzt). Oder wie wär's mit einem Hochzeitspatchwork? Oder einem Erinnerungsstück an die Oma aus Resten ihrer alten Kleider? Oder an ein Haus, das Sie liebten – etwas von der alten Tischdecke, einem Geschirrtuch, einem Vorhang... Vielleicht sind Sie ja nicht so sentimental wie ich (obwohl diese kleinen Patchworkdeckchen, wenn man sie rahmt, ein wunderbares und originelles Geschenk sind) und setzen einfach nur normale Reste zu einer schönen und nützlichen Decke zusammen, die Sie keinen Pfennig kostet. Für eine Patchworkdecke brauchen Sie nicht einmal eine Nähmaschine – Sie können sie auch mit der Hand nähen. Sie sind auch nicht auf Flickenteppiche oder -decken beschränkt, die Patchworktechnik eignet sich ebenso für Kissen, Schürzen, Topflappen...

Hier ein paar Anregungen:

 www.bean-sprouts.blogspot.com/2008/02/how-to-make-patchwork.html

www.lindamade.com/wordpress/2007/08/
hot-stuff-patchwork-oven-mitts

www.creativelittledaisy.typepad.com/photos/
purses_arent_the_only_thi/babyquilt.html

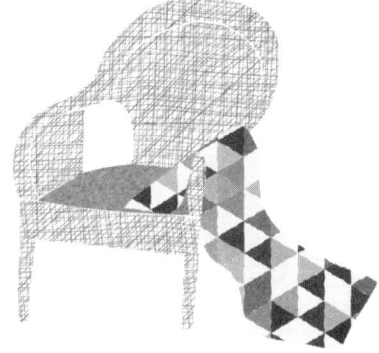

www.designspongeonline.com/2008/04/diy-
project-janes-patchwork-chair.html

www.greenkitchen.com/blog/2007/06/stripe-y-patch-
work-cat-front

www.patchwork-anleitungen.de

Auf den Seiten 131 bis 133 finden Sie Online-Adressen
für Stoffe, aber auch www.pelennapatchworks.co.uk
und das wie immer geniale www.purlsoho.com sind eine
Fundgrube für Patchwork-Werkzeug und -accessoires.

Quilts

Eine Quiltdecke (quilten heißt
auf Deutsch steppen) besteht aus
mindestens drei Lagen und sieht
ein bisschen wie ein Clubsand-
wich aus Stoff aus. Die oberste
Lage ist meist ein Patchwork, die

Zwischenlage darunter meist ein wärmendes Vlies oder eine alte Decke, und die Rück- oder Unterseite ist wieder aus Stoff, häufig ein altes Betttuch.

Quilts sind eine charmante, alte amerikanische Tradition aus der Pionier- und Kolonialzeit (manche behaupten, die Tradition reiche zurück bis in die Zeit der Kreuzzüge, und es gebe sogar Hinweise, dass die alten Ägypter gesteppte Kleidung trugen). Nicht nur waren diese Steppdecken oder Quilts praktisch im Winter, für die Pionierfrauen war Quilten auch eine willkommene Möglichkeit, sich zu treffen und miteinander auszutauschen. Diese Tradition hielt sich viele Jahrzehnte – und aus diesem gemeinsamen Arbeiten entstanden herrliche Quilts. Der AIDS Memorial Quilt zum Beispiel wurde 1987 in San Francisco begonnen, um an die Menschen zu erinnern, die an AIDS gestorben waren und keine richtige Beerdigung erhalten hatten, weil viele Bestatter sich weigerten, Aids-Opfer anzunehmen. Jeder Freund, Geliebte oder Verwandte trug ein Quiltstück bei zur Erinnerung an einen geliebten Menschen. Jetzt, da ich dieses Buch schreibe, wird noch immer an diesem Quilt gearbeitet, der inzwischen 44 000 Menschen gedenkt. Er wiegt 54 Tonnen und wird auf der ganzen Welt ausgestellt. Einige gute Menschen in Amerika haben auch einen riesigen Quilt mit den Namen von Babys angefangen, die mit einem Herzproblem geboren wurden – man trat 2004 an mich heran, als meine Tochter geboren wurde, und sie hat nun ein eigenes kleines, mit Liebe gemachtes Quadrat in dem Quilt, das sie – in unserem Fall – völlig fremden Menschen aus Arkansas verdankt. Mir kommen die Tränen, wenn ich daran denke, wie menschlich und schön das ist, also reißen wir uns zusammen und klappern wir die nützlichen Webseiten ab:

http://crafts.lovetoknow.com/wiki/Beginner_Quilting
Die Seite hält, was sie verspricht: eine Anleitung für Anfänger.

www.blairpeter.typepad.com/weblog/2007/06/simple_quilt.html
Hilfestellung für einen einfachen Quilt.

www.bean-sprouts.blogspot.com/search/label.crafts
Noch ein einfacher Quilt.

www.marirob.blogspot.com/2007/08/baby-gifts-galore.html
Quiltsachen für Babys.

www.dsquilts.com
Die Website des Quiltgenies Denyse Schmidt, der Autorin von *Denyse Schmidt Quilts: 30 Colourful Quilt and*

Patchwork Projects – einem Buch mit Schritt-für-Schritt-Anleitungen und Mustern wunderschöner Quilts und anderer kleinerer Projekte.

Was uns natürlich wie von selbst zum nächsten Abschnitt führt …

Geschenke

Und ebenso natürlich zu dem Gedanken, die selbst gemachten Sachen zu verkaufen, sobald Sie handwerklich geschickt genug sind. Dazu mehr ab Seite 176, zunächst aber: Geschenke. Was mich zu den Zeiten, als ich zu viel Geld ausgab, wirklich maßlos ärgerte, war, wenn ich ein Geschenk kaufte, das letztlich lausig war – sozusagen der unbefriedigende Fall eines lauen und überteuerten Stückes Mittelmäßigkeit. Dabei bin ich eigentlich ganz gut im Geschenkekaufen, und gerade das machte es noch schlimmer, wenn ich nicht fand, was ich suchte. Sie kennen das sicherlich: Man ist unter Zeitdruck; man ist zu beschäftigt, um zu viel über das Geschenk nachzudenken, und dann kauft man a) das nächstbeste Ding, das einigermaßen okay ist, oder b) versucht das Problem mit Geld zu lösen, um sich dann über die irrsinnige Summe zu ärgern – vor allem, wenn, wie so oft, das gekaufte Geschenk nicht besonders toll ist, sondern nur besonders überteuert. Also weder besonders hübsch noch zu irgendwas nütze ist. Es hat nur ein Schweinegeld gekostet, das man ihm aber nicht ansieht, und man kann dem Beschenkten ja schwerlich sagen, wie viel man dafür ausgegeben hat. Ich hasse diesen Geschenkestress.

Und hier kommen unsere Handarbeiten ins Spiel. So sehr wir uns auch dafür interessieren, den Gürtel enger zu schnallen, wir leiden alle keinen Mangel – Sie haben sich ja auch dieses Buch gekauft. Natürlich wollen Sie Geld sparen, und das völlig zu Recht, aber ich nehme mal an, Sie haben im Großen und Ganzen alles zu Hause, was Sie brauchen. Falls Sie noch sehr jung sind, wird es noch das eine oder andere geben, das Sie wirklich brauchen und sich noch nicht leisten konnten: gute Töpfe und Pfannen, eine Kartoffelpresse, ein Bücherregal, Babykleidung. Doch wer schon etwas älter ist, hat wahrscheinlich an der Töpfe-, Bratpfannen- und Bücherregalfront ausgesorgt. Was bedeutet, dass Geschenke in der Regel eine nette Aufmerksamkeit sind und nicht etwas, das man wirklich braucht. Und hier sind selbst gebastelte Sachen einfach genial.

Denn was kann man Leuten sonst schenken, die ihre Wohnung haben und alles, was man in einer Wohnung braucht? Die Alternativen sind relativ fantasielos und begrenzt: Bücher (zugegeben, immer ein schönes Geschenk), Blumen, Pralinen, diversen Schnickschnack, Wein, Duftkerzen… Die Liste ist nicht lang, und keine der aufgezählten Geschenkalternativen ist auch nur im Entferntesten originell zu nennen, so nett das jeweilige Geschenk selbst auch sein mag. Ebenso wenig hat man das Gefühl, es sei besonders viel Gedankenarbeit in sie hineingeflossen, oder sie seien individuell für diese Person gekauft worden. Ich meine, eine Duftkerze kann man jedem schenken, und die Beschenkten freuen sich und sagen danke, aber sie denken sich nicht: »Wie unglaublich aufmerksam und persönlich und originell – genau das, was zu mir passt.« Sie denken sich einfach: »Eine Kerze, nett.«

Also nicht originell, nicht gerade einfallsreich – und nicht billig. Überhaupt nicht billig. Eigentlich irre, wie teuer Schnickschnack sein kann, der nach gar nichts aussieht. Ich hab ihn nichtsdestotrotz gekauft, aber inzwischen habe ich mir angewöhnt, mir diese Sachen genau daraufhin anzuschauen, wie sie gemacht sind. Lassen Sie sich gesagt sein – nicht gerade umwerfend. Manchmal frage ich mich, wie man derart frech sein kann.

Karten

Ganz besonders frage ich mich das bei Karten, damit meine ich handgemachte Glückwunschkarten, die bis fünf Euro kosten können – ich bitte Sie, fünf Euro für etwas zusammengefalteten Karton mit Krimskrams drauf. Die Lösung: Machen Sie sich Ihre Glückwunschkarten selbst. Tipps dazu finden Sie (unter anderem) bei www.making-greeting-cards.com, www.allcrafts.net/cards.htm

oder www.bastelideen.info/html/karten.html. Videos dazu gibt es bei www.expertvillage.com/video-series/391_card_making.htm. Wobei ich persönlich mich nicht allzu sehr in die Recherche stürzen würde, wir wissen schließlich alle, welche Karten uns gefallen. Sie müssen übrigens auch nicht sonderlich künstlerisch begabt oder kreativ sein – machen Sie die Glückwunschkarte so, wie Sie sie schön finden. Von wegen handgemalt und symmetrisch, so eine Karte muss nicht einmal ordentlich daherkommen. Material – Glitzer, Stoffreste, kleine Bommel und Puschel, Bänder – bekommen Sie übers Internet. Allerdings ist es gut möglich, dass Sie so was bereits zu Hause rumliegen haben. Oder Sie nehmen einfach, was Sie finden, und sammeln ab jetzt in einer Schachtel Material für weitere Karten. Ein Kleber und eine Schere sind wahrscheinlich hilfreich, vielleicht auch ein Tacker und Nadel und Faden. Hier ein paar Vorschläge, was Sie an Material verwenden können:

Buntes Papier und bunten Karton. Hübsches Origamipapier macht sich besonders gut – gibt's bei Muji.

Alte Karten zum Ausschlachten, Postkarten, Einladungen, Flyer, Zeitungsausschnitte – alles, was hübsch ist, ein interessantes Muster oder ein passendes Wort oder einen Namen enthält.

Stoffschnipsel.

 Pailletten, Glitzer, Perlen, Bänder, Knöpfe.

 Klebebuchstaben (wenn Sie's wirklich wissen wollen) und Stempel (dito).

Sie sind noch nicht zufrieden? Es muss auch noch ein passender Umschlag her? Der ließe sich zum Beispiel aus einem alten Stück Tapete oder anderen Resten basteln. Lassen Sie sich von www.make-stuff.com/projects/wallpaper_envelopes.html inspirieren. Oder Sie nehmen ein rechteckiges Stück Karton, verzieren und falten es und tackern es an den Seiten zusammen – voilà, ein Umschlag. Eine Karte muss darin Platz haben, und hübsch aussehen soll er, sonst braucht nichts an einen traditionellen Umschlag zu erinnern.

Mitbringsel

Und nun zu den Geschenken, die zu den schicken Karten passen. (Na ja, die Karten sind nicht unbedingt schick, aber liebevoll selbst gestaltet und persönlich, darauf kommt es an.) Beginnen wir mit dem einfachsten aller Mitbringsel: Essen. Hier ein paar Vorschläge. Die übrigens noch um einiges netter sind, wenn sie mit hübsch verzierten (und handgeschriebenen) Etiketten versehen sind – »Die Zwetschgenmarmelade, die ich 2008 für meine bezaubernde Schwester zwischen zwei Telefonschwätzchen zusammenzwitscherte« ist charmanter als »Zwetschgenmarmelade 2008«.

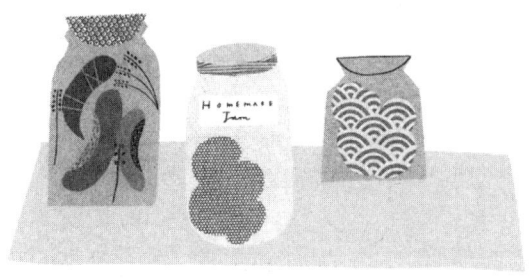

🎁 **Selbst gemachte Marmelade.**

🎀 **Selbst gemachtes Chutney oder Kompott.**

🎁 **Selbst gemachte Konserven.**

🎀 **Selbst gezogene Pflanzen in hübschen Töpfen (einfach anmalen),** entweder Blumen oder Essbares. Eine Freundin von mir war neulich außer sich vor Freude, als ich ihr Kapuzinerkresse in einer alten Gießkanne schenkte (Kosten: etwa ein Euro).

🎁 **Verderbliche Lebensmittel gehen genauso –** warum bringen Sie nicht einfach, falls Sie zum Beispiel zum Abendessen eingeladen sind, selbst gemachten Käse und einen Laib Brot (den Sie auch selbst backen könnten) mit; oder einen Kuchen; oder selbst gemachte Schokotrüffel (absolut simpel – selbst ein Baby könnte das); oder ein kleines Glas selbst gemachtes Pesto. Das kommt Sie alles billiger als eine Flasche Wein und wird Ihnen wahrscheinlich freudig aus der Hand gerissen. Nicht nur, weil diese Mitbringsel an sich nett sind, sondern weil selbst gemachte Geschenke immer mehr geschätzt werden. Wie ich bereits in der Einleitung schrieb, hat sich das Image von plump und unschick in das Gegenteil verkehrt: Selbst gemachte Sachen gelten nun als charmant, in und begehrenswert. Das geht so weit, dass die schicksten Läden sich mit selbst gemacht wirkenden Sachen profilieren wollen (für die sie dann ein bisschen mehr verlangen).

Geschenkideen finden Sie im ganzen Buch verstreut, hier nun einige mehr. Sie verschenken gern selbst gemachte Dinge? Dann sollten Sie vielleicht die Idee meiner Freundin Alison übernehmen und einige Etiketten mit der Aufschrift »Mit Liebe gemacht von Clarabelle« oder dergleichen bestellen, um sie in Ihre Sachen zu nähen. 72 solcher Etiketten gibt's für etwa vier Euro bei www.wovenlabelsuk.com. Www.etikettenportal. de/stoff.html bietet auch eine riesige Auswahl.

Stricken Sie einen einfachen, kurzen Schal (ein Abend müsste reichen).

Häkeln Sie eine Mütze oder eine Ansteckblume, ein Abend reicht.

Zaubern Sie ein Kuscheltier aus dem Hut (aber bitte ohne Knöpfe und andere Kleinteile, die verschluckt werden könnten – sticken Sie die Augen etc. lieber) oder Kuchen, Blumen und andere bezaubernde Kleinigkeiten in Strick. Auf www.littlecottonrabbits.typepad.co.uk und den Handarbeit-Blogs auf Seite 154 bis 155 finden Sie dazu Anregungen.

Für einen Kissenbezug brauchen Sie nicht mal einen Abend.

Nähen Sie eine Stofftasche.

Nähen Sie einen Stoffschal.

Ein einfacher Rock ist im Handumdrehen fertig. (Klingt verrückt, ich weiß. Ist aber wirklich kinderleicht, vor allem mit einem Gummibund).

Wie wär's mit einem Bucheinband oder Federmäppchen?

Dekorieren Sie ein Buch mit leeren Seiten und machen Sie ein wunderhübsches Tagebuch daraus.

Bemalen Sie ein kleines Stück Leinwand. (Sie können nicht malen? Jeder kann ein bisschen malen – und wenn es Worte sind, außerdem sehen selbst Strichmännchen und Kritzelfiguren nett aus, wenn Sie etwas Witziges oder für den Anlass Passendes machen.)

Peppen Sie ein paar billige Haarspangen auf und packen Sie sie nett ein. (Sie haben leider Wurstfinger? Dann wird's wohl zu schwierig.)

Rahmen Sie ein besonderes Foto (als Student machte mein Exmann das mit Fotos von sich in voller 80er-Jahre-Aufmachung). Ich halte ständig Ausschau nach billigen Rahmen, zum Beispiel bei Ikea. Hässliche Rahmen werden mit etwas Farbe oder Deko zu kleinen Schmuckstücken. Es muss schnell gehen? Streichen Sie den Rahmen mit Weißleim an und tauchen Sie ihn in Glitter. Wenn alles trocken ist, mit einer weiteren Leimschicht oder Lack fixieren.

Erstellen Sie für besondere Anlässe – Jahrestage, Hochzeiten, Geburtstage, Feiern – mit Ihrer Software ein Fotoalbum. Das sieht schön und professionell aus, und Sie können Text einfügen. Je nach Seitenanzahl zahlen Sie dafür ab 20 Euro aufwärts. Die Freude über so ein Album ist immer riesengroß, und Sie zahlen weniger dafür als für ein 08/15-Fotoalbum ohne Fotos.

 Ein wunderbares kostenloses Geschenk: Zeit. Bieten Sie einer jungen Mutter an, für sie Babysitter zu machen, oder verschenken Sie eine Maniküre, eine Klavierstunde, eine Massage oder eine Stunde Aufräumen. Sie wollen noch mehr Vorschläge hören? Kochen Sie eine Mahlzeit vor, führen Sie den Hund eine Woche Gassi, holen Sie die Kinder von der Schule ab, zupfen Sie Unkraut…

 Leute mit wenig Geld, die etwas feiern wollen, freuen sich über eine Dinnerparty (bei der es zum Beispiel ein indisches vegetarisches Gericht gibt, siehe Seite 58 f.). Da für reicht der Platz nicht? Dann eben eine Stehparty mit Fingerfood. Bitten Sie die Gäste, was zu Trinken mitzubringen, und rühren Sie daraus eine leckere Bowle oder einen Punsch. (Sie finden dazu unzählige Rezepte online.)

Verschenken Sie selbst gemachte Kosmetikprodukte. Auch die haben das Räucherkerzenstigma der Hippiezeit abgeschüttelt: Die schickeren Kosmetikserien, vor allem die biologischen, setzen verstärkt auf die Anmutung des Selbstgemachten und verlangen einen horrenden Preis dafür. So, und nun

zu den Kosmetikrezepturen. Es gibt ein ziemlich gutes Zuckerpeeling auf www.recipezaar.com/92027 und jede Menge ähnlicher Ideen, zum Beispiel, bei www.mybeautyrecipes.com oder www.essortment.com/all/homemade-beauty_rigm.htm oder www.treehuggingfamily.com/tag/homemade-beauty-products. Weitere heiße Tipps finden Sie im Kapitel Beauty auf den Seiten 276 bis 281.

 Sie suchen noch nach Ideen für **Kindergeschenke**? Hier ein paar Anregungen:

– *http://blogs1.marthastewart.com/blueprint/2008/03/jodis-board-boo.html#more*
Mit vielen hinreißenden Bücherbrettideen.

– *www.makeandtakes.com/recycled-chunky-crayons*
Zeigt Ihnen, wie Sie Wachsmalkreidereste zu neuen Wachsmalkreiden recyclen können.

– *http://crafts.kaboose.com/gifts*
Voller Geschenkideen (die Schneekugel finde ich super).

– *www.designmom.com/2007/12/making-sibling-gifts-2007.html*
Ideen für Kindergeschenke, die Kinder selbst machen können.

 Und nicht vergessen: Kleidungsstücke weiterzugeben, wenn die Kinder herausgewachsen sind, ist wieder hip. Warum auch nicht, es ist ja eigentlich nett, wenn man von seiner Freundin die Babykleidung ihrer Kinder bekommt. Klar, Sie könnten losziehen und eine brandneue Ausstattung für das Kleine kaufen, die ein Vermögen kostet und nur ein paar Monate passt – aber Sie könnten auch in Kisten und Schränken nach Ihren alten Babysachen wühlen (die noch immer in bestem Zustand sind), sie waschen und bügeln, schön einpacken und eine Schleife drummachen. Es hat was, wenn man die Tochter der Freundin in einem Kleid sieht, aus dem die eigene Tochter herausgewachsen ist.

 Ihre Freundin hat immer das Armband bewundert, das Ihnen mittlerweile gar nicht mehr so gefällt? Bringen Sie es auf Vorderglanz, verpacken Sie es hübsch und schenken Sie es ihr zum Geburtstag. Das wirkt keineswegs geizig oder ein bisschen verzweifelt – es wirkt ausgesprochen nett und aufmerksam. Es gibt nichts Schöneres als ein Geschenk, das etwas bedeutet und mit dem man Gefühle verbindet.

 Legen Sie sich eine Geschenkekiste zu, falls Sie nicht bereits eine haben. Recyclen Sie Geschenke, mit denen Sie nichts anfangen können, aber notieren Sie sich, von wem das ungeliebte Geschenk stammt – das hilft Peinlichkeiten vermeiden.

Reich werden mit der neu entdeckten Liebe zur Handarbeit

Keine Frage, Sie können Ihre selbst gemachten Sachen an Freunde verkaufen und an die Freunde Ihrer Freunde. Sie können auch einen Marktstand mieten (was gar nicht mal so teuer ist). Andererseits ist Zeit für uns alle ein knappes Gut, und manche haben auch gewisse Hemmungen, sich mit ihren Teewärmern da raus in die Kälte zu stellen. Die Lösung: www.etsy.com und/oder deren kleinere deutsche Schwester http://de.dawanda.

com, zwei Beispiele für diese Onlinewelten, deren unaufhaltsamer Aufstieg mit der Handarbeitswelle – oder besser: dem Handarbeitstsunami – einherging. Im Prinzip muss man sich das wie einen riesigen Handarbeitsbasar vorstellen, in dem es Zehntausende kleiner Stände gibt, an denen Leute ihre selbst gemachten Sachen verkaufen. Und diese Sachen sind meist ziemlich toll. Es wurde als eine »Mischung zwischen eBay und Omas Dachboden« bezeichnet, aber das wird ihm nicht ganz gerecht. Hier wird praktisch alles gehandelt, was Sie sich vorstellen können: große Dinge und kleine, selbst gemachte Kleidung, Taschen, Accessoires, Schmuck, Kosmetik, Zeitschriften, Bücher, Kerzen, Hochzeitskuchendekos, Rahmen, Töpferwaren, Gehäkeltes, Gestricktes, Mützen und Hüte, Kunst (darunter ziemlich tolle Sachen), Muster, Quilts, Spielzeug, Vintage – und das ist nur die Spitze des weltgrößten Eisbergs. Man kann sich Tage darin aufhalten, deshalb sind diese Onlinemärkte auch so benutzerfreundlich gestaltet. Man kann nach etwas Bestimmtem suchen oder sich die Angebote von Händlern aus seiner Gegend ansehen. Sie können aber auch eine bestimmte Farbe als Suchkriterium eingeben oder einen der informativen Artikel lesen. Wie gesagt, ganz wunderbar und ein Universum für sich, ich kann es nicht genug empfehlen.

Für Käufer positiv: Die Sachen sind billig, manchmal sogar unglaublich billig (dazu kommt natürlich der Versand, und dabei ist es nicht unerheblich, ob der Verkäufer in einem anderen Land sitzt – also vor dem Bestellen

die Kosten checken!). Für mich sind diese kleinen Internethändler die erste Anlaufstelle, wenn ich ein nettes, preiswertes Geschenk suche und gerne etwas Originelles – etwas im wortwörtlichen Sinne Einmaliges – hätte. Ein weiteres Plus: Man wirft sein sauer Erspartes nicht irgendeinem geldgierigen Konzern in den Rachen, sondern unterstützt damit eine arme Modestudentin in der großen teuren Stadt oder eine vierfache Mutter auf dem Lande oder eine ältere Dame, die von ihren Enkelkindern gezeigt bekam, wie man Stoffpuppen online verkauft. Und Sie unterstützen Kreativität, Originalität und kleine (embryonisch – ja manchmal zygotisch – kleine)

Geschäfte von Leuten, die wie Sie sind. Jedes Stück, das Sie hier kaufen, ist ein Schlag in die Magengrube der Massenproduktion. Etsy (und ihre kleinen Schwestern) sind toll.

Sie hätten gern selbst so ein zygotisch kleines Geschäft? Nicht weiter schwierig. Sie brauchen eine Digitalkamera, um verführerische Fotos Ihrer Produkte zu schießen, und das wär's. Alles andere machen Sie online, und das ist babyleicht. Zunächst melden Sie sich bei Etsy oder Dawanda an. Dann wählen Sie einen Benutzernamen, der zugleich der Name Ihres Shops wird. Falls ich mich also für Gertrude Bottlenose und Etsy entscheiden würde, hieße mein Laden www.gertrudebottlenose.etsy. com. Also überlegen Sie sich gut, welchen Namen Sie wählen – eine Namensänderung nervt nur. Das war's – jetzt haben Sie Ihren eigenen Etsy-Shop, den Sie mit Bannern, Biografien und so weiter ausschmücken können. Als Nächstes stellen Sie Ihre Artikel ein – mit den Fotos und ein bisschen Text ist das im Nu passiert. Das Einstellen der Artikel kostet bei Etsy 20 Cent, und Etsy verlangt 3,5 Prozent Verkaufsprovision (als dieses Buch geschrieben wurde). Bei Dawanda zahlen Sie eine Gebühr für das Einstellen abhängig vom Verkaufspreis und eine Verkaufsprovision von fünf Prozent. Der Rest ist Ihr Gewinn. Dahinter steckt die Idee, von Ihnen (oder Ihnen und Ihren Freunden – dann könnten Sie den Shop Ms Bottlenose & Friends nennen) Selbstgemachtes oder Geändertes zu verkaufen. Natürlich können Sie in Ihrem

Shop auch andere Dinge, zum Beispiel Vintage-Sachen oder Antiquitäten, verkaufen.

Falls Sie auch nur das geringste handwerkliche Geschick haben, rate ich Ihnen dringend, eine eigene Online-Boutique zu eröffnen. Schlimmstenfalls – also wenn nicht eine einzige Menschenseele vorbeischaut, was eher unwahrscheinlich ist, vor allem, wenn Sie Leuten per E-Mail Bescheid sagen, dass Sie unter die Geschäftsleute gehen – haben Sie eine halbe Stunde Zeit verloren. Läuft es gut, können Sie, wie man von den Bloggern auf Etsy hört, Ihr Taschengeld ordentlich aufbessern, tja, und nach oben sind keine Grenzen gesetzt. Also, schauen Sie sich das Ganze mal an. Bei Fragen helfen Ihnen die entsprechenden Chatrooms und Foren weiter.

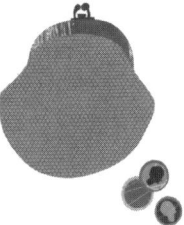

Woran man nicht sparen sollte

Wer zu stricken oder häkeln anfangen möchte, sollte nicht am Garn sparen. Kaufen Sie Naturfaser und gute Qualität. Das mag mehr kosten, aber mit solchem Garn lässt es sich leichter arbeiten, es hält länger, wäscht sich besser und fühlt sich nicht so schrecklich plastikmäßig an. Das gilt besonders, wenn Sie für Babys oder kleine Kinder stricken. Und wenn Sie einen Quilt machen wollen: Verwenden Sie bitte keine billigen (und leicht entflammbaren) Synthetikstoffe, an denen der Zahn der Zeit besonders schnell nagt. Wenn jeden ein elektrischer Schlag trifft, sobald er in die Nähe des Quilts kommt, wird aus diesem bestimmt kein Familienerbstück.

Im Viertel

Sprich: Wie man das Beste daraus macht, wo man wohnt. Und: Wie man möglichst viel aus seinem Alltag herausholt. Und Teil einer Gemeinschaft wird, auch wenn Sie das etwas viel verlangt finden von einem Städter, der sein Leben lang mit den Nachbarn nicht mehr als ein Kopfnicken ausgetauscht hat. Und vor allem: Wie man die Nachbarschaft vor Ort für sich nutzt. Wir neigen alle dazu, uns in unseren vier Wänden aufzuhalten und uns in unserem Umfeld nicht sonderlich zu engagieren, es sei denn, wir haben kleine Kinder und beteiligen uns bei diesen Krabbelgruppen und Elternschwätzchen am Schultor. Eigentlich eine verpasste Gelegenheit: Ich glaube, viele Menschen fühlen sich in ihrem eigenen Viertel wie Touristen. Ich fordere Sie auf: Fühlen Sie sich nicht wie ein Tourist – fühlen Sie sich in Ihrem Viertel zu Hause! Ergreifen Sie Besitz davon, laufen Sie durch Ihr Viertel, auch wenn das nicht besonders hübsch aussieht (ich meine das Viertel, nicht das Laufen): Ausgedehnte Spaziergänge führen immer zu unerwarteten und erfrischenden Entdeckungen. Außerdem, finde ich, sollte man sich in der Gegend, in der man lebt, einigermaßen auskennen, vor allem, wenn man in einer Großstadt lebt. Wenn man in London nicht ab und zu zu Fuß läuft, kommt man sich bald vor wie ein Maulwurf. Beim Marschieren verbrennt man Fett, gelangt wunderbar von Punkt A nach Punkt B, kräftigt die Lungen, baut Stress ab und erhält (hoffentlich) das nötige Sonnenlicht, um ausreichend Vitamin D zu bilden. Und anders als für diese unangenehmen Laufbandsessions zahlen Sie keinen Cent.*

Spazierengehen hin oder her, ein erster Schritt wäre, etwas über Ihre Gegend zu lesen (ich hatte eine Nachbarin, die ihre Genitalien als »meine Gegend« bezeichnete – ein bedauernswerterweise viel zu selten genutzter Ausdruck, finde ich), vor allem, wenn Sie neu zugezogen sind. Aber selbst wenn Sie schon länger hier wohnen, können Sie noch immer etwas dazulernen. Als stolze Londonerin wäre ich nie auf die Idee gekommen, eine dieser ätzenden Touristenbustouren mitzumachen, doch dann wollte ich Gästen die Sehenswürdigkeiten zeigen und fand, oben in einem Bus zu sitzen sei eine gute Idee. Es war eine fantastische Idee: Ich erfuhr eine Menge Neues und amüsierte mich prächtig. (Das ist übrigens häufig so bei diesen anscheinend ach so ätzenden Dingen: Letztlich machen sie meistens wahnsinnig Spaß – siehe auch Bingo, Karaoke und – oh wie wunderbar – Wohnwägen, siehe Seiten 323 bis 324). Und vielleicht entdecken Sie bei der Erforschung Ihrer Gegend auch das ein oder andere unerwartete Juwel. Ich lebte zum Beispiel Jahre im Londoner Osten, und es entging mir völlig, dass es in diesem grausig aussehenden Pub ein paar Straßen weiter sonntags den tollsten Lunch gab.

---

* Guter Tipp für Londonbesucher: Gehen Sie auf www.londonwalks.libsyn. com und laden Sie sich kommentierte Spaziergänge als MP3-Datei auf Ihren iPod. Einfach genial. Vielleicht gibt's was Ähnliches auch bereits für Ihre Stadt?

Menschen sind Herdentiere und versammeln sich an den bekannten Orten, während es an den interessanteren Plätzen eher ruhig bleibt. Falls Sie sich für Letztere interessieren, sind Seiten wie www.myvillage.com (Großbritannien) oder www.qype.com (Deutschland) ein guter Anfang. Ich persönlich ziehe inhaltsorientierte Seiten wie www.trustedplaces.com vor (»Share what you know, discover what you don't«), eine wahnsinnstolle globale Seite, in der Sie alles Mögliche finden – von einem netten Pub, in dem man gut essen kann, bis hin zu einem irren Yoga-Kurs oder einem obskuren kleinen Museum. Sie können die Seite auf Ihre Bedürfnisse anpassen, indem Sie angeben, wo Sie wohnen, allerdings werden große Städte besser erfasst als kleine Orte und englischsprachige Länder besser als – zum Beispiel – deutschsprachige. Was London und praktischerweise auch Paris angeht (das für uns Londoner mit dem Eurostar schneller und billiger zu erreichen ist als Manchester – vielleicht lohnt es sich auch für Sie, die Zugverbindung zu checken?), bleibt das ausgezeichnete www.urbanpath.com unschlagbar. Dort finden Sie nicht nur Empfehlungen für, zum Beispiel, einen Friseur, sondern Sie erfahren auch, wer besonders geschickt mit lockigen Haaren ist und wer damit gar nicht umgehen kann und wo Sie auf dem Heimweg noch auf eine Tasse Tee vorbeischauen können. Die Kritiken stammen von Kunden, die kein Blatt vor den Mund nehmen.

Natürlich wäre es mehr als naiv, davon auszugehen, dass wir alle in einer Art Nirwana leben und unsere

Nachbarn durch die Bank Engel sind. Allerdings einen Vorteil haben sie, nämlich dass sie da sind, ob es regnet oder schneit. Lernen Sie sie kennen – sei es bei einem spontanen nachbarschaftlichen Umtrunk oder bei einem Gespräch über ein besorgniserregendes gemeinsames Anliegen wie Sicherheit. Denken Sie dran: 1) Zu mehreren ist man sicherer; 2) Wissen ist Macht, und dazu gehört auch, dass man sich kennt. Grüßen Sie Ihre Nachbarn morgens, selbst wenn diese Ihren Gruß nicht erwidern. (Ich habe zum Beispiel einen bestimmten Nachbarn, den ich seit fünf Jahren täglich fröhlich grüße und der bislang noch nicht einmal auch nur zurückgenickt hat. Das ist inzwischen schon fast wie ein Witz, aber ich bleibe hartnäckig.)

Dazu muss man sich nicht gleich organisieren wie hier in Großbritannien, wo es die Neighbourhood Watch gibt, ein regional organisierter Zusammenschluss Ansässiger zur Eindämmung der Kriminalität – das ist schließlich zeitraubend und hat ein bisschen was von Hinter-dem-Vorhang-Rauslinsen. Seine Nachbarn kennen bedeutet für mich, dass man über das Wochenende weg kann, ohne sich einen Kopf machen zu müssen, wer die Katze füttert oder den liebevoll großgepäppelten Salat gießt oder ein Auge auf das Auto hat.

Apropos Auto …

Sich Autos teilen

Sich ein Auto zu teilen – oder auf gut Denglisch: Car-sharing – ist eine gute Alternative zum eigenen Auto. Man hat sämtliche Vorteile eines sauberen, modernen und zuverlässigen Wagens ohne den Stress und die verborgenen Kosten, die ein eigenes Auto mit sich bringt.

www.carsharing.de
Hier finden Sie einen Carsharing-Anbieter in Ihrer Nähe.
Bei Ihnen gibt's keinen? Und nun wollen Sie aktiv werden und selbst einen Car Club, wie es bei uns auf der Insel heißt, gründen?
Auch dafür gibt's eine Adresse:
http://wiki.carsharing-fachforum.de/cgi-bin/twiki/view/ CSFF

Zurück zur Nachbarschaft. Es gibt in Ihrer Straße oder unmittelbaren Nachbarschaft kleine Kinder? Freunden Sie sich mit den Eltern an. Das ist nett, und Sie können gemeinsam einiges auf die Beine stellen, zum Beispiel:

Kostenlose Babysittingrunden, bei denen man auf Gegenseitigkeit babysittet.

 Spielzeugtauschgruppen, die Schluss machen mit Bergen dieses grässlichen Plastikspielzeugs, das nur Staub ansetzt.

 Kaufen Sie gemeinsam große, teure und platz-raubende Spielsachen wie diese Spielautos zum Reinsetzen, auf die Kleinkinder so abfahren. Niemand hat den Platz dafür, diese Sachen ständig bei sich rumstehen zu haben, aber ein von Kinderzimmer zu Kinderzimmer wanderndes Spielauto – oder Puppenhaus oder was auch immer – ist etwas anderes: Für ein oder zwei Nächte pro Woche kann man das gut unterbringen, und dann wandert es zum Nächsten. Außerdem werden die Spielsachen auf diese Weise bei Weitem nicht so schnell langweilig, sondern machen lange Spaß.

 Wechseln Sie sich bei Ausflügen auf den Spiel-platz ab und nehmen Sie jeweils vier Kinder mit. So können sich drei Mütter in Ruhe erholen.

 Wechseln Sie sich beim Chauffeurdienst ab. Bringen Sie die Kinder abwechselnd in den Kindergarten/die Schule/den Schwimmkurs … Ob zu Fuß oder mit dem Auto – hier gilt dasselbe wie oben: Warum sollten vier Autos oder vier Paar Beine bei strömendem Regen losziehen, um vier einzelne Kinder in die Schule zu bringen, wenn ein Auto oder ein Paar Beine das genauso gut allein erledigen kann?

Diese Tipps sind nur die Spitze des Eisbergs, eine Anregung. Ihrer Fantasie sind keine Grenzen gesetzt: Kleidertausch (siehe »Swappen«, Seite 119 bis 122, für die Erwachsenenversion, aber das geht natürlich genauso für Kinder), einmal wöchentlich die doppelte Menge eines Lieblingsgerichts kochen und die Hälfte davon einer besonders netten Nachbarin bringen, die sich dafür bedankt, indem sie ein anderes Mal für Sie Abendessen kocht – und so weiter.

Ein paar Ideen, bei denen es weniger um Kinder geht:

 »Skills sharing«: Klingt schrecklich, und man kann sich erst mal nichts drunter vorstellen, dabei ist es ausgesprochen nett, umsonst und nützlich. Angenommen, ich beherrsche das Zehnfingersystem, aber ich kann keine Marmelade kochen. Genau das möchte ich aber lernen oder gezeigt bekommen, und ich würde nur zu gern dafür bezahlen, indem ich einen Stapel Briefe oder ein Dokument tippe. Falls ich meine Nachbarn gut kenne, kann ich zu Frau Meier, Hausnummer 23, gehen, die im ganzen Viertel für ihre Aprikosenmarmelade berühmt ist, und ihr einen Tausch anbieten. Besser noch wäre, die Sache richtig gut zu organisieren und eine Liste für meine Nachbarn und mich aufzustellen, die die Stärken und Fertigkeiten aller an einem Tausch Interessierten enthält. X hat einen grünen Daumen und Y kennt sich mit Elektrogeräten aus, Z spricht Französisch und A weiß, wie man einen verstopften Abfluss flottkriegt, B kann kochen und C ist eine hervorragende Klavierlehrerin, D kennt sich mit der Angel aus und E hat Kinder, die perfekt Autos waschen, etc. Und warum sollte F, eine pensionierte Lehrerin, die geschafft ist, wenn sie ihren Hund zweimal am Tag Gassi führt, nicht den Kindern von G Nachhilfe geben, die fürs Abitur pauken? Der Tausch drängt sich doch geradezu auf.

Kaufen Sie gemeinsam große, teure Geräte wie zum Beispiel einen Rasenmäher. Sie haben keinen Park? Dann brauchen Sie den Rasenmäher nicht jeden Tag. Kaufen Sie gemeinsam mit Ihren Nachbarn einen wirklich guten Rasenmäher und teilen Sie ihn sich. So brauchen Sie ihn nicht ständig bei sich unterzustellen – wodurch Sie mehr Platz haben. (Klären Sie aber, wer das gute Stück außerhalb der Rasenmähsaison unterstellt.)

Kaufen Sie gemeinsam kleinere, teure Gegenstände oder große Sachen, die sich schwer unterbringen lassen, oder Dinge, die Sie alle heiligen Zeiten einmal brauchen. Eine Freundin hat zum Beispiel einen Wander-Einkochtopf, der während der Marmeladeneinkochzeit aus dem Keller geholt wird, um in ihrer Straße die Runde zu machen.

Den Platz, den man hat, in einen finanziellen Vorteil verwandeln. Wenn jemand zum Beispiel einen großen Keller hat, dann könnten sich alle zusammentun, gemeinsam eine große Gefriertruhe kaufen und sie dort unterstellen. Und wenn Sie einen großen Garten haben, aber nicht genug Geld für ein Trampolin, könnten Sie dort ein Gemeinschaftstrampolin aufstellen, auf dem jeder, der sich am Kauf beteiligt hat, nach der Schule eine Stunde nach Lust und Laune springen kann.

🌸 **Tauschen Sie:** Wenn die Kinderräder zu klein geworden sind, kann man sie vielleicht gegen etwas anderes tauschen.

🌸 **Teilen Sie:** Sie bauen Salat an und Ihr Nachbar Zucchini? Teilen Sie die Früchte Ihrer Arbeit. Empfiehlt sich übrigens auch, wenn Ihr Nachbar backt und Sie Marmelade kochen.

🌸 **Tauschen Sie die Zeitungen**, vor allem sonntags.

🌸 **Denken Sie dran: Gruppen, Clubs und Vereine sind prima.** Bücherclubs zum Beispiel, aber die sind nur ein Anfang. Es gibt auch noch Kochclubs, Weinclubs, Krabbelgruppen, Hundegassigeher-Gruppen, Wandervereine und Nordic-Walking- oder Gehen-wir-flott-um-den-Block-Gruppen (sehr gut, um abzunehmen), Haustauschbörsen, Musikvereine, Chöre, Gehen-wir-in-die-Disco-Clubs, die Liste lässt sich unendlich fortsetzen. Werfen Sie einfach einen Blick

auf die Website Ihres Wohnorts oder in Ihren Lokal-
anzeiger. Sie können Ihren Traumclub/-verein nirgends finden? Dann gründen Sie ihn. Hier ein paar
Tipps:

– *www. vereinsknowhow. de/kurzinfos/leitfaden. htm* Beschäftigt sich mit den diversen Rechtsformen – vom
 Club über den Förderkreis bis hin zum »eingetrage-
 nen Verein« – und wie sich diese unterscheiden und
 was es dabei zu beachten gilt.

Das jagt Ihnen Angst ein? Wie wär's mit einem Kom-
promiss, Sie treten einem überregionalen Verein bei
und gründen eine Ortsgruppe?

🌼 **Und vergessen Sie das Singen nicht.** Sie müssen
 keine Maria Callas sein, um in den örtlichen Chor
 einzutreten. Sie werden dieses Erlebnis nicht mehr
 missen wollen.

Recycling

Wie ich bereits anfangs schrieb, ist uns allen Recycling
zur zweiten Natur geworden. Wir haben uns bereits mit
dem Recyceln von Kleidung, Nahrung und Geschenken
beschäftigt, aber eigentlich lässt sich alles recyceln – von
alten Computern, die man loswerden möchte (und von
denen man sich nicht vorstellen kann, dass irgendjemand
sie haben will, der noch alle Tassen im Schrank hat), bis

hin zu dem Vorrat an altem Make-up, das nicht mehr zu Ihnen passt oder das Sie nicht mehr mögen – und ich rede nicht davon, dass Sie jemanden bezahlen, um das abzuholen und zu entsorgen. Das wäre ja ein Schuss ins Recyclingknie.

Freecycle

Die genialste Idee überhaupt. Im Grunde eine riesige (während ich dieses Buch schreibe, 5,5 Millionen Mitglieder zählende) weltweite Online-Community von Leuten, die »verstaubten Gegenständen im Haushalt wieder einen Sinn geben, Platz im Keller schaffen, Müll vermeiden und dabei Spaß haben und neue Leute kennenlernen wollen«. Was nicht nur lobenswert ist, sondern auch noch funktioniert.

Gehen Sie einfach auf www.de.freecycle.org und suchen Sie eine Gruppe in Ihrer Nähe, bei der Sie sich anmelden. Und schon können Sie Dinge loswerden, die Sie nicht mehr wollen, oder sich holen, was die anderen nicht mehr wollen, oder beides. Zum Beispiel könnten Sie annoncieren: »Biete: Kühlschrank, nicht mehr ganz dicht, kaputte Tür, weiß, hat schon bessere Tage gesehen, sehr schwer, muss bis Donnerstag in München-Schwabing abgeholt werden.« Interessenten können sich dann per E-Mail an Sie wenden. (Es rentiert sich, dafür eine extra E-Mail-Adresse, zum Beispiel bei Yahoo, einzurichten, damit Ihre normale Adresse nicht unter dem Ansturm zusammenbricht.) Sie suchen sich den Interessenten aus, dessen Antwort Ihnen am besten gefällt – oder der am nächsten wohnt oder bedürftigsten klingt – und voilà: Ein nicht mehr ganz dichter Kühlschrank mit einer kaputten Tür hat ein neues Zuhause gefunden. Dann posten Sie in einer weiteren Nachricht, dass der Kühlschrank abgeholt wurde.

Es ist wunderbar einfach und effektiv. In den zwei Jahren, in denen ich Freecycle benutzte, lernte ich nur nette Menschen kennen, die sich die Sachen abholten. (Ich hatte Angst, es könnten Irre kommen, doch es kamen keine Irren.) Sie werden nicht nur los, was Sie loswerden wollen, Sie helfen damit auch noch Leuten auf eine Art und Weise, die absolut rührend ist: Die alte Wiege meiner Tochter zum Beispiel wurde von einer müde und abgekämpft wirkenden, hochschwangeren jungen Frau abgeholt, die über die Maßen dankbar war. Sie werden Ihre Sachen los, fühlen sich großartig und helfen jemandem. Einfach genial. Genial daran ist auch, dass andere etwas durchaus schätzen, woran Sie nichts mehr finden können. Das eine hat mit dem anderen absolut nichts zu tun. Ich habe nicht nur überflüssig gewordene, aber ansonsten durchaus brauchbare Stücke wie ein alte Wiege weggegeben, ich wurde so auch zwei kaputte Kühlschränke los; museumsreife Computer (aber bitte immer persönliche Daten löschen); einen nicht mehr funktionsfähigen Mixer, bei dem Teile fehlten; einen scheußlichen Toilettensitz – eine lange Liste Gerümpel, das nichtsdestotrotz Dutzende von begeisterten Interessenten anzog.

Eigentlich unnötig zu erwähnen: Freecycle ist eine wahre Schatztruhe, falls Sie etwas suchen. Ein Freund kam kürzlich zu einem guten, großen, absolut funktionierenden Fernsehgerät, das ein wesentlich reicherer Mensch weggab, weil er sich ein Flachbildschirmgerät zulegte – Sie verstehen, was ich meine.

In Deutschland gibt es auch Gebrauchtwarenhäuser, in denen man für wenig Geld einkaufen kann, was andere nicht mehr brauchen. Etwas mehr Aufwand, nicht ganz umsonst, aber auch hier können Sie recyclen und zugleich Gutes tun.

Andere Recycling-Seiten

Auf www.craigslist.org, www.kijiji.de oder http://alles-und-umsonst.de können Sie ebenfalls umsonst inserieren, wenn Sie etwas zu verkaufen oder zu verschenken oder Arbeit zu vergeben haben. Wobei ich persönlich mit den Pendants in England meine Probleme habe – irgendwie sind dort zu viele Irre unterwegs. Die allermeisten Inserenten und Interessenten sind nett und absolut zuvorkommend, doch es gibt auch andere. Vielleicht bin ich voreingenommen, weil ich zu meinem Leidwesen feststellen musste, dass nicht wenige diese Seiten nutzen, um jemanden für einen schnelle Nummer in der Mittagspause zu finden. Für mich passt das nicht zu Anzeigen, in denen man vorgibt, ein Au-pair zu suchen oder einen Küchentisch zu verkaufen. Aber bitte, lassen Sie sich nicht durch mich und meine Vorbehalte gegen russisches Roulette beim Sex abhalten. (Die ich sehr wohl habe. Ich meine, warum nicht einfach Leute ansprechen? Dann weiß man wenigstens, wie sie aussehen und was sie sonst für einen persönlichen Eindruck machen.) Andererseits haben mir Freunde versichert, sie hätten mit diesen Seiten die besten Erfahrungen gemacht und wären keinen Irren begegnet.

Auf Flohmärkten kaufen und verkaufen

Ich möchte Ihnen dringend ans Herz legen, die Floh- und Trödelmärkte zu nutzen und einmal im Jahr alles zu verscherbeln, was Sie nicht mehr brauchen (falls Sie wie ich einen fatalen Hang haben, stapelweise die seltsamsten Sachen anzusammeln.) So was gibt's nicht in Ihrer Gegend? Veranstalten Sie Ihren eigenen Flohmarkt. Sie brauchen nur ein paar Flugblätter zu verteilen.

Hier ein paar Seiten, mit denen Sie einen Flohmarkt in Ihrer Nähe finden.

Flohmärkte
www.flohmarkt-termine.net/

www.marktcom.de

www.flohmarkt.de/local/marktsuche.php

Bücher und Büchereien

Bücher bieten sich geradezu zum Tauschen an – nichts ist beliebter und einfacher zum Recyclen. Falls Sie mit Ihren Nachbarn und Freunden nicht Bücher tauschen können oder diese Freaks sind, die nicht lesen: Ziehen Sie um! Nein, war nur ein Scherz (oder ein Versuch). Gehen Sie ins Internet und suchen Sie eine Büchertauschbörse (www.tauschticket.de/buecher enthält Zehntausende von Büchern, dasselbe gilt für www.book2book.org).

Aber vergessen Sie darüber nicht die echten Büchereien. Ich habe eine große Schwäche für Büchereien und ärgere mich maßlos, wenn wieder eine geschlossen wird.

Nutzen Sie Ihre Bibliothek!* Sie ist kostenlos, warm, beruhigend und gemütlich, und jede erdenkliche Information zu jedem erdenklichen Thema ist in Griffweite.

Sie haben Ihre Bibliothek noch nicht gefunden? Dann versuchen Sie's auf www.hbz-nrw.de/produkte_dienstl/ germlst/index.htm. Oder gehen Sie auf die Website von http://maps.google.de und geben Sie als Suchbegriffe den Namen Ihrer Stadt und den Begriff »Bibliothek« ein. Und Sie wissen ja: Sie können dort nicht nur umsonst oder fast umsonst Bücher ausleihen, sondern auch DVDs, CDs, Spiele und Software und vieles andere mehr. Ganz zu schweigen von den Aushängen, auf denen Sie Büchergruppen für Kinder, Teenager und Familien

---

* Dieser Abschnitt wurde in der Chalk Farm Library, Sharpleshall Street, London NW1, geschrieben, einem meiner Lieblingsplätze, um in Ruhe und Frieden abzuhängen. Ach, wäre sie doch nur fünf Tage die Woche geöffnet – ich würde dort quasi einziehen.

und Märchen- und Vorleseclubs für Klein- und Kindergartenkinder finden und erfahren, wer was in der Gegend sucht, anbietet oder vorhat. Manchmal können Sie sogar eine Tasse Kaffee bekommen. Diese Bibliotheken sind ein Segen, glauben Sie mir. Wir nutzen sie nur zu wenig.

Ein kleiner Tipp noch: Falls es Ihren Kindern schwerfällt, sich in dem Tohuwabohu des Familienlebens auf ihre Hausaufgaben zu konzentrieren, packen Sie sie in die Bibliothek. Die Ruhe dort holt die Kleinen wundersam auf den Boden und fördert die Konzentration. Außerdem fällt hier die Ausrede weg, sie hätten nicht die richtigen Bücher zur Hand. Büchereien sind auch ideal, um eine große Anzahl Bilderbücher durchzuprobieren. Nehmen Sie 15 mit nach Hause, lesen Sie sie vor und bringen Sie sie nach drei Wochen wieder zurück. Wenn Ihr Kind dann der Raupe Nimmersatt (oder was auch immer) nachtrauert, dann kaufen Sie dieses Buch – Sie wissen, es hat das Zeug zum Lieblingsbuch.

Women's Institute

Was das nun wieder ist? Das ist meine neue Obsession – ich meine das absolut unironisch, auch wenn die Anglophileren unter Ihnen das Women's Institute als betuliche Frauenbildungsanstalt kennen. Nun gut, es wurde vor knapp hundert Jahren für die Landfrauen gegründet (übrigens in Llanfairpwllgwyngyllgogerychwyrndrobwllllantysiliogogogoch in Wales – kein Scherz, der längste amtliche Ortsname in Europa) – »um Neues zu lehren, zu entwickeln und weiterzugeben«. Das Durchschnittsalter im Süden liegt zwischen 40 und 45 Jahren und der Mitgliedsbeitrag beträgt 27 Pfund im Jahr. Aber: Das WI ist überparteilich und überkirchlich und hat sich, wenn Sie mich fragen, ziemlich gemausert. Und wenn alles so läuft, wie ich es mir vorstelle, habe ich, wenn Sie dieses Buch in Händen halten, meine eigene WI-Gruppe in meinem Viertel in London gegründet, wo es bisher leider noch keinen Außenposten gab.

Mein Interesse wurde geweckt, als ich mich mit einer ziemlich coolen Freundin treffen wollte. Dienstag geht nicht, sagte sie – WI. Donnerstag ist unmöglich – treffe mich mit X vom WI. Vielleicht nächsten Montag, aber eigentlich möchte ich gerne zu dieser Gesprächsrunde im WI. Beim ersten Mal, als sie WI sagte, dachte ich, sie mache eine Witz, ungefähr so, als hätte sie erklärt: »Gleich bringt mir Essen auf Rädern Kaffee und Kuchen vorbei.« »Warum redest du ständig vom WI?«, fragte ich sie schließlich. »Wird noch was anderes als das Women's Institute so abgekürzt? Willige Insulaner oder Wundersame Investment-vermehrung?«

Nix da: WI stand für Women's Institute. »Das ist das Coolste überhaupt«, sagte meine Freundin. »Die coolsten Frauen, die coolsten Events, und du solltet mal sehen, welche Redner wir da haben – da fällst du tot um.« Es stellte sich heraus, ihr Ortsverband war der Inbegriff von Hip, erfolgreiche Frauen von 30 Jahren an aufwärts, die alles organisierten, von Marmeladekochsessions – klar – über die interessantesten Gesprächsrunden und Handarbeitskurse bis hin zu Kleidertauschabenden – und obendrein lief hier ein London-Networking der absoluten A-Klasse. Meine ausgepowerte, zynische Freundin hatte sich noch nie so gut für so wenig Geld und Aufwand amüsiert. Sie war nicht die Einzige, dieser Ortsverband wurde so populär, dass man einen Aufnahmestopp verhängen musste.

Das brachte mich zum Nachdenken, und da es bei mir keinen Ortsverband gibt, gründe ich meinen eigenen.

In Deutschland, Österreich und der Schweiz wird es wohl schwieriger, wenn nicht gar unmöglich, einen Ortsverband unseres britischen Women's Institute zu gründen, aber vielleicht gibt es bei Ihnen Frauenverbände, bei denen sich der Wind gedreht hat und nun eine definitiv frische Brise weht?

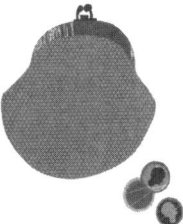

Woran man nicht sparen sollte

Bei teuren Gemeinschaftsanschaffungen ist es sinnvoll, keine Kompromisse zulasten der Qualität einzugehen. Der Einkochtopf, der jahrelang die Straße rauf- und runterwandern soll, muss dem Zahn der Zeit standhalten. Eine Billignummer, die nach den ersten Einsätzen den Geist aufgibt, wäre eine Fehlinvestition. Und wenn Sie joggen, wandern oder marschieren wollen, brauchen Sie ordentliche Schuhe dafür. Sie tun sich keinen Gefallen, wenn Sie in Flipflops losziehen.

Spaß haben und Feste feiern

Sie finden im ganzen Buch verstreut Ideen, wie man sich amüsieren und Spaß haben kann. Es gibt keine Seite ohne einen Vorschlag dazu. Natürlich hängt Spaß haben davon ab, was man unter Spaß versteht: Einigen macht es Spaß, wenn sie etwas selbst machen oder etwas verkaufen oder ihre Garderobe mit etwas Geschick aufpeppen, ohne einen Pfennig dafür zu bezahlen; andere sitzen vielleicht lieber im Pub (dafür brauchen Sie allerdings weder Tipps noch Anweisungen). Dieses Kapitel beschäftigt sich mit kostengünstiger oder kostenloser Unterhaltung, seien es Museumsbesuche oder Partyeinladungen.

Aber los geht's mit ein paar Sachen, die eigentlich Spaß machen sollten, doch inzwischen zu Geld fressenden, teuren und stressigen Veranstaltungen geworden sind.

Hochzeiten

Ganz vorne dabei: Hochzeiten. Die durchschnittliche Hochzeit in Großbritannien verschlingt knappe 20 000 Pfund, also unglaubliche 23 000 Euro, in Deutschland sollen im Durchschnitt circa 14 000 Euro dafür draufgehen. Weitaus schlimmer ist jedoch: Von dem ganzen Geld merkt man nichts. Weder Luxus noch überbordende

Lebensfreude kommt auf, man hat eher ein Gefühl des »von allem zu viel«. Nicht einmal Braut und Bräutigam erwecken den Eindruck, als sei das der wichtigste Tag Ihres Lebens.

Machen Sie Schluss mit diesem Wahnsinn! Eine Hochzeit ist ohnehin schon stressig genug, ohne dass sich alle, wohin man blickt, deshalb finanziell ruinieren. Darüber hinaus besteht ein direkter Zusammenhang zwischen den Ausgaben und den Erwartungen, und nirgends wird das offensichtlicher als bei einer Hochzeit. Je mehr Sie ausgeben, desto mehr und desto Fantastischeres erwarten Sie (und Ihre Gäste) sich. Doch wie wir alle schon feststellen mussten, läuft es nicht so. Besonders teure Hochzeiten sind nicht selten die Hochzeiten, bei denen die Braut mit einem langen Gesicht am Brauttisch sitzt, weil sie genau weiß, was jedes Glas Sekt, jedes Kanapee und jede Blume kostet – nämlich eine Menge –, und sie das Gefühl hat, dafür zu wenig auf ihre Kosten zu kommen. Mit solchen Gedanken sollte sich man seinen Hochzeitstag keinesfalls vergällen. Und die Stimmung der Gäste wird dadurch auch nicht besser.

Polterabend – eine Bitte

Ein schneller Einschub... Mir fiel auf, dass in den letzten Jahren hier in Großbritannien die Polterabende, die wir Hen and Stag Parties nennen und traditionellerweise nach Frauen (Hens) und Männern (Stags) getrennt feiern, immer aufwendiger und damit auch immer teurer werden. Allmählich ist es nicht mehr witzig: Es wird von einem erwartet, sich eine Woche frei zu nehmen, Flüge und Hotel zu buchen, Geld für Extras und eine Garderobe aufzutreiben und dann an einen Ort zu reisen, den sich niemand wirklich leisten kann, um ausgelassen die anstehende Hochzeit zu feiern.

Wissen Sie, wie ich das finde? Ich finde es absolut nicht akzeptabel – und das gilt nicht nur für Braut und Bräutigam, sondern auch für Geburtstagskinder, die ihren Dreißigsten, Vierzigsten oder Fünfzigsten im Ausland glauben feiern zu müssen. Das von seinen Gästen zu verlangen ist einfach nur peinlich und bringt Ihre armen Freunde in größte Verlegenheit, die mit Ihnen feiern möchten und nun schauen können, wie sie Zeit/Geld/Kinderhüter auftreiben, und Sie deshalb insgeheim verfluchen. Was immer man Ihnen ins Gesicht sagt – hinter Ihrem Rücken herrscht ziemliches Heulen und Zähneklappern.

Was man den Ärmsten schwerlich vorwerfen kann. Leute zu so zeitlich und finanziell aufwendigen Feiern einzuladen ist eine Zumutung und nur unter einer Bedingung zulässig (es tut mir leid, wenn ich wie Freifrau von Knigge klinge, aber ich denke, in diesem Fall ist eine kleine Etiketteeinweisung unabdingbar). Nämlich: Falls Sie es sich – dank glücklicher Umstände oder weil Sie wahnsinnig gespart haben – leisten können, die Kosten für jeden einzelnen Ihrer Gäste zu übernehmen. Sie möchten zehn Freundinnen auf eigene Kosten zu einem Wellness-Wochenende einladen? Nur zu. Das können Sie sich nicht leisten? Zu schade – ich fürchte, dann läuft's auf einen Abend im Pub hinaus.* Natürlich nur, wenn Ihnen sonst gar nichts einfällt.

Mit etwas Vorausplanung allerdings lässt sich ein toller Abend planen, ohne dass man deshalb die Bank sprengen müsste. Der entscheidende Punkt ist das Wort »Abend« – nicht gleichzusetzen mit »Wochenende« oder »Woche«.

Das Mindeste: Bitte schließen Sie sich mit Ihren Gästen kurz, statt diese vor vollendete Tatsachen zu stellen. Nicht alle stehen auf Wellness-Tempel oder Wildwasserkanufahr-

---

* Es sei denn, Ihre Freundinnen laden Sie zu einem Wellness-Wochenende oder dergleichen ein. Ein Angebot anzunehmen ist okay. Leute dazu zu drängen, etwas zu tun, was sie nicht wirklich wollen, ist bäh.

ten oder auf ein Wochenende in einem angemieteten Herrenhaus auf dem Land. Und wenn Sie von Ihren Gästen erwarten, dass sie für diese Ehre selbst bezahlen, gehört es sich einfach, sie in die Planung einzuweihen.

Drum noch mal in Kürze: Es ist nicht cool, Leute zu seinem Polterabend oder seinem Geburtstag einzuladen und davon auszugehen, dass diese – Überraschung! – für das Privileg bezahlen, weil Sie so unglaublich besonders sind. Ihre Freunde freuen sich, dass Sie Geburtstag haben, aber auch hier gilt: Diese Freude hat durchaus ihre Grenzen. Sie möchten ein Restaurant reservieren? Dann zahlen Sie dafür. Sie hätten gerne eine Cocktailparty? Sie kommen für die Drinks auf. Die bizarre Vorstellung, dass alle sich so für Sie freuen, dass sie vor lauter Begeisterung 50 Euro pro Kopf für ein Abendessen abdrücken, das sie nicht wirklich wollen, plus das Geld für ein Taxi nach Hause und den Babysitter, ist augenblicklich gang und gäbe – keine Ahnung, woher diese Vorstellung kommt, aber ich denke, es ist an der Zeit, sich davon zu verabschieden. Es ist eine Sache, Leute zu einer Flaschenparty einzuladen, und etwas anderes, sie für ein Essen im Restaurant zahlen zu lassen. Wenn Ihnen der Sinn nach etwas Extravagantem steht, dann machen Sie's – aber zahlen Sie selbst dafür, und wenn Sie noch so lange sparen müssen.

Nachdem ich mir das von der Seele geschrieben habe – es beschäftigt mich seit Jahren –, nun zur Hochzeit. Stopp, noch etwas. Falls Sie heiraten, dann bitten Sie um Gottes willen Ihre Gäste nicht, Ihnen statt einem Geschenk Bargeld zu schenken. Das ist wieder so ein Trend, der Fahrt aufnimmt und ungemein *scheußlich* ist – geldgierig, schamlos und jenseits von unverschämt. Das raubt einem die ganze Freude an der Einladung.

Wie gesagt, eine Hochzeit kostet in Deutschland im Schnitt 14 000 Euro. Ich verstehe das ja: Es ist Ihr großer Tag, und Sie möchten, dass er wunderschön und unvergesslich wird, und glauben, das ließe sich mit Geld machen. Meine Meinung ist (logischerweise) subjektiv, aber ich war im Lauf der Jahre auf irrsinnig vielen Hochzeiten und habe folgende Beobachtungen gemacht:

Die zwei tollsten – sprich schönsten und unvergesslichsten – Brautkleider in letzter Zeit waren a) Vintage von eBay und b) von der Freundin der Braut genäht. Die Sahne-Baisers, selbst die für x-tausend Euros, verschwimmen zu einer einzigen riesigen Baiser-förmigen Wolke, und ich kann mich an kein einziges dieser Kleider mehr erinnern. Fragen Sie sich, bevor Sie sich die Unsumme für eines dieser Designerkleider aus den Rippen schneiden: Sollen Ihre Gäste sich daran erinnern, was Sie trugen? Falls ja, wäre vielleicht etwas Originelleres als meterweise sündteures weißes Irgendwas angesagt.

 Die vier besten Hochzeitsfeiern waren a) und b) im jeweiligen Gemeindesaal, c) in einem leeren Lagerhaus, das für die »Gelegenheit« aufgepeppt wurde, und d) in einem elterlichen Garten. Falls Sie nicht derart von sozialen Ängsten geplagt sind, dass Sie anderen vorgaukeln müssen, Sie seien eigentlich eine Prinzessin, oder Ihre Familie würde ständig in Luxushotels auf dem Land rumhängen, dann rufen Sie sich ins Gedächtnis: Es kommt nur darauf an, dass der Ort funktioniert. Er kann schmucklos sein. Er muss nichts Besonderes sein. Er kann um die Ecke sein. Er kann zwischen einem Dönershop und einem Obdachlosenasyl eingequetscht sein. Das kümmert Ihre Gäste nicht im Geringsten – die sind drinnen und amüsieren sich prächtig. Es handelt sich um den alten Kirchensaal, in dem Sie Ihren ersten Ballettunterricht hatten? Umso besser – er bedeutet Ihnen etwas, und Ihre Gäste finden wunderbar Platz. Jeder Ort lässt sich verwandeln: Lehnen Sie das Naheliegende (und Billige) nicht ab, nur weil es kein Hingucker ist. Kein Hingucker ist gut: Sie können genau so dekorieren, wie Sie wollen. Und dekorieren ist nicht teuer – teuer ist die Miete.

 Die besten Hochzeitsessen waren a) riesige Platten mit selbst gekochter Hausmannskost und b) Curry. Aufwendiges und teures Edelessen bringt nichts. Vergessen Sie nicht: Bei Hochzeiten sind die Leute am Verhungern, wenn sie sich endlich an den Tisch setzen dürfen. Sie haben die Trauungszeremonie über sich ergehen lassen, sind zum Restaurant – oder wo immer Sie Ihre Hochzeit feiern – gefahren, haben auf Sie angestoßen, sich die Beine in den Bauch gestanden, mit völlig Fremden Smalltalk gemacht und vor dem Klo gewartet. Jetzt wollen Sie nur etwas Ordentliches zu trinken und dazu etwas Ordentliches zu essen und keinen Fingerhut pritzelndes Zuckerwasser und kein Häppchen Lachs.

 Der beste Wein war billig und floss in Strömen. Wie beim Essen gilt auch hier, warum viel Geld ausgeben, wenn es, seien wir ehrlich, niemand merkt? Bei Hochzeiten wird nun mal viel gebechert – nicht zuletzt deshalb, weil man sich als Gast Mut antrinken muss, um den Tag durchzustehen, und man beim vielen Reden mit fremden Menschen nun mal eine trockene Kehle bekommt. Sprich: Es geht hier mehr um Quantität als um Qualität, wobei ich natürlich von absolutem Fusel abrate. (Allerdings besuchte ich mit 17 die Hochzeit einer Freundin, auf der Thunderbird – immerhin 17 Prozent Alkohol – und Haschkuchen serviert wurde. Ich kann mich nicht mehr so genau daran erinnern, aber im Nachhinein finde ich es ziemlich schick. Und auf rührende Weise altmodisch – die aktuelle Supermodelvariante wäre wohl Crack und Wodka.)

 Ich höre es nicht, ob ein bezahlter, professioneller DJ oder ein Freund des Brautpaars Platten auflegt – oder der Freund eines Freundes. Und ich glaube nicht, dass ich besonders schwerhörig bin. Falls Ihnen jemand anbietet, als Gefallen (oder als Hochzeitsgeschenk) Platten aufzulegen, hören Sie Probe und sagen Sie ja. Hochzeitsbands und -discos kosten ein Vermögen. Geben Sie Ihr Geld stattdessen für das beste Soundsystem aus, das Sie sich leisten können – und wenn das erste Sahne ist, reicht ehrlich gesagt auch ein gut bestückter iPod. Die Leute wollen tanzen und nicht irgendeinem Dussel dabei zusehen, wie er sich auf seinem Podest verrenkt und sich »bei den Kids« einschleimt.

 Je steifer die Hochzeit, desto langweiliger und kennen-wir-schon für die Gäste. Hochzeiten sind Paradebeispiele für den Herdentrieb, den Wunsch, »der Tradition zu folgen«. Dabei gibt es keine Tradition, was die Hochzeitsfeier betrifft. Die Tradition besteht im Heiratsversprechen, nirgends steht geschrieben, dass Sie mit beiden Händen das Geld hinauswerfen müssen. Sie können Ihre Hochzeit feiern, wie es Ihnen gefällt. Wenn Sie sich ein Hochzeitspicknick am Strand wünschen – machen Sie es. Wenn Sie nicht möchten, dass alle Männer wie Pinguine/Kellner gekleidet sind, sagen Sie es ihnen. Es ist Ihr Tag, lassen Sie sich nicht von Brautmagazinen tyrannisieren!

 Reden und Aufführungen sind ungemein wichtig. Halten Sie deshalb Leute, die nicht gut reden können, davon ab – es wäre nur peinlich. Genauso halte sich, wer kein Talent für die Bühne besitzt, von dieser fern. Hart, aber notwendig. Schlechte Reden und Aufführungen können eine Hochzeit ruinieren – und die Zeit *sehr* langsam vergehen lassen.

 Traumhochzeiten – also Hochzeiten, die augenscheinlich nichts mit dem Leben des Brautpaars zu tun haben – sind häufig einfach nur seltsam. Dazu gehören Hochzeiten in Hotels, die mit ihren unappetitlichen Küchengerüchen und hässlichen Teppichen oft an die Häuser älterer Menschen erinnern. Für eine Hochzeit viel besser geeignet ist ein Privathaus oder ein Privatgarten oder ein »leerer« Ort, der für die Gelegenheit dekoriert wurde.

 Je größer die Hochzeit, desto höher die Erwartungen – und desto wahrscheinlicher die Enttäuschung, sei es für die Gäste oder das einladende Brautpaar.

 Je entspannter die Hochzeit, desto gewogener und gelöster die Gäste.

 Okay, klingt snobistisch, aber superedle Hochzeiten fühlen sich gar nicht so superedel an (außer sie sind wirklich superedel). Und das wiederum geht nicht ohne ein wild-ausgeflipptes Element wie Wiesenblumen in einem Krug oder Hunde, die mit einem Diamantenhalsband rumlaufen, oder eine Braut, die eine strahlende Figur im Brautkleid ihrer Oma macht. Nicht wirklich superedle Hochzeiten – formal und steif und »genau nach Vorschrift« – versuchen etwas nachzuahmen, was außerhalb großartiger Herrensitze mit eigener Kapelle nicht wirklich existiert. Sie können nur scheitern: Die Latte liegt zu hoch, und überhaupt – warum soll man etwas nachäffen, was eh schon leicht absurd ist? Womit wir bei meinem Punkt aus der Einleitung wären: Perfektion – oder eher das Streben nach Perfektion – wirkt inzwischen leicht abgeschmackt. Wer eine wirklich schicke Hochzeit möchte, sollte sich erst mal entspannen.

 Wer auf dem Pferderücken oder in einer Kutsche zur Trauung kommt, erregt den leisen Verdacht, er sei nie aus der Cinderella-Phase herausgewachsen. Bei einer Zwanzigjährigen wirkt das süß, bei einer Achtunddreißigjährigen weniger.

 Es hat etwas unfreiwillig Komisches, wenn richtig Erwachsene – dreißig- oder vierzigjährige Frauen, vor allem Frauen mit Kindern – diese »Ganz in Weiß«-Nummer abziehen. Man nimmt es ihnen einfach nicht ab, und sie laufen Gefahr, etwas neben der Kappe zu wirken – also lassen Sie den weißen Tüll weg, wenn Sie keine Jungfrau mehr sind und über 30, vor allem, wenn Sie in der Kirche heiraten. Damit sparen Sie sich eine Menge Geld und geben sich nicht der Lächerlichkeit preis. (Mag sein, dass ich eine Spur zu abergläubisch bin, aber sein Eheleben damit zu beginnen, dass man vor Gott etwas vorgibt, was man nicht ist – eine reine und unschuldige Jungfrau –, kommt mir äußerst seltsam vor. Ungefähr so wie eine erwachsene Frau, die in einem kleinen weißen Kleidchen, mit Zöpfen und weißen Kniestrümpfen zur Erstkommunion schreitet. Irgendwie möchte man ihr nur noch an die Stirn klopfen und rufen: »Hallo, wer da?«)

Diese Punkte sollen zeigen, dass der Erfolg einer Hochzeitsfeier nicht davon abhängt, was sie kostet. Das schreibe ich nicht nur, weil es mir ins Konzept passt (was es natürlich tut), sondern weil es stimmt. Man kann durchaus heiraten und wenig für die Feier ausgeben – sie wird trotzdem wunderbar sein, und dass hier gespart wurde, merkt nur einer: derjenige, der bezahlt. Sie würden gerne mehr darüber wissen? Die erste Adresse für sparwillige Brautleute ist www.moneysavingexpert.com/health/cheaper-weddings, dicht gefolgt von www.cheap-wedding-success.co.uk, die beide randvoll sind mit Tipps glücklicher (und nicht bankrotter) Bräute. Sie finden online jede Menge Informationen, mehr, als ich Ihnen hier geben kann. Trotzdem hier noch ein paar grundlegende Gedanken von mir zu dem Thema und ein paar weitere Tipps zu nützlichen Webseiten.

Das Brautkleid

Verabschieden Sie sich vom Sahne-Baiser, siehe oben. Sie suchen ein schönes Kleid, in dem Sie sich toll fühlen. Kein Gesetz der Welt schreibt vor, dass es so ein Kleid nur in einem Brautmodengeschäft gibt. Sie fühlen sich überfordert, Ihr Traumkleid zu finden? Probieren Sie es mit einem Personal Shopper. In großen britischen Kaufhäusern wie Selfridges gibt es diesen Dienst kostenlos, auch das KaDeWe in Berlin oder Oberpollinger in München bietet ihn an. Doch auch in schicken, kleinen Boutiquen wird man Sie gerne beraten, wenn Sie Ihr Dilemma gestehen. Reden Sie mit den Leuten und bitten Sie um Hilfe. Auch wenn Sie das Gewünschte nirgends sehen, heißt das nicht, dass man Ihnen das nicht besorgen kann. Werfen Sie einen Blick in eBay und schauen Sie bei dem freundlichen Vintage-Laden vorbei. Vielleicht gibt es ja dort ein Kleid, aus dem sich ein Brautkleid zaubern lässt. Aber fragen Sie frühzeitig und drücken Sie klar aus, was Sie suchen (es sei denn, Sie vertrauen dem Geschmack Ihres Gegenübers blind). Tipp Nummer 1: Gute Unterwäsche ist absolut wichtig – hier wird nicht gespart. Tipp Nummer 2: Persönliche Stylisten sind wahnsinnig teuer,

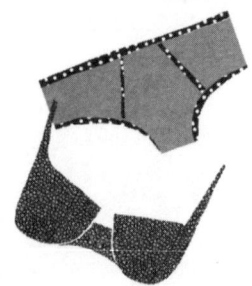

aber wenn Sie wenig Zeit und viel Stress haben, kann so jemand Ihr Traumkleid für einen festgesetzten Betrag an einem Nachmittag finden, und vielleicht rechnet sich das ja. Und Tipp Nummer 3: Man kann ein Brautkleid auch mieten – zum Beispiel auf www.erento.com.

Make-up

Jeder hat eine Bekannte, die genial schminken kann. Fragen Sie diese Bekannte, ob sie Ihnen das Make-up macht – oder lernen Sie es selbst (siehe Seite 282 ff.). Ich kenne Frauen, die superteure Make-up-Stylisten für ihre Hochzeit engagierten und vom Ergebnis ziemlich enttäuscht waren – schlimmer noch, einige waren todunglücklich. Eine Freundin kennt Ihr Gesicht und Ihren Stil, und sie ist Ihre Freundin. Das heißt, Sie können sich probeschminken lassen und genau erklären, was Ihnen gefällt und was Sie nun gar nicht mögen, ohne dass Sie Angst haben müssen, unhöflich zu sein. Das ist natürlich ein großer Gefallen, um den Sie da bitten, wünschen Sie es sich zur Hochzeit, als Geschenk. Ihre Freundinnen haben, was unwahrscheinlich ist, durch die Bank zwei linke Hände? Gehen Sie in die Kosmetikabteilungen der großen Kaufhäuser und beobachten Sie die Kosmetikerinnen beim Make-up. Einige davon sind ausgebildete Kosmetikerinnen (zum Beispiel alle an der MAC-Theke) und schminken Sie für einen Bruchteil der Kosten, die eine Brautspezialistin verlangen würde.

Haare

Das mit der Hochzeitsfrisur schaffen Sie nie alleine? Fragen Sie Freundinnen oder Freundinnen von Freundinnen – hier gilt dasselbe wie oben, wir kennen fast alle jemanden, der mit einer Haarbürste umgehen kann. Nächster Tipp: Gehen Sie in einen dieser altmodischen

Friseursalons, die noch Salon heißen und von alten Damen aufgesucht werden. Normalerweise sind diese Salons wahre Meister in Hochsteckfrisuren der alten Glamour-Schule. Außerdem sind diese altmodischen Salons – mit Reihen von Trockenhauben und einem Namen ohne »Hair-« oder »Haare«-Wortspiel – sehr preisgünstig und ausgezeichnet für diffizile, aufwendige Frisuren à la Dita von Teese.

Blumen

Frische Wildblumen sind viel schicker und trendiger als ein steifes Arrangement. Sie sind der Landtyp? Dann ziehen Sie los und pflücken Sie sich einen Strauß (und beschränken Sie sich nicht nur auf Blumen – Weizen ist schön, blühende Zweige, Beeren…). Gilt nicht für Sie, Sie sind durch und durch ein Kind der Stadt? Dann können Sie immer noch zum Blumenpflücken aufs Land fahren oder frühmorgens zum nächsten Blumenladen gehen (ein Probelauf ein paar Wochen vor dem großen Ereignis wird dringend angeraten) und sich einen Arm voll preiswerte Blumen kaufen. Sie hätten es doch lieber formeller? Bitten Sie in Ihrer Kirche um Hilfe (die Damen, die sich um den Blumenschmuck in der Kirche kümmern, nicht den lieben Gott, wobei man Letzteren natürlich nicht vernachlässigen sollte).

Das Auto

Sollten Sie jemanden mit einem tollen Auto kennen – einen Freund, einen Nachbarn, die Exfrau von Kevin, dem Freund Ihrer Tante –, dann fragen Sie, möglichst charmant, ob es möglich wäre, das Auto zu leihen. Es ist ziemlich schwer, so eine höfliche, freundliche Bitte abzuschlagen, wenn ein so kleiner Gefallen einen so großen Unterschied bei der Hochzeit des Bittstellers machen würde. Eine Freundin von mir hinterließ hinter dem Scheibenwischer eines Wagens, der in ihrer Wohngegend parkte und der ihr gefiel, eine Nachricht – ein kleines Gedicht mit einer Zeichnung und ihrer Telefonnummer. Der Besitzer rief sie zurück und lieh ihr das Auto. Eine andere Freundin mailte (zweimal) Leuten, die ihr Auto online verkauften, und kam so zu einer Gratisfahrt und einem kostenlosen Chauffeur (der Verkäufer bestand aus versicherungstechnischen Gründen darauf zu fahren). Ein Typ verkauft sein Auto, das Auto steht rum: Vielleicht hat der Kerl ja ein Herz und leiht es Ihnen umsonst oder für ein Taschengeld. Fallen Sie aber bitte nicht mit der Tür ins Haus – Ihre Chancen steigen, wenn Sie Ihre Bitte charmant und/oder witzig formulieren.

Fotos

Natürlich möchten Sie gute Fotos. Aber in Zeiten, in denen jeder eine Digitalkamera besitzt, ist es viel einfacher, gute Fotos zu bekommen. Früher blieb einem nichts anderes übrig, als einen Profi zu beauftragen, weil niemand wusste, wie die Fotos werden würden, bevor die Abzüge kamen, und niemand das Risiko eingehen wollte, dass alles verwackelt ist und die Köpfe abgeschnitten sind. Das ist nun anders: Bei einer Digitalkamera sieht man sofort, ob das Foto gut ist oder schlecht. Wer keinen Wert auf ein offiziell wirkendes Hochzeitsfoto legt, kann sich daher auf Freunde und Verwandte verlassen. Sie werden, bewaffnet mit ihren Digitalkameras, genug gute Fotos schießen, um den großen Tag ausreichend zu dokumentieren. Sie können die Ergebnisse in jeder Phase überprüfen und sie bitten, mehr Fotos zu schießen, wenn Sie mit den bisherigen unzufrieden sind. Es hat sich auch bewährt, jemand zu bitten, alle Gäste während des Empfangs zu fotografieren. Das kostet Sie nichts, die Fotos können umsonst per E-Mail verschickt werden, und Sie können sich die schönsten aussuchen und drucken lassen.

Der Hochzeitskuchen

Die Herstellung ist teuer, nicht die Zutaten, aber ich fürchte, seinen eigenen Hochzeitskuchen zu backen ist des Guten zu viel – es sei denn, Sie sind eine leidenschaftliche Kuchenbäckerin. Unsere britischen Cupcakes (Cupcakes sind kleine Törtchen, die in einer Tasse gebacken werden können – daher der Name –, und, wenn Sie wollen, die britische Variante der amerikanischen Muffins) dagegen sollten auch eine Anfängerin nicht überfordern. Auf mehreren Hochzeiten, zu denen ich in letzter Zeit eingeladen war, gab es wunderhübsche Cupcake-Türme, wobei jeder Cupcake seinen individuell gestalteten Guss hatte. Sah hübsch aus und schmeckte hervorragend. Und Cupcakes kann nun wirklich jeder machen (und in der Konditorei zahlen Sie sich dumm und dämlich dafür). Hier das ultimative Cupcake-Rezept aus der Magnolia Bakery in New York.*

---

* Quelle: ©Allysa Torey, *More from Magnolia: Recipes from the World Famous Bakery and Allysa Torey's Home Kitchen*, Simon & Schuster, 2004.

223

Cupcakes

Für 30 Stück:

320 g Mehl
2 TL Backpulver
250 g weiche Butter
500 g feiner Zucker
4 große Eier
285 ml Milch
1 TL Vanilleessenz
Vanillebuttercreme (Rezept unten)

1. Backofen auf 180°C/Gas Stufe 4 vorheizen.
2. Muffinförmchen mit Papierförmchen auskleiden.
3. In einer großen Schüssel die Butter mit dem elektrischen Rührgerät auf mittlerer Stufe glatt schlagen. Langsam den Zucker zugeben und weiter schlagen, bis die Masse locker ist. Das dauert etwa drei Minuten.
4. Nacheinander die Eier zugeben und jeweils gut unterrühren.
5. Die trockenen Zutaten auf dreimal zugeben, dazwischen die Milch und Vanilleessenz zugeben. Die Zutaten jedes Mal gut unterrühren, aber nicht zu sehr rühren.
6. Den Teig mit einem Spachtel vom Schüsselrand in die Mitte schieben, damit sich die Zutaten gut vermi-

schen. Den Teig vorsichtig in die Förmchen löffeln, diese zu drei Viertel füllen.

7. 20 bis 25 Minuten backen (oder bis nichts mehr an einem Spießchen haften bleibt, wenn man damit in den Teig sticht).

8. Die Cupcakes in den Blechförmchen 15 Minuten abkühlen. Aus den Förmchen heben und vor dem Glasieren ganz abkühlen lassen.

Vanillebuttercreme
225 g weiche Butter
600–800 g Puderzucker (Kein Tippfehler! Dafür braucht man einfach viel Zucker.)
125 ml Milch
2 TL Vanilleessenz

1. In einer großen Schüssel die Butter mit dem elektrischen Rührgerät auf mittlerer Stufe glatt schlagen.

2. Langsam 500 g von dem Zucker zugeben, anschließend die Milch und die Vanilleessenz. Etwas drei bis fünf Minuten schlagen (bis die Masse glatt und cremig ist).

3. Langsam den restlichen Zucker zugeben, dazwischen jeweils zwei Minuten schlagen, bis der Guss dick ge-

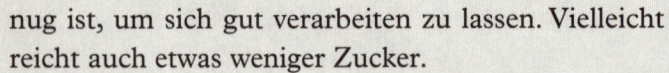

nug ist, um sich gut verarbeiten zu lassen. Vielleicht reicht auch etwas weniger Zucker.

4. Je nach Wunsch mit Lebensmittelfarbe färben (gründlich mischen). Der Guss kann bis zu drei Tage in einem luftdichten Behälter aufbewahrt werden.

Die Flitterwochen

❀ **Versuchen Sie mit allen Mitteln, jemanden dazu zu bewegen, Ihnen sein Haus zur Verfügung zu stellen.** (Auch hier gilt: Nicht unhöflich oder unverschämt fragen, bitten Sie darum als Ihr Hochzeitsgeschenk.) In den Flitterwochen geht es vor allem darum, dass Sie mit Ihrem Angetrauten flittern, sprich: eine wunderschöne Zeit alleine verbringen. Natürlich wäre es schön, wenn Sie in einem Palazzo in Venedig flittern könnten, aber eine gut ausgestattete Hütte in den Bergen erfüllt den Zweck genauso, und wenn ein netter Gast sich als großzügig erweist: umsonst.

❀ **Versuchen Sie es mit einem Haustausch.** Dazu gibt es viele Seiten im Internet, die beste ist meines

Erachtens www.homeexchange.com (siehe dazu auch die Seiten 325 bis 329). Dann brauchen Sie nur noch das Geld für die Flüge und fürs Essen aufzutreiben, das Auto ist häufig inklusive. Haustausch ist eine Möglichkeit, an interessante Orte zu reisen, an die man normalerweise nie hinkäme. Tipp: Planen Sie voraus und reden Sie offen und ehrlich mit Ihrem Tauschpartner. Stellen Sie Ihr Haus oder Ihre Gegend nicht großartiger dar, als sie ist, und geben Sie detaillierte Auskünfte. Sie wollen Ihre Flitterwochen schließlich nicht damit verbringen, die Idiosynkrasien Ihres Wäschetrockners zu erklären.

Überlegen Sie, ob Sie nicht ein Ferienhaus/eine Ferienwohnung mieten, statt in ein Hotel zu gehen oder eine spezielle Honeymoon-Reise zu buchen. Sie werden erstaunt sein, für wie wenig Geld ein wunderbares Strandhaus in Amerika oder Australien zu bekommen ist. Und auch dieser venezianische Palazzo (oder das Appartement darin) kann wider Erwarten günstig sein. Ein weiterer Riesenvorteil: Das Zimmermädchen klopft nicht jeden Morgen an die Tür und ruft: »*Ich bringe die Handtücher!*«, wenn's gerade gar nicht passt.

Letzter Flitterwochentipp: Sie haben wirklich gar kein Geld? Verbringen Sie die Flitterwochen zu Hause. Ziehen Sie Computer- und Telefonstecker raus, schalten Sie das Handy aus und versorgen Sie sich mit Leckereien, Snacks, Alkohol, Ihren Lieblingsfilmen auf DVD und Kondomen (oder auch nicht – schließlich sind Sie jetzt ja verheiratet), ziehen Sie die Vorhänge zu, zünden Sie Kerzen an und ab ins Bett fürs Wochenende. Wenn Sie noch etwas Geld übrig haben, können Sie sich den Besuch einer Masseuse leisten und Takeaway aus einem Feinschmeckerlokal. Und eine Putzfrau. Wär doch wunderbar, oder?

Weihnachten

Noch so eine Zeit des extremen Kreditkartenmissbrauchs und der exorbitanten Stresslevel – und warum? Ein Tag. Eigentlich nicht mal ein ganzer Tag – nur sechs Stunden. Zumindest in Großbritannien. In Deutschland werden ja leicht drei draus.

Also ich persönlich bin weihnachtsbesessen. Ich liebe es, und dabei könnte ich Ihnen gar nicht genau sagen, warum ich deshalb so ausflippe, außer dass meine matriarchalen Tendenzen gut entwickelt sind und ich ihnen einmal im Jahr freien Lauf lasse. Und weil ich möchte, dass sich meine Kinder an ihre Weihnachten erinnern, weshalb Weihnachten bei uns jedes Jahr gleich abläuft. An Weihnachten, und nur an Weihnachten, regiert bei uns die Tradition. Der Baum kommt am 15., dann dekorieren wir ihn abends. Die Väter der Kinder kümmern sich um Beleuchtung und Drinks, die Kinder und ich kümmern uns um die Christbaumkugeln. Und der Engel kommt ganz am Schluss dran, das ist eine richtige kleine Zeremonie. Am 16. fangen wir dann zu kochen an. Normalerweise sind wir am Weihnachtstag zwischen 18 und 22 Leute, und ich liebe das, jede Minute davon. Doch leider... leider... war Weihnachten in den letzten Jahren manchmal unglaublich teuer – nicht nur die Geschenke für rund 20 Leute, sondern auch das Geschenkpapier, die Drinks, die Snacks, die man braucht, um bis vier Uhr nachmittags durchzuhalten (in unserem Fall), das Essen und so weiter und so weiter. Ich hab noch im Juni an dem Weihnachtsfest abbezahlt. Sie wissen selbst, wie Sie Weihnachten am liebsten feiern, und ich will hier nicht predigen, trotzdem ein paar Tipps, die meine Weihnachtskosten senkten.

Sie feiern in einer großen Gruppe? Vereinbaren Sie, dass nur die Kinder Geschenke bekommen.

Eine schreckliche Vorstellung? (Ich spüre Ihren Schmerz.) Einigen Sie sich auf einen Betrag – fünf Euro, zehn Euro, zwanzig Euro – pro Geschenk pro Kopf, der nicht überschritten werden darf.

Bitten Sie alle, etwas mitzubringen (entsprechend ihrem Einkommen). Letztes Jahr schickte ich allen eine E-Mail und bat jeden, sich um einen Punkt zu kümmern: Blumen, Kerzen, Servietten (nachdem wir uns jahrelang mit der Küchenrolle begnügten), Snacks zu den Drinks, Weihnachtspudding (ohne den geht's in Großbritannien gar nicht), Weinbrandbutter und so weiter. Ein Exmann übernahm den Weißwein, ein anderer den Rotwein. Ich kümmerte mich um den Champagner. Andere malochten an der Cocktailfront (so reichte der Champagner länger), und wieder ein anderer brachte seine Karaoke-CDs mit; die Kinder waren fürs Tischdecken verantwortlich, und meine am wenigsten betuchte, dafür kreativste Freundin dekorierte das Wohnzimmer mit Kram aus dem Dachboden und so weiter und so fort. Das sparte Geld (und wie), aber es war auch eine unglaublich große Hilfe. Statt wie von einer Hummel gestochen durchs Haus zu rasen, brauchte ich mich nur ums Essen zu kümmern. Aufgabenverteilung hat nicht notwendigerweise etwas mit Ausgaben zu tun. Lassen Sie die Teenager das Abspülen übernehmen und ordnen Sie einen ab als Standby für letzte Einkäufe. Die Tanten können sich um die Disney-DVDs für die ganz Kleinen kümmern, und bitten Sie energischere Gäste, mit dem Hund Gassi zu gehen, während Sie (zum dritten Mal) den Geschirrspüler beladen.

Geschenke

 Das mit den Geschenken lässt sich machen, weil Sie nicht in so großem Kreis feiern? Dann geben Sie doch jedem aus der Familie eine Liste mit Ihren Wünschen. Nicht gerade romantisch, ich weiß, aber a) es erspart Ihnen haufenweise Kram, den Sie nicht wollen, und b) jeder bekommt so, was er sich wirklich wünscht oder braucht. Sie haben eigentlich gar keinen Wunsch außer diesem Fahrrad und finden, das wäre als Weihnachtsgeschenk überdimensioniert? Fragen Sie doch, ob Ihre Familie nicht zusammenlegen will. Und wenn's nicht reicht, können Sie sich ja etwas Billigeres wünschen oder sich mit einem halben Fahrrad zufriedengeben.

 Beginnen Sie früh mit Ihren Weihnachtseinkäufen und versuchen Sie so viel wie möglich davon online zu erledigen. Das senkt nicht nur massiv den Stress, sondern verteilt auch die Kosten über mehrere Monate. Einen nicht unmaßgeblichen Teil zum Weihnachtsalbtraum trägt nämlich der Kreditkartenabrechnungsschock im Januar bei. Wenn Sie die Kosten über die Monate davor verteilen, fängt das neue Jahr nicht mit

231

diesem schrecklichen Gefühl an, den Schulden hinterherhecheln zu müssen.

Online geht nicht, Sie müssen in die Läden? Dann gehen Sie am 23., wenn's ruhiger wird. Wer Nerven aus Stahl hat, kann auch am 24. gehen, der 21. und der 22. dagegen sind schrecklich, da ist alles voll.

Vermeiden Sie Haupteinkaufsgegenden – also das, was unserer Londoner Oxford Street entspricht – und kaufen Sie in kleineren, schrulligeren Vierteln ein. Dort finden Sie billigere, bessere und originellere Geschenke und werden nicht von den Menschenmassen erdrückt.

Machen Sie möglichst viele Geschenke selbst – lesen Sie dazu im Handarbeits- und Essenkapitel nach. Beginnen Sie damit nicht am 20. Dezember. Ich versuche das ganze Jahr über kleine Sachen zu basteln, die ich anschließend in meiner Geschenkschublade aufbewahre. Sie haben sich für essbare Geschenke entschieden? Prüfen Sie, ob diese kühl aufbewahrt werden müssen und nicht unterm Weihnachtsbaum wegschmelzen.

Bringen Sie auch die Kinder dazu, selbst Geschenke zu basteln. Es gibt niemanden, der sich

nicht über eine riesige, schleifenverzierte Schachtel mit selbst gemachten Karamellbonbons freut. Ideen für essbarere Geschenke finden Sie auf: www.chef-koch.de, einfach den Suchbegriff »Geschenke« eingeben. Teenager haben häufig ein Händchen für tolle Musikcompilations – ein hervorragendes Geschenk für alle Junggebliebenen.

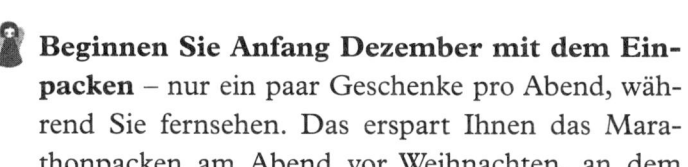

Beginnen Sie Anfang Dezember mit dem Einpacken – nur ein paar Geschenke pro Abend, während Sie fernsehen. Das erspart Ihnen das Marathonpacken am Abend vor Weihnachten, an dem unweigerlich der Tesafilm ausgeht.

Warten Sie mit dem Aufbauen nicht bis zur letzten Minute! Alles, was aufgebaut werden muss, sollte ein paar Tage zuvor fertig sein. Das erspart es Ihnen, am Tag vor Weihnachten feststellen zu müssen, dass der Hersteller die Schrauben oder die Anleitung für den Aufbau des Puppenhauses vergaß.

Recyclen Sie Geschenkpapier. Ich finde ja auch braunes Packpapier mit bunten Bändern sehr hübsch und Zeitungspapier mit einer schönen, großen Schleife aus dem Kurzwarenladen. (Da bekommen Sie für einen Bruchteil des Geldes, das Sie für Geschenkpapier zahlen würden, meterweise die schönsten Bänder.) Verwenden Sie alles, was Ihnen zwischen die

Finger kommt: Zeitungs- oder Katalogausschnitte, alte Kalender (passend zur Jahreszeit), alte Poster, alte Wandtafeln, alte Landkarten, die Horoskopseite (aber mit einem guten Horoskop). Das sieht nicht nur hübsch aus, Sie können das Geschenkpapier auch auf den Beschenkten abstimmen: ein Zeitungsbild von einem muschelübersäten Strand für Ihren Surferfreund, eine Wandtafel mit Singvögeln für den lieben alten Mr. Smoothie, der sich noch immer nicht genug ausgetobt hat, und so weiter.

 Recyclen Sie die Weihnachtskarten vom letzten Jahr, indem Sie Teile davon ausschneiden und als Geschenkkärtchen wiederverwenden. Und basteln Sie sich Ihre eigenen Weihnachtskarten (oder versenden Sie e-Karten). Ideen dazu finden Sie auf www. kidscraftweekly.com/cards_issue.html.

Essen und Trinken

Bedenken Sie stets die verwirrende Regel, die da besagt, dass man umso weniger Essen braucht, je mehr Gäste man hat. Ich weiß nicht, warum das so ist, aber es stimmt. Jedes Jahr wieder erledige ich meinen Weihnachtseinkauf mit meiner Freundin Sophia, und jedes Jahr wieder sagt sie: »Das sind viel zu viele Kartoffeln/Rosenkohl/Pastinaken/Cranberries.« Worauf ich jedes Jahr die Augen verdrehe und antworte: »Aber wir sind 20 Leute!« Und jedes Jahr wieder behält sie recht. (Letztes Jahr hatten wir zu viele Bratkartoffeln, was ich keine Sekunde für möglich gehalten hätte, hätte ich es nicht mit eigenen Augen gesehen.) Vertrauen Sie Ihrem Metzger, wenn es um die Größe des Truthahns (oder der Gans) geht, und vertrauen Sie der Größe Ihrer Servierplatte, was den Rest anbelangt. Denn wie wir alle wissen, widerspricht es den physikalischen Gesetzen, einen Riesentruthahn samt Brotsoße, Cranberrysoße, Rosenkohl, Pastinaken, Füllung und Würstchen im Schlafrock auf einer normalgroßen Servierplatte unterzubringen. (Und für eine Weihnachtsgans mit Beilagen wird dasselbe gelten.) Also beim Einkaufen (und Kochen) immer an die Servierplatte denken, und Sie sparen sich eine Menge Kohle und haben nicht so viel über.

Laut Soil Association können die Zutaten für ein durchschnittliches Weihnachtsessen auf 79 000 Flugkilometer kommen, das entspricht zwei Reisen um die Welt. Weihnachten ist schon stressig genug ohne ein schlechtes Gewissen, also machen Sie mit diesem Wissen, was Sie für richtig halten – aber behalten Sie im Hinterkopf: Wer saisonale und regionale Produkte einkauft, kommt auf null Flugmeilen.

Sparen Sie nicht am Truthahn respektive der Gans. Lassen Sie's einfach. Kaufen Sie den tollsten, golden glänzendsten Bio-Vogel, den Sie sich leisten können. Es macht einfach kein Vergnügen, an Weihnachten (oder irgendeinem anderen Tag) einen Todesvogel aus einem Geflügel-KZ zu essen.

Sie kaufen den Wein selbst? Informieren Sie sich über die Weihnachtssonderangebote, bevor Sie einkaufen. Denken Sie daran, dass die Eigenmarken der Supermärkte bei den Bewertungen und Blindverkostungen oft top abschneiden. Ehrlich gesagt, die meisten Leute können den Unterschied zwischen einem Wein für sechs Euro und einem Wein für 16 Euro ohnehin nicht schmecken, egal, ob sie sich für Weinkenner halten oder nicht. Und dann wäre da noch der Glühwein – eine Supermethode, um billigen Rotwein an den Mann zu bringen. Legen Sie sich aber einen Vorrat an Kopfwehtabletten für den unvermeidlichen Kater zu.

Kaufen Sie online fürs Weihnachtsessen ein. Mit einer sorgfältig ausgearbeiteten Liste vermeiden Sie diese gefährlichen Spontankäufe und sparen eine Menge Geld. Sie brauchen keine Familienpackung Fabrikplätzchen, wobei Sie einen saftigen Aufpreis für die süßen Engelchen auf der Packung zahlen. Backen Sie Ihre Plätzchen selbst – riecht gut und fühlt sich weihnachtlich an.

 Nicht das Essen, die Christbaumkugeln kommen Sie teuer zu stehen – wenn letztes Jahr ein paar davon zu Bruch gingen oder Ihr Baum schon wieder größer ist. Backen Sie Plätzchen und füllen Sie damit die Lücken. Mit großen Schleifen sieht das sehr hübsch aus.

Partys

Ich finde, man kann nicht genug Partys feiern – mehr noch, ich finde, man sollte die Sache selbst in die Hand nehmen. Zum einen verdirbt das Rauchverbot vielen den Spaß am Ausgehen, und zum anderen kostet inzwischen ein ganz normaler Abend *in town* so viel, dass man nach der Polizei rufen müsste.* Außerdem führt dies zu einem massiven Anstieg des Gehirnschwurbelsyndroms, insofern man mit dem sehr ärgerlichen Gefühl nach Hause kommt, dass der Abend für das bisschen Spaß viel zu teuer war. Drum lassen Sie selbst eine Party steigen. Es ist einfacher, als sich auf andere zu verlassen, und kostet

---

* Und zumindest in London kommt noch hinzu, dass man sich Donnerstag- und Freitagnacht den Weg an aggressiven Betrunkenen und Seen von Erbrochenem vorbeibahnen muss.

Sie einen Bruchteil eines normalen Abends in der Stadt. Ich rede hier nicht von riesigen Events – die natürlich auch nett sind –, sondern von allen möglichen Einladungen: Einladungen zum Brunch, zum Lunch, zum Tee, auf einen Drink, zum Kindergeburtstag, zum Karaokeabend, zum Abendessen und so weiter. Hier ein paar allgemeine Tipps:

 Sie wollen sich nur mit ein paar Freunden treffen? Bitten Sie Ihre Gäste, doch eine Kleinigkeit zu essen mitzubringen, und machen Sie einen Punsch oder eine Bowle. Ist zwar etwas Desperate Housewives, diese Vorstellung, dass die Freunde mit Nudelsalat in der Tupperwarebox anrücken, aber lassen Sie sich davon nicht abschrecken. So kommen Sie zu einem Abendessen, ohne auch nur einen Finger rühren zu müssen, und stillen Ihren Durst, ohne dafür auch nur annähernd so viel wie an der Bar auszugeben. Außerdem fühlen sich Ihre Gäste weniger als Beobachter denn als Mitwirkende, und genau das wünschen Sie sich für Ihre Party.

 Es soll schon etwas schicker werden? Wie wär's mit Cocktails? Eine Flasche Wodka und ein paar Zutaten reichen locker für acht Leute – das macht zwei Euro pro Kopf, drei Euro, wenn Sie's auf

Komasaufen anlegen. Online finden Sie Hunderte von Cocktailrezepten. Tipp: Entscheiden Sie sich für einen und bleiben Sie dabei – verschiedene Cocktails durcheinanderzutrinken ist ein todsicheres Rezept für einen Superkater am nächsten Tag.

Im Kasten »Ein leckeres indisches Currygericht« (Seite 58 ff.) finden Sie Ideen für preisgünstige Abendessen.

Einladungen zum Brunch sind lustig und reißen kein Loch in den Geldbeutel: Zeitungen, Omelettes oder Pfannkuchen, die Marys Bloody oder Virgin, eine schöne Fernsehserie auf DVD, und der Sonntag ist perfekt.

Einladungen zum Tee: Backen Sie einen Kuchen, ein paar britische Scones (es gibt schließlich Tee und keinen Kaffee, außerdem sind Scones in zehn Minuten fertig). Kochen Sie Tee (oder falls Sie Kaffee bevorzugen: Kaffee). Decken Sie den Tisch mit Ihrem schönsten Service. Wirkt sehr erwachsen und ist wunderbar, wenn man sich mit Leuten nur für eine bestimmte Zeit treffen möchte oder es sich eher um ein geschäftliches Gespräch handelt – mit einer Teeein-

ladung schlagen Sie zwei Fliegen mit einer Klappe: Die Leute gehen, wenn der Tee getrunken und der Kuchen gegessen ist, und Sie sind dann so voll, dass Sie das Abendessen einsparen können.

 Einladungen zu Karaokepartys: Karaokegeräte kann man mieten, aber ich finde, die Investition, eins zu kaufen, lohnt sich. Meines bereitet mir seit Jahren Vergnügen. Es heißt Magic Sing und ist nur ein Mikrophon, das man mit verschiedenen Songchips auflädt, das heißt, es ist winzig und braucht nicht viel Platz (siehe www.magicsingkaraoke.co.uk). Man steckt das Mikrophon am Fernseher an und kann losröhren – stundenlang, damit sich die Nachbarn freuen. Auch SingStar find ich super, vor allem SingStar 80s, das ich auf der PlaysStation 2 meiner Kinder spielen kann. Aufgepasst: »Trockene« Karaokepartys sind ein Widerspruch in sich.

 Verwöhn- oder Pamperpartys, bei denen Sie mit ein paar Freundinnen abhängen und sich gegenseitig mit Gesichtsmassagen und Vorher-Nachher-Stylings verwöhnen. Sehr angenehm und beruhigend, vor allem wenn im Hintergrund *Sex and the City* läuft und Sie mit dem Make-up der anderen herumspielen dürfen. Unterschätzen Sie Pamperpartys nicht, so dumm der Name auch ist, jede mag sie, egal ob sie zwölf oder 62 ist, und – Sie sind es sich wert.

 Übernachtungspartys: nicht nur für Kinder ein Vergnügen. Wer Gästezimmer hat oder seine Kinder dazu bringt, ein paar Nächte in einem Zimmer zu schlafen, kann auch Erwachsene einladen. Ein langer, feuchtfröhlicher Freitagabend, Brunch am Samstag, ein ordentlicher Fußmarsch, ein Kaminfeuer, wieder ein paar Drinks und ein nettes Abendessen, am Sonntag vielleicht noch ein Ausflug ins Kino oder in eine Ausstellung – das kann richtig nett sein. Früher mietete ich ein Haus auf dem Land und lud eine Unmenge Freunde fürs Wochenende ein. Als ich es dann aufgeben musste (ich konnte es mir logischerweise nicht mehr leisten), behielt ich die Wochenendtradition aufrecht, allerdings in meinem Londoner Haus. Man braucht gar kein Haus auf dem Land für Hauspartys.

Ein Tipp zur Partydekoration: Je einfacher Sie die Dekoration halten, umso weniger müssen Sie dafür ausgeben. Ich finde die Beleuchtung entscheidend – grelles Licht, das niemandem schmeichelt, ist ein Partykiller. Dimmen Sie das Licht, stellen Sie Nachtlichter in Marmeladengläser und Kerzen in Kerzenhalter, kaufen Sie Blumen (müssen nicht viele sein: einzelne Blumen in Gläsern, Krügen oder sogar Dosen sehen wunderschön aus), und das wär's.

Kinderpartys

Das ist was anderes: Spontan läuft hier nicht wirklich. Ich könnte jetzt locker zehn Seiten lang darüber ablästern, wie absolut lachhaft einige dieser Kinderpartys sind und welche irrsinnigen Summen die Leute dafür ausgeben. Ich fürchte, in der Beziehung bin ich altmodisch – eine Hüpfburg ab und zu ist grad noch drin, aber damit ist meine Grenze erreicht. Meine Kinder waren im

Verlauf von zehn Jahren zu Kinderpartys eingeladen, bei denen unter anderem Glasfläschchen mit Orchideen von der Decke hingen; eine Synagoge aufgebaut war, die sich in eine Diskothek verwandelte; Dreijährige in einer minimalistischen Prunkwohnung feierten, wobei die Kinder auf Stühlen, an denen ein silberner Ballon befestigt war, an einem riesigen Tisch thronten und Thai Fusion Food serviert bekamen; bei einer Party für Krabbelkinder in einem Zelt mit angeliefertem Essen; bei einer Party mit angemieteten Ponys und Ponywagen; bei einer Party, bei der der Kuchen – grusel – eine lebensgroße Nachbildung des Geburtstagskindes war. Einige dieser Eltern waren sehr reich, aber beileibe nicht alle – die Leute wollen sich einfach gegenseitig bei der Ausrichtung der Kinderpartys übertrumpfen und glauben daher, diese Unsummen ausgeben zu müssen. Freuen sich die Kinder über diese Partys? Meiner Erfahrung nach nicht. Kleine Kinder haben Freude daran, durch die Gegend zu rennen, sich schmutzig zu machen, mit Wasser herumzuspritzen und Kuchen zu essen. Größere Kinder haben Freude am Verkleiden, an Zauberkunststücken, Prinzessinnen und Fußball und essen gerne Kuchen. Die Sache ist also nicht allzu kompliziert und muss auch kein Vermögen kosten. Sie brauchen keinen Unterhalter, falls Sie genug Spiele parat haben und diesen schneidend-militärischen Ton an den Tag legen können, um diese durchzusetzen. (Und Sie können noch immer den Entertainer geben – allerdings möchte ich Sie noch einmal vor allzu großer Spontaneität warnen, überlegen Sie sich den Ablauf zuvor.) Darum rufe ich dazu auf, zu den althergebrachten Gummibärchen- und Eiscreme-Kindergeburtstagen zurückzukehren. Sie sind nicht teuer, die Kinder lieben sie, und dieser Teufelskreis der Extravaganz wird unterbrochen. Und machen Sie sich keinen Stress wegen der Geschenke für die Gäste. Am preiswertesten kommt es meiner Erfahrung nach, ein erschwingliches Spielzeug oder Buch pro Gast zu kaufen statt diese Unmengen Billigramsch (von denen zwar jedes einzelne Teil billig sein mag, die einen zusammengenommen aber ganz schön teuer zu stehen kommen und innerhalb von zehn Minuten kaputt gehen). Stecken Sie die Geschenke in eine (selbst dekorierte) Tüte und geben Sie ein Stück vom Kuchen dazu. Fertig. Bisher gab's noch keine Beschwerden, und ich mach das jetzt seit 15 Jahren.

Hier noch ein paar Webseiten zur Inspiration:

http://party.kaboose.com/index.html
Eine tolle amerikanische Seite mit vielen Spiel- und Kuchenideen (inklusive Rezepten) für Kinder jeden Alters.

www.kids-party.com
100 Ideen für Partyspiele.

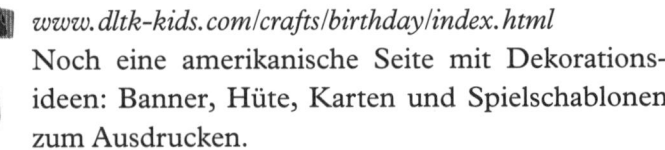

www.dltk-kids.com/crafts/birthday/index.html
Noch eine amerikanische Seite mit Dekorations-
ideen: Banner, Hüte, Karten und Spielschablonen
zum Ausdrucken.

www.boardmanweb.com/party/party_themes.htm
Sie brauchen nur ein Thema zu wählen, schon haben
Sie einen Riesenfundus an Ideen für Einladung, De-
koration, Essen und Spiele.

www.facepaintingdesigns.co.uk/designs/designs.html
Schritt-für-Schritt-Anweisungen für Gesichtsmale-
rei.

www.oetker.de/oetker/html/default/twaa-6r6clb.de.html?
Query=Kinder-Rezepte
Jede Menge Leckereien für Kinder, Geburtstags-
kuchen inklusive.

www.partygameideas.com/familypartygames.htm
Eine Seite mit Familienspielen, also für Erwachsene
und Kinder.

www.ballon24.de/tipps-ideen/kindergeburtstag.

Spaß zu Hause

Brettspiele

Und nun zu den kleinen Dingen, die Spaß machen und praktisch keine Organisation verlangen – zum Beispiel Brettspiele, die in den letzten Jahren eine wahre Renaissance erlebten, nicht zuletzt dank der Beliebtheit von Online-Wortspielen wie Scrabulous (ähnlich Scrabble) bei Facebook. Facebook selbst – www.facebook.com – wie auch MySpace und andere solche Seiten sind ein Gratis-Eldorado für Spiele und Spaß. Zunächst verstand ich gar nicht, was das sollte, als ein Freund mich überredete, Mitglied zu werden, aber jetzt, nach einem Jahr, denke ich, es geht vor allem darum: mit vielen Leuten »in Kontakt« zu sein, die ich gerne genug mag, um mich für sie zu interessieren, aber nicht ständig in echt treffen will (oder kann). Für mich ist Facebook darüber hinaus dank seiner Wortspiele ein wertvoller Beitrag zu meinem laufenden Alzheimerpräventionsprogramm. Ich spiele sie täglich und finde, sie halten mich mental beweglich. Außerdem machen sie einfach Spaß.

Also Brettspiele. Die meisten Leute lieben sie, und die, die sie nicht lieben, hassen es zu verlieren, und spielen deshalb lieber erst gar nicht. Falls Sie sich schon länger nicht mehr an Kniffel delektiert haben, schlage ich Ihnen ein paar Runden mit Ihrer Familie vor, damit Sie wieder in

247

Übung kommen, bevor Sie Spieleabende mit Ihren Freunden organisieren. Beachten Sie: Es ist schwierig, zu spielen und gleichzeitig zu essen, also essen Sie lieber, bevor Sie spielen, oder servieren Sie etwas, das man hinunterschlingen kann, bevor man darangeht, sich voll aufs Spiel zu konzentrieren. Beachten Sie außerdem, dass zu viele Teilnehmer hinderlich sind, außer Sie spielen an zwei Tischen.

Wichtige Brettspiele, die in keinem Haus fehlen sollten (in zufälliger Reihenfolge):

Scrabble
Sie wissen schon, man bildet Worte und bekommt Punkte und trainiert die grauen Zellen.

Boggle (siehe auch Big Boggle oder Super Boggle)
Noch mehr Plättchen, die gleiche Idee: Sie bilden Wörter, aber gegen die Uhr und in jede Richtung. Ich liebe dieses Spiel – es ist schnell, gut für die Großhirnrinde und bei Kindern beliebt, weil es was mit Schnelligkeit zu tun hat. Sehr gut für den Wortschatz. Auch hier sollten Sie, wie bei Scrabble, ein Wörterbuch griffbereit haben, um einen größeren Streit zu vermeiden.

Cranium
Fantastisches Familienspiel mit verschiedenen Aktivitäten, von Pantomime bis zu Plastilinformen. Wild und witzig.

Perudo

Stephen Fry nannte dieses einfach zu lernende Spiel »das zweitsüchtigmachendste Ding aus Südamerika«, und da hat er nicht unrecht. Kein Brett-, sondern ein Würfelspiel, daher problemlos zum Mitnehmen. Man muss bluffen, und das ist immer ein Plus.

Backgammon

Damit hab ich mein Studium mitfinanziert. Schwer zu beschreiben – am besten lassen Sie es sich von jemandem erklären. Und auch hier gilt: schwer süchtigmachend.

Mahjong

Ich versuche gerade, es zu lernen, deshalb steht es auf der Liste – aber es gehört nicht zu den Spielen, die man sofort kann, schließlich muss man die Bedeutung von Dutzenden von chinesischen Schriftzeichen lernen, die auf den Plättchen stehen.

Kartenspiele

Die bekanntesten Kartenspiele bei uns auf der Insel: Bridge, Canasta, Poker und Kalooki. Letzteres ist bei

Ihnen unter dem Namen Rommé bekannt. Keines dieser Spiele ist so kompliziert, wie es vielleicht den Anschein hat, aber Sie brauchen einen geduldigen Lehrer. Ich schlage hier nicht vor, Kartenspiele online zu lernen, obwohl das bestimmt möglich ist, weil mich die Erfahrung, dass man sich dabei wahrlich nichts spart, (im wortwörtlichen Sinne) sehr teuer zu stehen kam. Suchen Sie sich stattdessen einen leibhaftigen Menschen, der es Ihnen beibringt. Einfachere, besonders für Kinder geeignete Spiele: Bullshit, Maumau, Rommé. Besorgen Sie sich ein Buch mit Kartenspielen (am besten in der Bücherei), und Sie kennen bald Hunderte davon. Kartenspielen macht wahnsinnig Spaß – mir tun die Leute aufrichtig leid, die nie Karten spielen.

Singen

Entweder Karaoke (siehe Seite 241)
oder um ein Klavier oder eine Gitarre
oder ganz ohne Hilfestellung, einfach
so. Klingt ein bisschen nach Pfadfin-
derromantik, andererseits müssen Sie
ja niemanden zu seinem Glück zwin-
gen – und irgendwie macht Singen
glücklich, selbst wenn man einen in
der Krone hat. Drum: Singe, wem Ge-
sang gegeben. (Und wenn Sie gerne
singen, dann werden Sie Mitglied in
einem Chor. Das tut Ihnen gut, ich
schwöre es Ihnen. Meiner Psyche ging
es, wie meiner Lunge, sehr viel besser,
als ich regelmäßig sang.)

Schauspielern

Meine Güte, jetzt hör ich mich tatsächlich an, als hätte
ich nicht mehr alle Tassen im Schrank. Damit meine ich
nicht, dass Sie wie die Schmierenkomödianten ein Stück
nach dem anderen auf die Bühne bringen sollen, obwohl
wir einmal für einen Sommer ein Haus in Irland miete-
ten und (wir hatten eine neue Videokamera) den größten
Spaß damit hatten, einen altmodischen Landhauskrimi

zu schreiben und zu drehen – mit uns in den Haupt- und Nebenrollen. Aber falls Ihre Kinder gerade in den oberen Klassen sind, profitieren sie enorm, wenn sie es sich ein paar Abende auf der Couchgarnitur gemütlich machen und ein Stück (in unserem Fall Shakespeare, in Ihrem vielleicht Schiller) laut lesen. Klingt ziemlich strebermäßig, zugegeben, macht aber wirklich Spaß.

Filmabende

Ich liebe das Kino, allerdings ist es irre teuer geworden, wenn man die Ausgaben für die Kinokarten, fürs Parken, für Popcorn oder Ähnliches und auf dem Heimweg noch eine Kleinigkeit zu essen zusammenzählt. Da bleibt nur noch der Fernseher. Ich weiß ja nicht, wie das bei Ihnen ist, aber ich neige sehr dazu, in den Fernsehsessel zu sinken und mir jeden Schwachsinn anzuschauen, der läuft. Das mag entspannend sein – in gewisser Weise: ich finde es eher betäubend als entspannend –, aber es bringt einen weder kopfmäßig weiter noch wird man davon innerlich schöner (im Gegenteil, bei einigen Sachen, die ich da sehe, möchte ich nur noch unter die Dusche). Das und die Tatsache, dass meine großen Kinder keinen Ahnung von den Filmklassikern hatten, die ich als Kind liebte, führte zu unseren wöchentlichen Filmabenden (mit Popcorn, das nur ein paar Cent kostet und in Minuten fertig ist). Es ist wirklich eine nette Weise, Zeit miteinander zu verbringen, und sowieso toll – man liegt im Dunkeln, auf seinem eigenen bequemen Sofa, kuschelt sich gemütlich unter die Decke und schaut sich *Alles über Eva, Mein Freund Harvey* oder *Das Geheimnis eines Sommers* an und geht zufrieden ins Bett, weil man seinen Kindern schmerzfrei etwas Kultur nahegebracht hat. Kaufen Sie sich nie die DVD – DVDs sind teuer und stehen später nur rum und nehmen Platz weg. Online-Filmverleihe (wie www.lovefilm.de) dagegen sind sehr billig und scheren sich keinen Deut, wie spät Sie den Film zurückgeben.

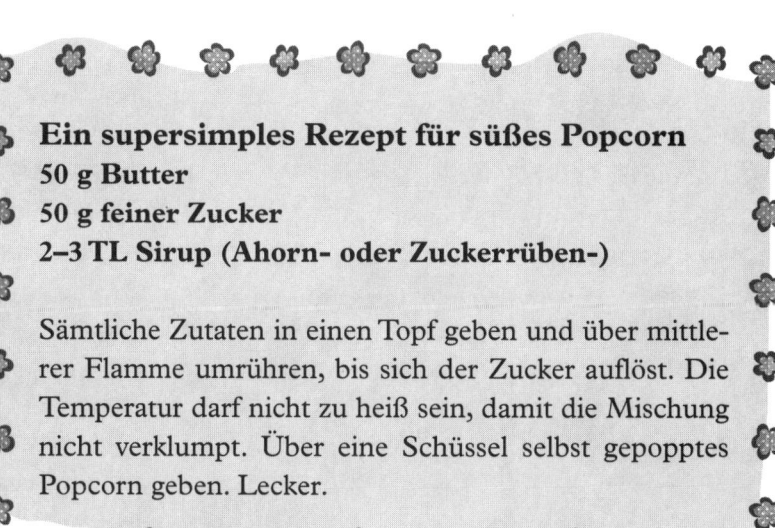

Ein supersimples Rezept für süßes Popcorn
50 g Butter
50 g feiner Zucker
2–3 TL Sirup (Ahorn- oder Zuckerrüben-)

Sämtliche Zutaten in einen Topf geben und über mittlerer Flamme umrühren, bis sich der Zucker auflöst. Die Temperatur darf nicht zu heiß sein, damit die Mischung nicht verklumpt. Über eine Schüssel selbst gepopptes Popcorn geben. Lecker.

Lesen

Ganz klar, das gehört hier dazu. Andererseits – gibt es noch Leute, die abends lesen? Sicher, der eine oder andere macht das – aber wie charmant ist es erst, wenn eine ganze Gruppe liest, jeder in seinem Sessel und mit seinem Buch, alle in einem Raum und dabei doch jeder in seiner eigenen Welt.

Online-Magazine & -Zeitungen

Sie können praktisch alle überregionalen Tageszeitungen gratis online lesen. Auch die meisten wöchentlichen Nachrichtenblätter sind online abrufbar, allerdings kann vielleicht nicht auf den ganzen Inhalt zugegriffen werden. Für Großbritannien kann ich den *Economist* (.com) und den *Spectator* (.co.uk) empfehlen, beide Webseiten sind exzellent. In Deutschland sind zum Beispiel die Online-Ausgaben von *Der Spiegel,* www.spiegel.de, und *Die Zeit,* www.zeit.de, einen Klick wert.

www.lrb.co.uk: die Online-Ausgabe der hochgeschätzten *London Review of Books.* Abonnenten bekommen alles zu lesen, normale Anklicker müssen sich mit einem Teil des vierzehntägigen Lesefutters zufriedengeben – allerdings einem sehr ordentlichen Teil.

www.harpers.org, **www.mcsweeneys.net** und **www. newyorker.com** sind die Online-Auftritte von *Harper's*, *McSweeney's* und dem *New Yorker*, also wunderbaren Literaturmagazinen (klingt in meinen Ohren unglaublich abtörnend – also sagen wir einfach: tolle Seiten voller großartiger Überraschungen).

www.salon.com und **www.slate.com** gibt es ausschließlich online. Und beide sind absolut lesenswert.

Das **Arts & Letters Daily (www.aldaily.com)** ist ein Feinkostladen gefüllt mit den besten oder witzigsten oder interessantesten oder provokantesten Artikeln im Internet – daher ideal als wichtigster Ankerplatz, nachdem Sie Ihre Pflichtseiten abgeklappert haben.

Essen

Und natürlich Essen. Ich esse nicht jeden Abend zusammen mit meinen Kindern, und wenn wir zusammen essen, dann ist das häufig etwas hektisch. Eine Unmenge von Untersuchungen weist darauf hin, dass der Niedergang der im Familienkreis gemeinsam eingenommenen Mahlzeiten indirekt für all die Schrecknisse der heutigen Jugend verantwortlich ist – von schrecklichen Tischmanieren über nicht vorhandene Konversationskultur bis hin zu Gefühlen der Isolation und Wut bei älteren Kindern. Versuchen Sie dem entgegenzuwirken, indem Sie regelmäßig eine leckere Mahlzeit auf den Tisch stellen und mit der ganzen Familie in Ruhe essen. Legen Sie dabei Wert auf eine interessante und erwachsene Konversation. Dabei stoßen Sie zunächst vielleicht auf etwas Widerstand, aber halten Sie durch – es lohnt sich! Mir ist schleierhaft, wie Kinder sich eine intelligente Meinung zu wichtigen Themen wie Drogen, Gewaltverbrechen, Immigration, Gleichberechtigung oder Politik bilden sollen, wenn sie außerhalb des Unterrichts nie darüber sprechen können. Ab und an ein Gespräch mit Gleichaltrigen darüber genügt nicht, man braucht auch den Input Erwachsener, an dem man sich reiben kann. Außerdem ist es angenehm, wenn Kinder in Gegenwart Erwachsener nicht vor Angst verstummen oder sich, was das Zeitgeschehen betrifft, als unglaublich unbedarft outen.

Die Welt draußen

Um eines klarzustellen: Schaufensterbummeln ist weder ein Freizeitvergnügen noch ein Zeitvertreib (woher kommen eigentlich diese schrecklichen Ausdrücke?) – nicht dass dies das halbe Land davon abhalten würde, jeden Samstag durch die Fußgängerzonen zu watscheln und sich Handtaschen anzuschauen. Dabei gäbe es da draußen so viel Interessanteres zu tun, und das meiste davon für wenig oder gar kein Geld.

Spazierengehen und Radfahren

Gehen Sie spazieren. Ich weiß – gähn –, klingt langweilig. Ist es aber nicht wirklich. Spazieren gehen ist fantastisch (und Rad fahren genauso). Es ist gut für Sie und für

Ihre Figur, Ihre Lungen und Ihre Haut. Es tut der Seele gut – nach einer Weile verschwinden diese kleinen Gereiztheiten. Spazieren gehen (oder Rad fahren) an einem schönen Tag, in einem schönen Park, ist ein wahrer Stimmungsheber. Auch Spazieren gehen im Regen hat seine ganz eigenen Reize. Obwohl von Natur aus Zweifüßler, bewegen wir uns nur selten in der uns naturgemäßen Art fort – eine Schande, wie ich finde, vor allem da wir ja auch beruflich meist nur unser Sitzfleisch strapazieren. Würden wir alle öfters mal stramm marschieren, wären wir nicht fett, und fettleibige Kinder gehörten nicht zum Straßenbild. Beim Spazierengehen wird man auf wunderbare Weise daran erinnert, wie schön die Welt ist, und bekommt viele interessante Dinge zu sehen. Das klingt schlapp, seh ich genauso – aber es stimmt nun mal.

Sie müssen nicht notwendigerweise ohne Ziel in der Gegend herumlaufen. Wer Kinder hat, kann einen Naturpfad erkunden. Wer arbeitet, kann zu seiner Arbeitsstelle laufen – oder zumindest einen Teil des Weges zu Fuß zurücklegen. Wer Natur langweilig findet (ich fand Natur todlangweilig, das änderte sich erst, als ich 35 war), kann durch die Stadt laufen – wobei natürlich ein Spaziergang durch die Stadt sehr gewinnt, wenn man sich die Häuser anschaut. Aber durch dieses Nach-oben-Schauen rempelt man ständig Menschen an. Gehen Sie, wenn Sie an einem fremden Ort sind, zu Fuß. Vergessen Sie Stadtführer: Laufen ist die beste Methode, um eine Stadt zu entdecken und interessante Plätze zu finden – sei es ein nettes Pub, einen historischen Ort, einen Garten voller Stockrosen oder Entchen, wie Sie sie lieben.

Vorträge und Diskussionen

In den meisten großen Städten gibt es jeden Abend diverse Diskussionen und Vorträge zu jedem erdenklichen Thema, teils absolut interessant, teils lächerlich. Machen Sie sich auf, es gibt für jeden Geschmack etwas – Barockarchitektur, Geister, Marmelade, Dingos, Bratschen, Guyana, Paarhufer, Henry James – und die Vortragenden sind immer Fachleute. Und da im Großen und Ganzen zu solchen Vorträgen keine Langweiler eingeladen werden, heißt das, Sie werden einen interessanten und kurzweiligen Abend verleben und keineswegs das Gefühl haben, Ihre Zeit zu verschwenden. Tun Sie was für den Kopf! Weiterer Vorteil: Sie laufen nicht ziellos durch die Gegend oder ins Kino oder vertreiben sich die Zeit mit anderen altbekannten Dingen. So ein Vortrag oder eine Diskussion eröffnet Ihnen ganz neue Sichtweisen – manchmal ist das fast wie ein Kurzurlaub.

Museen

Museen sind nicht nur was für Touristen. Eigentlich sind sie überhaupt nicht für Touristen – sondern für Sie,

Leute, die hier leben. Ich muss Ihnen nicht erzählen, wie wunderbar Museen sind – eine wahre Labsal für Seele und Verstand –, aber dennoch schadet es vielleicht nicht, Sie sanft an diese Oasen in unsere Mitte zu erinnern. Machen Sie Gebrauch davon. Viele Menschen nehmen sie zu wenig in Anspruch, weil sie denken, ein Museum sei etwas, in dem man Stunden damit verbringt, lautlos herumzuschleichen und sich intelligente Gedanken abzunötigen. Weit gefehlt – es sei denn, Sie möchten genau das. Ich für meinen Teil finde, man sollte Museen besuchen, wenn man Lust auf einen Kulturflash hat, so, wie man ein Café besucht: Einmal durchgehen, sich ein, zwei tolle Sachen genau anschauen und dann wie gehabt weitermachen. Die wenigsten von uns haben die Zeit und die Muße, um jede Woche Stunden in den Museen unserer Stadt zu verbringen, schade, aber wir alle können ab und zu einen Blick reinwerfen. Ich schaue immer wieder mal kurz bei meinen »Lieblingskunstwerken« in den Londoner Museen vorbei und kann Ihnen das nur empfehlen – wo immer Sie leben (das gilt für Besuche in kleinen, merkwürdigen Museen wie für solche in großen).

Bibliotheken

Als ich 13 war, verbrachte ich unangemessen viel Zeit in der Bücherei (die in Keats' altem Londoner Haus untergebracht war), und seither liebe ich Büchereien – nicht

nur den Inhalt oder den Geruch, sondern die unglaublich spannende Vorstellung, dass man über alles in der Welt lesen und sich im Kopf an unendlich viele Orte begeben könnte. Falls Sie sich für etwas interessieren oder etwas recherchieren wollen, tun Sie das unbedingt online. Aber suchen Sie anschließend eine Bücherei auf und lesen Sie ein paar Stunden darüber nach. Es tut so gut – man geht nichts ahnend, ja geradezu jungfräulich hinein und kommt informiert heraus. Ich weiß nicht, wie ich Ihnen meine Leidenschaft für Büchereien vermitteln kann, ohne wie eine Streberin rüberzukommen. Natürlich gehört Strebertum irgendwie dazu, aber da steckt noch viel mehr dahinter (siehe dazu die Seiten 198 bis 200, »Bücher und Büchereien«). Sie waren seit der Schulzeit in keiner Bücherei mehr? Wagen Sie einen Versuch!

Theater und Konzerte

Theaterbesuche und billig sind ein Widerspruch in sich, aber es gibt durchaus billige Theaterkarten. Online finden Sie Londoner Tickets auf www.theatremonkey.com; falls Sie lieber hierzulande ins Theater oder Konzert gehen möchten, probieren Sie's mit www.lastminute.com oder www.hekticket.de. Einige Theater behalten billigere Tickets an der Theaterkasse zurück – rufen Sie an und stellen Sie sich morgens an. Dann gibt es billige Karten, die billig sind, weil man an einer Säule vorbei auf die Bühne schielen muss – weniger ideal, aber immer noch besser, als zu Hause mit einer Stange Pringles zu versauern. Erkundigen Sie sich, ob es eine Studenten- oder sonstige Ermäßigung gibt, die Ihnen sparen hilft. Fragen schadet nicht, vor allem bei kleinen und regionalen Theatern. Und nicht vergessen: Vorstellungen in Hinterzimmern von Kneipen oder auf experimentellen Bühnen kosten häufig nur einen Bruchteil des Besuchs einer großen Produktion. Wählen Sie klug, vielleicht entdecken Sie eine Produktion, bevor es diese auf die großen Bühnen schafft.

Noch ein Tipp: Am billigsten bekommen Sie Karten für Konzerte, Sportwettbewerbe etc., wenn Sie den Zwischenhandel umgehen, also direkt kaufen. Bei Konzerten lohnt es sich, beim örtlichen Fanclub nachzufragen – wenn Sie beitreten, bekommen Sie die Tickets vielleicht billiger.

Das Kino

Sie wissen, wann es in Ihrem Kino am billigsten ist. In manchen Kinos, wie dem Prince Charles in London, sind die Tickets immer etwas billiger, weil sie die Filme erst etwas später als die anderen Kinos zeigen. Man kann Filme auch umsonst sehen, erkundigen Sie sich und nutzen Sie die Sonderangebote. Beim British Film Institute zum Beispiel können Sie als Mitglied einen Film pro Monat umsonst herunterladen.

Raus aus der Stadt

Manchmal tut Tapetenwechsel einfach gut. Hier ein paar Seiten zur Anregung:

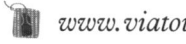 *www.viatoura.de*
Vielfältige Tipps zu (Kurz-)Reisen in Deutschland, ob Sie nun nach historischen Städten, Freizeitparks oder Schlössern suchen – es ist für jeden etwas dabei.

 www.cosmotourist.de/reisen/d/i/86/t/deutschland/
Reisebegeisterte Menschen schreiben über Regionen, Städte, Sehenswürdigkeiten, aber auch Hotels, Campingplätze und vieles mehr – und geben Tipps.

www.quermania.de

Neben Sehenswürdigkeiten und Ausflugszielen gibt's sogar noch Veranstaltungstipps nach Regionen geordnet.

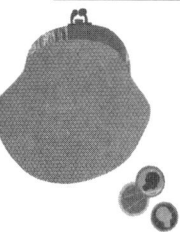

Woran man nicht sparen sollte

Mitgliedschaften. Zum Beispiel kostet ein Zoobesuch in London pro Nase 15,40 Pfund (das entspricht etwa 18 Euro) – was so was von irre und jenseits ist, dass man es verbieten müsste. Ein Jahresausweis für einen Erwachsenen kostet im Moment jedoch 50 Pfund (also etwa 57 Euro), und damit kann man jederzeit in den Zoo, zehnmal am Tag, wenn einem der Sinn danach steht. Wir gingen früher ein-, zweimal pro Jahr in den Zoo, und das war immer etwas ganz Besonderes. Jetzt, da wir Ausweise haben, sind wir praktisch einmal pro Woche dort (wir wohnen direkt daneben) – ein kurzer Besuch bei den Tapiren und Okapis, um Hallo zu sagen, und wieder nach Hause. Das gilt für alles und jedes. Wenn Ihnen etwas gefällt und Sie nicht genug davon bekommen können, dann seien Sie schlau – werden Sie Mitglied.

Beauty

D ie Sache ist die, hinter einer schönen Haut stecken vor allem gute Gene – die sind wesentlich wichtiger, als die Kosmetikindustrie zugibt. Vielleicht gehören Sie zu den Glücklichen, die mit ihrer Haut ungestraft Schind-luder treiben können – niemals Sonnencreme auftragen, wie ein Schlot paffen, sich jeden Abend einen ansaufen, nicht abschminken und von Schokolade leben. Ihre Mutter und Ihre Großmutter haben eine tolle Haut? Dann stehen die Chancen gut, dass Sie auch eine tolle Haut haben, egal was Sie tun oder nicht tun. Das ist die erste (zugegeben unfaire) Wahrheit, an der man nicht vorbeikommt.

Außerdem gilt es zu akzeptieren, dass die meisten von uns nicht zu den genetisch mit einer tollen Haut Gesegneten zählen und dafür ein bisschen mehr tun müssen. Wenn Sie zu den weniger Glücklichen gehören und all die oben aufgezählten Sünden begehen, bezahlen Sie dafür mit Falten oder Pickeln oder – igitt – beidem (das ist dann dieser besonders unattraktive Oma-Teenie-Look).

Was ich sagen möchte, ist, dass die immer wieder gehörte Behauptung, alle Kosmetikprodukte seien ein Schwindel, absurd ist, dass es aber ge-

267

nauso absurd ist, Wunder von ihnen zu erwarten. Leute, die eine fantastische Haut haben, haben sie so oder so – sie könnten sich das Gesicht jeden Abend mit Schweinefett einreiben, es würde ihnen nicht schaden – oder sie haben »etwas machen lassen«.

Womit wir bei der dritten Kröte wären, die es zu schlucken gilt: Wenn Sie ein Wunder wollen, reden wir von einem medizinischen Eingriff. Keine Creme der Welt, die Sie über den Tresen kaufen, lässt bei Erwachsenen die Akne verschwinden, mit verschreibungspflichtigen Medikamenten erreichen Sie das sehr wohl. Keine Faltencreme der Welt schenkt Ihnen glatte Babyhaut – das gibt's nur mit Botox. Riesige Poren wird kein noch so teures Wunderwässerchen ausreichend schrumpfen lassen – da hilft nur ein chemisches Peeling. Sollten Sie von ernsten Hautproblemen geplagt sein, rate ich daher (bei aller gebotenen Vorsicht) zu einem dieser Eingriffe.

Des Weiteren rate ich unbedingt davon ab, bei medizinischen Eingriffen die Billigtour zu wählen. Bitte, bitte tun Sie das nicht. Sie ruinieren Ihr Gesicht und sehen wie ein Freak aus. Suchen Sie sich einen seriösen Hautarzt oder lassen Sie es ganz. Ich wiederhole es noch einmal, weil ich Leute kenne, die sich von ihrer Maniküredame oder irgendeiner Kosmetikerin Toxine unter die Haut spritzen lassen. Um Himmels willen, machen Sie das bloß nicht. Das ist eine ernste Sache, und wenn es funktionieren soll, muss es von einem ernsthaften – sprich: seriösen – und gut ausgebildeten Arzt gemacht werden. Seriöse Ärzte kosten und haben eine Warteliste. Passt nicht gerade zu unserem Thema Sparsamkeit, also belassen wir es dabei. Ich wollte es nur gesagt haben, weil mir dieser Trend zu »Hallo, du da, mit deinem hochstaplerischen weißen Kittel und deinem orangefarbenem Teint. Ja, stich mir diese Nadel ins Gesicht« wirklich Sorgen macht. (Das Gesagte bezieht sich auf weniger kostenintensive kosmetische Eingriffe. Wenn Sie sich neue Brüste machen lassen, sollten Sie sich nur mit einem Künstler zufriedengeben und nicht mit Coco dem Clown. Also im Ernst – was denken sich diese Leute eigentlich, die es absolut in Ordnung finden, solche Eingriffe in der Schnäppchenabteilung erledigen zu lassen?)

Wie gesagt, die meisten von uns brauchen etwas Wartung, um flott zu bleiben. Die Million-Dollar-Frage dabei ist, enthält die 100-Euro-Hautcreme etwas, das die 10-Euro-Hautcreme nicht enthält? Aber klar doch. Macht es einen sichtbaren Unterschied, wenn man spart und sich Letztere kauft? Nicht unbedingt. Verwirrend, oder? Ich habe Pustel und Pickel von ultra-teuren Cremes bekommen, die ich als Proben (in meiner Tätigkeit als Journalistin) erhielt, und war hochzufrieden mit einer billigen Creme, die ich mir auf einem Hippiemarkt kaufte, weil sie so angenehm roch. Die folgenden Beobachtungen sind absolut persönlich, aber bei mir funktioniert's – und warum sollte es das bei Ihnen nicht?

Hautpflege

Wenn Sie gerne eine schönere Haut hätten – glatter, gleichmäßiger, praller, straffer –, dann trinken Sie Wasser, und zwar viel Wasser. Das ist das Beste, was Sie für Ihre Haut tun können: sie von innen mit Feuchtigkeit zu versorgen und gleichzeitig den ganzen Mist aus dem Körper zu spülen. Klingt wie eine alte Zeitungsente, ich weiß, und das haben Sie schon eine Million Mal gehört, und es ist schwer vorstellbar, dass so eine Kleinigkeit, die nichts kostet, einen solch großen Unterschied macht – aber es ist so. Übrigens, wenn Ihnen Ihr Körper signalisiert, dass Sie Durst haben, sind Sie bereits leicht dehydriert, also warten Sie nicht, bis Sie ganz ausgedörrt sind. Es ist wirklich ganz einfach: Wenn ich viel Wasser trinke, sieht meine Haut wesentlich jünger aus, als sie ist (an einem guten Tag). Wenn nicht, habe ich eine sich dünn anfühlende, faltige Papierhaut mit schrecklichen trockenen Stellen.

Wenn Sie gerne eine schönere Haut hätten, dann essen Sie fett. Dies entdeckte ich, als ich mithilfe einer protein- und fettlastigen Diät abnahm. Das »gute« Fett in Form von Butter und Olivenöl, das ich dabei aß, schien die Haut von innen zu ölen – es gibt sicher eine wissenschaftlichere Erklärung dafür, aber so stelle ich mir das vor. Kein Fett:

schlaffe, eingefallene Haut. Olivenöl auf den Fisch: pralle, strahlende Haut. Q.e.d. Noch was fiel mir bei meiner Diät auf: Durch proteinreiche Ernährung werden die Haare und die Nägel kräftiger und glänzender.

Die Sonne an sich ist nett, aber die Haut, die man von zu viel Sonne bekommt, lässt einen wie ein altes Krokodil oder eines dieser prähistorischen Untiere aussehen. Den einen Tag sieht man wunderbar aus, und am nächsten hat man ein Gesicht wie ein geschrumpelter Apfel. Verwenden Sie Sonnencreme. Ich meine es ernst.

Die Haut hat Poren – logisch –, und das heißt, alles, was draufkommt, wird bis zu einem gewissen Grad absorbiert. Im Durchschnitt trägt eine Frau pro Tag 126 Bestandteile und Chemikalien auf die Haut auf, allein durch Alltagsprodukte wie Seife, Reinigungsmilch, Gesichtswasser, Gesichtscreme, Foundation, Mascara, Lippenstift, Lidschatten, Puder, Duschgel, Deodorant, Bodylotion, Shampoo und Conditioner.

Teure Gesichtscremes enthalten einige dieser Inhaltsstoffe: Petrochemikalien, Parabene, Natriumlaurylsulfate und künstliche Farbstoffe. Einige davon sind bekannte Allergene und andere krebserregend. Ja, ja, sagen Sie – alles ist irgendwie schädlich. Ich weiß, was Sie damit meinen: Das Leben ist zu kurz. Wenn Sie aber etwas darüber nachdenken, stellt sich die Sache so dar: Auf der einen Seite gibt es die ultraschicken Gesichtscremes mit den großen Namen, bei denen 50 ml 30 Euro aufwärts kosten. Sie sind voll von diesem schädlichen Zeug und scheinen nicht viel besser zu wirken als die billigeren Cremes. Auf der anderen Seite gibt es Firmen, die natürliche, biologische Produkte ohne chemische Zusätze herstellen. Die sind für 15 Euro pro 50 ml zu haben, das heißt für die Hälfte dessen, was die großen Marken verlangen. Sie verwenden hochqualitative Zutaten, (fast) ausschließlich biologische (oder so gut wie) Inhaltsstoffe und lassen die bösen Chemikalien weg. Viele dieser Biomarken schneiden regelmäßig hervorragend in Untersuchungen ab, in denen echte Frauen die Cremes testen. (Und nicht die Kosmetikexpertinnen der Frauenzeitungen, die ständig Lobeshymnen auf die jeweils neueste und teuerste Gesichtscreme singen. Warum? Weil sie ihre größten Anzeigenkunden nicht vergraulen wollen, indem sie sagen, X bringt nichts, oder Y schadet eher. Denn ohne die Anzeigen der großen Kosmetikfirmen könnten sie ihren Laden zusperren. Ich wünschte, die Frauen kapierten das endlich. Man kann nicht alle Beauty-Journalisten über einen Kamm scheren, aber Journalismus wird nun mal über die Werbung finanziert und hat daher gewisse Rücksichten zu nehmen.* Deshalb ist das Internet mit den Blogs und den Bewertungsseiten der Kunden – Adressen kommen später – so genial: Hier muss nichts geschönt werden, und man erfährt die ungeschminkte Wahrheit.)

---

* Lustigerweise – oder auch wieder nicht – wurde eine der besten fast-biologischen Marken, This Works, von meiner ehemaligen Kollegin Kathy Phillips gegründet, die einmal für die Beauty-Seiten der *Vogue* verantwortlich war.

Ich hab keine Ahnung, welche Inhaltsstoffe gruselig sind und welche nicht

Sarah Stacey und Josephine Fairley beschäftigen sich detailliert in ihrem Buch *Green Beauty Bible* mit diesem Thema und haben dankenswerterweise auf ihrer Webseite sämtliche gängigen Inhaltsstoffe von Kosmetika aufgelistet. Diese Liste finden Sie auf: www.beautybible.com/green_pages/ingredients-index.htm. Eine interessante deutsche Website zum Thema: www.suite101.de/reference/kosmetikinhaltsstoffe_von_a_z.

Also was jetzt: Die teure Marke mit möglicherweise jeder Menge gefährlicher Inhaltsstoffe, die nicht unbedingt helfen, oder die billigere Marke mit den unverfälschteren Inhaltsstoffen, die wirken? Welche ist Ihnen lieber? Nicht so schwierig, oder?

Ich bin mir sicher, die Premiummarken da draußen haben wunderbare Kosmetikprodukte auf dem Markt. Und es ist unbestritten, dass die großen Marken super sind, was die Forschung angeht, für die sie das Geld haben. (Obwohl natürlich die Ergebnisse dieser Forschung die

Runde machen und letztlich auch zu den kleineren Firmen gelangen.) Nicht so sicher bin ich mir, ob die großen Schickimickis besser darin sind, uns gut aussehen zu lassen, als die billigen und die mittelgroßen Firmen. (Machen Sie den Test: Bitten Sie um Gratisproben.) Und da es in diesem Buch um Sparsamkeit geht und die globale Kosmetikindustrie mehr als 100 Milliarden Umsatz weltweit macht, lassen wir die Topmarken dort, wo sie hingehören, in den Badezimmern leichtgläubiger Menschen, die mehr Geld als Verstand besitzen. Oder, wenn Sie es netter ausdrücken wollen, die einfach ewige Optimisten bleiben.

Olivenöl

Nächste Frage: Was nehmen, ohne die Bank zu sprengen? Fangen wir mit den grundlegenderen Sachen an und arbeiten wir uns zu den gehobeneren Dingen vor. Ich sage nur eins: Olivenöl. Ja, wirklich. Es versorgt Gesicht und Körper mit Feuchtigkeit und enthält jede Menge Polyphenole (Antioxidantien, die den Alterungsprozess verlangsamen). Kleiner Nachteil: Sie riechen wie Salat. Das lässt sich vermeiden, indem Sie mischen (gutes, kalt gepresstes Olivenöl, extra vergine, und Rosenwasser mit einem Tropfen Lavendelöl) oder es abends auftragen, bevor Sie (alleine) schlafen gehen. Die ganze Salatgeruchproblematik lässt sich gänzlich umgehen, indem Sie zu

Mandelöl greifen. Mehr dazu, wie man sich das Gesicht mit (selbst gemachtem) Öl wäscht, finden Sie auf www. oilcleansingmethod.com. Hilft übrigens auch wunderbar bei trockenen, rauen Händen – massieren Sie sich einfach etwas Öl ein, bevor Sie schlafen gehen. Es empfiehlt sich dabei, Baumwollhandschuhe überzustreifen (wenn die Haut das Öl aufgenommen hat, schließlich soll nicht der Stoff das Öl aufsaugen); dasselbe gilt für trockene, raue Füße, allerdings mit Socken. Und auch bei trockenen, spröden Haaren hilft Öl: Massieren Sie es sich in die Haare ein, setzen Sie eine dicht anliegende Badekappe auf (hallo, sexy) oder wickeln Sie die Haare in Folie ein und lassen Sie das Öl eine Stunde einwirken. Warmes Olivenöl macht die Haut weich und samtig, selbst raue Ellbogen, Knie und Füße fühlen sich wieder zart an. Geben Sie einen Schuss ins Badewasser und steigen Sie rundum erneuert heraus. (Auch hier gilt: Mit einigen Tropfen ätherischem Öl vermeiden Sie, wie Salat zu riechen.) Sie können Olivenöl sogar als Rasiercreme oder Lippenbalsam verwenden.

Ich bin eine Anhängerin von Öl und mag besonders gern Ölgesichtsreiniger. Für Leute mit fettiger Haut klingt das erst mal wie eine Katastrophe: Öl + Öl = Hallo, Pizzagesicht. Könnte man meinen. Ist aber nicht so. Das Öl nimmt alles mit und löst sich auf, sobald es mit Wasser in Kontakt kommt. Das heißt, Ihre Haut ist absolut sauber (und weich), aber nicht trocken und ohne Schutzschicht. (Fettige Haut, die ihrer Schutzschicht beraubt wird, versucht dies zu kompensieren und produziert mehr Fett. Daher ist es sehr wichtig, die Schutzschicht nicht wegzunehmen.) Sämtliche Topmarken haben inzwischen Ölgesichtsreiniger auf dem Markt (Shu Uemura bereits seit Jahrzehnten – sie haben tolle Gesichtsreiniger, allerdings sind diese auch sehr teuer). Der billigste gute, den ich kenne, ist DHC Cleansing Oil (www.dhcuk.co.uk). Die Basis dafür ist Olivenöl, was gut ist. Wer möchte schon so ein seltsames Mineralöl (auf Petroleumbasis zum Beispiel – reizend) in seinem Ölgesichtsreiniger?

Übrigens lassen sich Ölgesichtsreiniger problemlos mit Wasser entfernen – Sie brauchen also keine Schaumreiniger. Cremegesichtsreiniger sind Ihnen lieber, aber Sie mögen das Gefühl, sich das Gesicht mit Wasser zu waschen? Waschen Sie den Reiniger einfach ab. Es macht keinen Unterschied. Hat Jahre gedauert, bis ich das herausfand.

Selbst gemachte Schönheitspflege

Man muss sich nicht mit dem Zeug begnügen, das normalerweise auf den Rucola kommt, sondern kann das Ganze verfeinern und sich seine Kosmetikprodukte selber machen. Das hieße die Sparsamkeit zu weit treiben, finden Sie? Nun, während meiner Recherche zu diesem

Buch habe ich es ausprobiert und sage Ihnen: Die Sachen wirken. Na ja, lassen Sie sich vom »Selbermachen« nicht ins Bockshorn jagen – es ist in Wahrheit sehr, sehr einfach. So hab ich das gemacht:

Haferflocken fürs Peeling verwendet. Man nimmt sich ein paar Haferflocken mit unter die Dusche, das ist es im Grunde genommen. Macht eine Handvoll feucht, rubbelt sich damit wie verrückt ab, wer Lust hat, macht einen zweiten Rubbeldurchgang, und duscht sich ab – das war's! Schöne weiche Haut und dazu ein angenehmer Duft.

Hier mein Versuch, ein Zuckerpeeling zu kopieren, von dem ein Töpfchen 30 Pfund gekostet hätte. Nehmen Sie etwas Zucker in einer Plastikschüssel mit unter die Dusche. Dann dasselbe Prinzip wie oben, nur dass Sie den Zucker mit etwas Olivenöl zu einer steifen Paste angerührt haben, damit er besser haften bleibt. Ich gab noch einen Tropfen Geranienöl dazu, für den Duft. Rubbeln, spülen, fertig – und die Haut ist wieder wunderbar weich.

Ich habe dasselbe auch mit Salz ausprobiert, sowohl mit normalem Salz als auch mit Bittersalz, und es funktioniert wunderbar. Ein klein bisschen glaube ich ja an die magische Wirkung von Bittersalz, also Magnesiumsulfat. Abgesehen von allem anderen steigt man nach einem Bittersalzbad mit weniger Gewicht aus der Wanne. Ich habe die Erfahrung gemacht, dass die Salze den Körper für kurze Zeit »entblähen«. Das mag nicht unbedingt gesund sein, kann ich mir vorstellen, kommt aber manchmal sehr gelegen, wenn ein Kleid, das man anziehen möchte, allzu knapp sitzt und man in einer halben Stunde wegmuss.

Apfelessig bringt die Haare zum Glänzen. Keine Ahnung warum. Ich gebe einfach ein paar Schuss in meine Haare – nach dem Conditioner, aber vor dem Ausspülen.

Schmieren Sie sich qualitativ hochwertigen Honig ins Gesicht und lassen Sie ihn etwa 15 Minuten einwirken. Ihre Haut wird glatt, ebenmäßig und superweich.

Sie werden mir so dankbar sein für diesen Tipp. Nicht wirklich was für empfindliche Haut, aber wenn Sie fettige Haut oder Mischhaut haben oder gar zu Akne neigen, können Sie aufatmen. Es geht um die Aspirinmaske, die ich vor Jahren entdeckte, als ich auf der ungemein genialen Seite www.makeupalley.com schmökerte, einer meiner meistgeliebten Seiten aller Zeiten. Make-up-alley (MUA) ist eine Fundgrube für alles, was mit Schönheit zu tun hat, von Hautpflege über Kosmetikprodukte bis hin zu Düften. Diese Erfahrungsberichte beschönigen nichts: Lesen Sie nach, bevor Sie sich das neue Must-have kaufen. Doch nun zur Aspirinmaske. Die Idee dahinter ist, dass Aspirin Salicylsäure enthält, also BHA, kurz für Betahydroxysäure, den Hauptbestandteil dieser superteuren Designerpeelings und Aknebehandlungen. Besagte Produkte kosten 40 Euro aufwärts, die Aspirinmaske ein paar Cent. Besorgen Sie sich sechs Aspirin – die einfache, nicht überzogene Ausführung. Zerdrücken Sie diese mit dem Löffelrücken und rühren Sie sie mit Wasser zu einer Paste an. Tragen Sie diese aufs Gesicht auf und lassen Sie sie zehn Minuten einwirken. Danach abwaschen, dabei leicht massieren und peelen. Und bitte dabei Augen und Mund geschlossen halten! Tupfen Sie die Haut anschließend trocken. Öffnen Sie die Augen – und oh Wunder! Die Haut sieht tausendmal besser aus, die Pickel sterben einen sanften Tod. Aber beachten Sie dabei bitte, dass BHA ein starkes Mittel ist, das man sich nicht einfach so ins Gesicht klatschen kann. Verwenden Sie es einmal pro Woche, im Notfall auch zweimal. Gepeelte Haut ist empfindlich, also Sonnenschutz nicht vergessen. Bei einzelnen Pickeln genügt eine Miniversion der Aspirinmaske. Das reicht, um ihnen den Garaus zu machen, und ist wesentlich billiger als Pickelcreme.

Online finden Sie Hunderte von Beautytipps. Hier ein paar Seiten zum Reinschmökern.

www.makeyourcosmetics.com
Hier finden Sie Rezepte und können Zutaten kaufen.

www.beautyden.com/beautyrecipes. shtml

www.spaindex.com/HomeSpa/HomeSpa.htm
Rezepte für Gesicht, Körper, Lippen, Haare, Hände und Füße sowie Bäder.

www.allnaturalbeauty.us/hbr_mainpage.htm
Tolle Rezepte, nach Zutaten geordnet.

www.honey.com/consumers/sb/videos/blueberry/blueberry.html
Ein Video, das zeigt, wie man sich eine Gesichtsmaske aus Honig und Heidelbeeren zubereitet.

www.teachsoap.com
Hier lernen Sie Seife, Lippenbalsam und Lotions herzustellen.

www.brambleberry.com
Alles zum Seifemachen.

www.hobby-kosmetik.de
Enthält neben vielen Rezepten auch noch ein umfangreiches »Lexikon der Kosmetikrohstoffe«.

Kosmetik kaufen

Jetzt zu den Produkten selbst. Da ich Ihre Haut nicht kenne, nenne ich hier Marken und keine bestimmten Produkte. Diese Marken kann ich Ihnen nur ans Herz legen, sie eignen sich auch wunderbar für empfindliche Haut und enthalten nichts Komisches oder Gefährliches und kosten auch kein Vermögen.

Bio

 Dr. Hauschka: *www.dr.hauschka.de*

 Spieza Organics: *www.spieziaorganics.com*

 Liz Earle: *www.lizearle.com* (wunderbare Produkte, die wirken und nur halb so viel wie die Superdupermarken kosten: sehr zu empfehlen)

 Weleda: *www.weleda.de*

Nicht bio, aber trotzdem toll

🌸 **Cetaphil:** toll, superbilliger Cleanser aus der Apotheke.

🌸 **Oil of Olaz Feuchtigkeitscremes** (die Reinigungsprodukte sind zu heftig)

Make-up

Das mit der Haut hätten wir jetzt, machen wir uns also ans Make-up. Teures Make-up ist wunderbar – es sieht hübsch aus, man kann so schön damit spielen, die Döschen sind angenehm schwer und klicken beim Schließen so herrlich, und die Lippenstifte schauen richtig sexy aus in ihrer goldenen Umhüllung. Aber sieht man mit teurem Make-up auch besser aus als mit billigem? Nein. Es ist Make-up, was soll's, und am Abend wäscht man es ab. Wenn Ihr Lidschatten nicht zwölf Stunden hält, weil er zwei Euro kostet statt 20, dann legen Sie einfach noch mal nach, wenn Sie auf die Toilette gehen. Ist doch machbar, oder?

Als ich dieses Buch plante, wollte ich eigentlich schreiben, dass man keinesfalls an der Grundierung sparen sollte. Wer möchte schon mit der falschen Farbe im Gesicht oder wie gekalkt durch die Gegend laufen? Und bei herkömmlichen Grundierungen bin ich noch immer dieser Meinung. Kaufen Sie sich die beste Grundierung – und die beste Grundierung ist meines Erachtens die Custom-Blended Foundation von Prescriptives, die aussieht wie Ihre eigene Haut und die Sie selbst im Stockdunklen auftragen können. Allerdings gibt es Prescriptives-Läden nur in Großbritannien, Australien, den USA und Kanada. Aber auch die von Armani ist ausgezeichnet. Und natürlich Laura Mercier Secret Camouflage, nach wie vor der beste Concealer der Welt.

Doch dann – tata! – entdeckte ich Mineral Foundations, das sind Puder aus Mineralien. Und ich kann mit Fug und Recht behaupten, diese haben in einer kleinen, aber bedeutenden Hinsicht mein Leben verändert. Zum einen sind sie unglaublich billig – und halten ewig. Ich hatte schon länger von ihnen gehört, sie aber nie ausprobiert, da ich dachte, es handle sich dabei um Puder, und daher würden sie nicht gut genug abdecken. Nicht dass meine Haut so schrecklich wäre, aber ich mag es gerne, wenn die Foundation gut sitzt und nicht so aussieht, als hätte ich nur etwas Puder aufgetragen. Dann kam ich nach New York und erfuhr, die meistverkaufte Foundation in Amerika sei Bare Minerals von Bare Escentuals. Das überraschte mich, denn es sieht aus wie dünnes Puderzeugs. Dazu kam, dass einige meiner Freundinnen ebenfalls Mineral Foundation benutzten und erklärten, nie wieder den Flüssigkram verwenden zu wollen. Sie sahen toll aus und warfen mit den wildesten Behauptungen um sich, wie gut dieses Make-up ihrem Teint getan habe – keine Mitesser und Pickel mehr, und auch mit den seltsamen roten Flecken sei Schluss.

Mineral Foundation besteht im Grunde genommen aus nichts anderem als aus Mineralien und Pigmenten, vor allem Titan und Zinkoxid, die beide in der Natur vorkommen und die Haut mit dem Lichtschutzfaktor 15 schützen. Zink wirkt darüber hinaus entzündungshemmend (daher ist es ein Bestandteil von Windelcremes) und ist besonders gut bei Rosacea und Akne. Mineralien verstopfen die Poren nicht und sind daher ideal für Menschen, deren Haut zur Akne neigt. Sie sind ziemlich wasserfest. Und – besonders erfreulich – in diesen Produkten findet sich absolut nichts Verdächtiges – keine Wachse, Öle, Chemikalien, künstlichen Farbstoffe oder Konservierungsmittel.

Bare Escentuals behauptet, mit ihren Produkten könne man sogar schlafen. Einige Schönheitschirurgen empfehlen nach der Operation mineralisches Make-up, weil es so rein ist.

Das ist alles richtig. Mineral Foundation ist absolut fantastisch. Der Teint sieht beinahe aus wie geairbrusht, Pickel und Augenringe sind verschwunden. Es hält den ganzen Tag, selbst wenn es glühend heiß ist. Es fühlt sich geschminkt an, sieht aber nicht danach aus. Und meine liebste Marke von allen – die den dämlichen Namen Lily

Lolo trägt – ist auch noch unterirdisch billig. Ein kleines Töpfchen, das viele, viele Monate reicht, kostet etwas mehr als zehn Euro. Ich mag Lily Lolo (www.lilylolo. co.uk), weil sie tolle Farben haben (vor allem wenn Sie gelb – und nicht rosa – angehauchten Teint haben), weil sie spottbillig sind und super aussehen. Und weil ihre Lidschatten und ihr Rouge der Hit sind (eine winzigkleine Menge genügt). Gutes mineralisches Make-up gibt's auch von Jane Iredale (allerdings um einiges teurer) und von Bare Escentuals (mittlerer Preisbereich). Aufgepasst: Inzwischen versucht jeder, einen Fuß in die Tür zu bekommen, was mineralisches Make-up angeht, und größere Firmen bringen dazu eigene Produktlinien auf den Markt. Seien Sie auf der Hut und lesen Sie die Labels. Der springende Punkt bei diesen Produkten ist, dass sie natürlich sind. Doch einige Firmen mengen Öle, Wachse, Füllstoffe, Farbstoffe, Konservierungsstoffe und jede Menge Chemie bei. Ich halte mich an die drei oben genannten Marken. Und noch was: Wenn Sie sehr trockene Haut haben, ist mineralisches Make-up vielleicht Ihre Sache nicht. Außerdem: Bei mineralischem Make-up kommt es auf die richtige Anwendung an. Bei mir dauerte es etwas, bis mir das klar wurde. Schauen Sie sich ein Demo an – geben Sie dazu einfach bei Youtube »mineral foundation« ein.

Wir alle lieben Kosmetiktipps, und das Tolle am Internet ist, dass es voll solcher Tipps ist. Die Seite der Wahl ist das bereits erwähnte www.makeupalley.com (aber aufgepasst, der Suchtfaktor ist enorm). Folgende Beautyblogs und -seiten sind durch die Bank fantastisch, bei einigen gibt es auch Ausflüge in die Mode. Und wie immer gibt es Links, mit deren Hilfe Sie weiter durchs Web surfen können.

www.blogdorfgoodman.blogspot.com
Wunderbarer, ästhetisch ansprechender Beautyblog mit einer Unmenge an Tipps und Ratschlägen.

http://allaboutthepretty.typepad.com
Übersichtsblog, in dem auf andere Blogs verwiesen wird und viele Produkte besprochen werden.

www.thebeautybrains.com
Beantwortet Leserfragen sehr bestimmt, was irgendwie beruhigend ist.

www.hey-dollface.com
Jede Menge Besprechungen, Tipps und Ratschläge.

www.megsmakeup.com
Ungeschönte Berichte über Kosmetikprodukte, hier erfährt man, was funktioniert und was nicht.

www.jezebel.com
Wartet gelegentlich mit einer anonymen und brutal ehrlichen Beautykolumne auf, die von einer Mitarbei-

terin von Sephora geschrieben wird, diesem riesigen Make-up-/Hautpflegeimperium. Ziemlich erhellend.

Beim Make-up kommt es auf die Inhaltsstoffe an, klar, und auf die Anwendung. Man kann genauso leicht mit einem Lidschatten von Chanel Unheil stiften wie mit einem Lidschatten vom Discounter – und deshalb sind Make-up-Demos so eine feine Sache. Im weltweiten Netz gibt es eine Unmenge davon, Sie werden sicher auf Videojug oder Youtube.com (das alleine Zehntausende Make-up-Tutorials anbietet) fündig. Und auch hier ist www.makeupalley.com wieder ein heißer Tipp. In seinem Make-up-Board gibt es jede Menge Information und tolle Tipps, wie man einen bestimmten Look erzielt. Es überrascht mich immer wieder, einige Mädels dort sind wahre Künstlerinnen. Mit den Infos aus den Blogs, von MUA und den Make-up-Tutorials im Netz können Sie bis zu Ihrem hundertsten Geburtstag jeden Tag einen anderen Look ausprobieren. Das ist keine Übertreibung. Gehen Sie raus, oder besser: Gehen Sie online und spielen Sie mit Ihrem Gesicht. Mit Make-up können Sie Ihren Look komplett verändern – und mit komplett meine ich, dass Bekannte Sie auf der Straße nicht mehr erkennen. Schon fast wie nach einer Operation. Mit den online verfügbaren Informationen kann jeder, der etwas Zeit und eine ruhige Hand hat, Experte werden. Und das umsonst und zu Hause. Sie wären verrückt, wenn Ihnen das keinen Versuch wert wäre.

Make-up kaufen

Sie bezahlen vor allem für die Verpackung, weniger für den Inhalt. Make-up von Chanel ist wesentlich teurer als Make-up von Bourjois, obwohl beide Firmen zur selben Gruppe gehören, so wie Lancôme zu L'Oréal gehört. (Viele teure Marken produzieren auch für weniger teure Marken. Carlsberg stellt Bier für Asda, einen britischen Discounter, her; Glenmorangie füllt die meisten Supermarkt-Malts ab; Aiwa gehört zu Sony und so weiter und so fort.)

Das heißt natürlich nicht grundsätzlich, dass zwischen High-end- und Low-end-Produkten kein Unterschied besteht. Aber nicht immer.

🌼 **Wie bereits gesagt, kaufen Sie mineralisches Make-up – damit ist die ganze Kosmetik-Kosten/Nutzen-Frage auf einen Schlag gelöst.** Falls Sie, was ich mir nicht vorstellen kann, damit nicht zurechtkommen, empfehle ich Ihnen teure Foundation (siehe oben) in kleinen Fläschchen – das hält sich nämlich nicht länger als zwölf Monate.

🌼 **Denken Sie daran, Make-up ist nicht lange haltbar** – nach ein paar Monaten sollte es aussortiert werden – aus hygienischen Gründen und weil es austrocknet. (Mascara nach drei Monaten, um Augeninfektionen zu vermeiden.) Und unnötig Geld ausgeben bringt nichts. Puder sind länger haltbar, weil sie kein Wasser enthalten, in dem sich Bakterien vermehren können. (Noch was, das für mineralisches Make-up spricht. Ich klinge geradezu besessen? Das liegt daran, dass ich es bin.)

🍀 **Beim Lidschatten kommt es nicht auf den Preis, sondern auf die Pigmente an,** die der Farbe Tiefe geben. Das ist eine Frage von Versuch und Irrtum: Legen Sie etwas davon auf und prüfen Sie, wie sehr die Farbe auf Ihrer Haut der auf der Palette entspricht. MAC-Lidschatten sind sehr pigmentiert, jede andere Marke mit dem Wort »Pigment« im Namen ist einen Versuch wert. Falls Sie aber neutrale Töne bevorzugen, dann kaufen Sie so billig ein wie möglich. Neutraler Lidschatten ist neutraler Lidschatten – für den natürlichen Look brauchen Sie keinen Berg Pigmente.

🍀 **Dasselbe gilt für Rouge –** wobei ich ehrlich gesagt Weicheier-Rouge dem starken Stoff vorziehe, weil man leichter Farbe hinzufügen als wegnehmen kann. Daher ist billiges Rouge prima.

🍀 **Billige Lippenstifte dagegen sind nicht prima –** die Farbe läuft und verblasst. Wer starke Farben mag, sollte die superbilligen Lippenstiften vermeiden. Sie lieben neutrale Lippenstifte? Dann greifen Sie zu.

🌸 **Aber keine Bange vor superbilligem Discounter-Lipgloss.** Es ist Lipgloss. Er geht ab, Sie legen ihn neu auf. Lassen Sie sich wegen eines teuren Namens nicht das Geld aus der Tasche ziehen. Und dann gibt es noch immer Vaseline – vom Preis her nicht zu schlagen und praktisch nicht aufzubrauchen.

🌸 **Augenbrauenstifte** können Sie sich sparen. Dunkler Puder-Lidschatten sieht viel besser aus.

🌸 **Pinsel: Die ganz billigen sind Blödsinn**, weil sie Haare verlieren oder so steif sind, dass Sie sich damit das Gesicht zerkratzen. Die Superduperpinsel machen anwendungstechnisch keinen Unterschied und sind der reinste Nepp. Am besten sind Sie mit der mittleren Preisklasse bedient wie zum Beispiel MAC (hatten wir schon mal, oder?).

🌸 **Nagellack blättert ab, egal wie toll die Marke ist.** Kaufen Sie sich billigen Nagellack, aber sparen Sie nicht am Top Coat. Denn damit hält der Lack länger. Sie sind beunruhigt wegen der Chemikalien im Nagellack (und das ist eine Menge Chemikalien)? Dann probieren Sie Marken wie Butter London (www.butterlondon.com) aus.

🌸 **Mascara:** Ich gestehe, meine drei Lieblingsmascara sind teuer (Dior Show, Sisley und YSL Effet Faut Cils). Mit ihnen sieht man aus, als hätte man falsche Wimpern aufgesteckt. »Grüne« Mascara können Sie vergessen – ohne diese gruseligen Chemikalien haftet das Zeug nicht an den Wimpern. Ich kenne keine billige Mascara, die einen bleibenden Eindruck hinterlassen hätte, aber Max Factor Lash Perfection (mittlerer Preisbereich) ist super.

🌸 **Kajalstifte:** Die billigeren sind eine Spur härter. Lösung: In der Hand anwärmen, anhauchen oder ganz kurz (eine Nanosekunde lang) über ein Feuerzeug halten. Ich sehe nicht ein, warum man teuere Kajalstifte kaufen sollte.

🌸 **Lippenkonturenstift:** Es spricht einiges dafür, statt Lippenstift nur Konturenstift aufzutragen und Vaseline drüberzugeben – hält ewig und sieht absolut natürlich aus. Und auch hier gilt: Die Pigmente sind die Freunde.

🌸 **Flüssiger Eyeliner:** Sie bekommen nicht, wofür Sie bezahlen. Ich benütze sie häufig und habe im Lauf der Zeit praktisch alle Marken durchprobiert (und im Notfall habe ich auch die schwarze Gesichtsfarbe meiner Tochter benutzt). Am besten hält MAC (eigentlich müsste ich Geld bekommen, so wie ich für die Werbung mache) – damit können Sie schwimmen gehen, den ganzen Tag in der Sonne braten, duschen und wieder ausgehen: kein Problem. Und die Gel-Eyeliner von Bobbi Brown. Beide sind alte Schule, das heißt, sie werden mit einem Pinsel aufgetragen. 2True von Superdrug kommt dem ziemlich nahe und ist billig.

 Ihr Make-up langweilt Sie? Tauschen Sie mit einer Freundin oder online. Auf www.makeupalley.com gibt es eine hyperaktive Tauschcommunity. Schauen Sie vorbei, vielleicht sucht jemand genau das, was Sie haben, oder jemand will das loswerden, was Sie suchen. Und schon haben Sie gratis ein neues Make-up. Benutzte Lippenstifte oder Mascara und Kajalstifte sollte man aus Hygienegründen besser nicht tauschen.

Aber Make-up ist nur Make-up – Süßigkeiten fürs Gesicht. Sosehr ich es liebe, ich lungere nicht mehr wie eine Süchtige in den schicken Kosmetikläden herum. Inzwischen bin ich genauso oft in den billigen Teenagerabteilungen der Drogeriemärkte zu finden. Meine Make-up-Tasche ist mittlerweile geradezu winzig, es sind nur noch diese mikroskopisch kleinen Döschen mit Multi-tasking Mineral-Make-up drin, mit denen sich spielend alles erledigen lässt. Der ganze Spaß, aber keine Schuldgefühle – kann ich nur empfehlen.

Wie man Pickel ausdrückt

Ständig bekommt man erzählt, das dürfe man nie und nimmer selbst machen, sonst blieben schreckliche Narben und Krater im Gesicht zurück, und das Leben sei zerstört. Das trifft vielleicht zu, wenn man chronische Akne hat. (In diesem Fall unbedingt »Aknediät« googeln – im Kern geht es dabei um eine kohlenhydratarme Ernährung, und Kohlenhydrate tun niemandem wirklich gut, so wie ich das sehe.)

Wer aber normale Haut und nur ab und zu einen Mitesser oder Pickel hat, zum Beispiel während der Menstruation, kann das absolut selbst in die Hand nehmen und sich den Weg zur Kosmetikerin sparen.

Am besten macht man das abends und zwar so:

Waschen Sie sich die Hände sehr gründlich und schneiden Sie sich die Fingernägel.

Reinigen Sie das Gesicht mit Cleanser und warmem Wasser.

Sie brauchen einen Vergrößerungsspiegel. Sie sind kurzsichtig? Nehmen Sie die Linsen raus beziehungsweise die Brille ab – so sehen Sie die Haut besser. Gehen Sie bei guter Beleuchtung nahe an den Spiegel. (Licht von oben ist am grausamsten. Beim

Pickelausdrücken kommt Ihnen das zugute, im Restaurant bei einem heißen Date weniger. Falls Sie in die Situation kommen, dass bei einem heißen Date ein Spotlight auf Ihren Tisch herunterbrennt, sind Sie gut beraten, um einen anderen Tisch zu bitten.)

🌸 **Machen Sie die Missetäter ausfindig.** Übertreiben Sie dabei nicht – es geht um fette Pickel und nicht um leicht verstopfte Poren.

🌸 **Sie wissen, wie's geht:** Sanft und beharrlich drücken, dazu ein sauberes Papiertaschentuch verwenden. Iii…

🌸 **Jetzt der entscheidende Teil:** Nun sind die Poren sauber, aber gereizt und groß. Drum noch mal das Gesicht waschen, diesmal mit kaltem Wasser, und sofort eine Heilerde-Maske auftragen – irgendeine Heilerde-Maske, auch eine dieser Masken in kleinen Tütchen, die weniger als einen Euro kosten.

🌸 **Legen Sie sich zehn Minuten hin** und lassen Sie die Maske einwirken.

🌸 **Nehmen Sie die Maske mit einem Tuch und lauwarmem Wasser ab.**

✿ **Tragen Sie Feuchtigkeitscreme auf,** aber nicht auf die T-Zone.

✿ **Legen Sie sich schlafen.**

✿ **Freuen Sie sich beim Aufwachen über die viel reinere Haut** und die normalgroßen Poren.

Wie man nach viel Geld aussieht

Es gibt Menschen, die selbst dann von einer Aura von Luxus umgeben sind, wenn sie Jeans und T-Shirt tragen, und andere, die ein Vermögen für Klamotten und Make-up ausgeben und noch immer irgendwie abgerissen daherkommen oder so, als ob sie Verkleiden spielen wollten. (Ich gehöre zu Letzteren und bilde mir gerne ein, das wäre gewollt.) Das interessiert mich, seit ich zwölf war – warum sieht X so schick aus und Y so schäbig, obwohl X nur über einen Bruchteil des Geldes verfügt wie Y, die regelmäßig zur Kosmetikerin geht und zur Maniküre? Ich erkläre mir das so:

✿ **Zunächst muss man unbedingt eines kapieren: Teuer aussehen hat nichts mit sexy aussehen zu tun.** Teuer aussehen hat etwas mit sauber aussehen zu tun (und da für einige Menschen sauber = sexy bedeutet, wird's noch ein Stück komplizierter). Also: keine wüsten Haare, als wären Sie gerade aus dem Bett gekrabbelt; kein aufdringlicher Lippenstift; keine »smoky eyes« oder Katzenaugen; keine Kleider, die aussehen, als wären Sie darin am Morgen nach Hause gekommen. Nichts allzu Enges, keine großen Ohrgehänge und auch kein riesiger Glitzerschmuck, keine Netzstrümpfe. Schuhe? Kleiner Absatz oder ganz flach.

❀ Teuer aussehen hat vor allem sehr viel mit guter Haut zu tun.

❀ Und ist daher eine Frage des richtigen Make-ups. Nach viel Geld aussehen heißt makellos aufgetragene (sprich: unsichtbare) Grundierung: Gefragt ist ein glatter, ebenmäßiger, kleinporiger Teint. Das Gesicht muss sauber wirken, ungeschminkt. Ein Minimum an Rouge, lange, glänzende Wimpern, ein Hauch Lipgloss, nichts Lautes.

❀ Doch all das will gekonnt aufgetragen sein (und wenn Sie eine Stunde brauchen, um auszusehen, als seien Sie in fünf Minuten fertig gewesen), sonst sehen Sie nur ganz stinknormal aus und nicht wie eine reiche Erbin, die inkognito unterwegs ist.

🍀 **Eine wichtige Rolle spielen auch die Augenbrauen, die perfekt gezupft sein müssen.** Zu dünn wirkt gewöhnlich, zu buschig wirkt ungepflegt und ein zu hoher Bogen tuntig.

🍀 **Sie müssen piccobello gepflegt sein.** Saubere, glänzende Haare, was nicht zu schwer ist. Kurze, ovale oder leicht angeeckte Fingernägel, au naturel oder neutral lackierte Finger- und Zehennägel. Keine Körperbehaarung – Stoppelbeine sehen nicht teuer aus, und eine lockige Achselhaarpracht ist in jeder Hinsicht ein No-Go. Enthaaren Sie, als ginge es um Ihr Leben.

🍀 **Glänzen Sie.** Matt sieht eher ärmlich denn luxuriös aus – kalkig statt blühend. Sparen Sie nicht an Feuchtigkeitscreme und trinken Sie Wasser. Geben Sie etwas Illuminating Creme auf die Wangenknochen, die Stirn und überall dorthin, wo Ihr Gesicht etwas kantiger ist.

🍀 **Sie wollen frisch aussehen und nicht nach Rouge.** Das erreichen Sie am besten mit Cremerouge. (Billig und hält ewig. Sie können es sich selbst machen – mit Glyzerin und geriebener Roter Beete. Rezepte gibt's online.)

🍀 **Der Teint kann alabasterweiß oder gebräunt sein.** Peelen Sie wie verrückt – tote oder trockene

Hautschüppchen kommen nirgends gut. Und meiden Sie anschließend die Sonne oder greifen Sie zu einer dieser Bräunungscremes. Die billigen gibt's als Bodylotion. Außer Sie haben ohnehin braune Haut.

 Kleidung: Weniger ist mehr. Tragen Sie wirklich gut geschnittene Basics in neutralen Farbtönen. Hie und da ein Farbtupfer, mehr nicht. (Mein Problem ist, dass ich mich wie ein Papagei anziehe.) Neutrale Farben – keksfarbene Sachen, marineblau, weiß, schwarz – sehen sogar dann teuer aus, wenn sie billig waren. Mit Rot und Pink klappt das nie. Sie lieben Muster? Grafische Muster wirken teurer als Blumenmuster oder verrückte Muster.

 Hüten Sie sich vor Schwarz-Weiß-Kombinationen, egal, was die Frauenzeitschriften schreiben. Dieser Look ist schwer durchzuziehen, wenn Ihre Klamotten nicht ausgesprochen schicke Klamotten sind. Diese Typen in billigen Anzügen und Nylonhemden machen im Prinzip nichts anderes – und damit ist alles gesagt. Billiges Schwarz ist besonders schrecklich. Bleiben Sie besser bei Dunkelblau.

🌸 **Tragen Sie weiße Blusen** und sprühen Sie diese mit Stärke ein.

🌸 **Hüten Sie sich vor 100 Prozent Kunstfaser.** Elektrisch aufgeladene Kleidung ist niemals schick.

🌸 **Beine bitte so natürlich wie möglich:** keine witzigen Strumpfhosen – im Winter blickdicht, im Sommer nackte braune Beine.

🌸 **Eine schicke Handtasche genügt** und macht einen enormen Unterschied. Nichts Aufgebretzeltes, nichts Richtung It-Tasche, nichts »Modisches« – einfach eine klassisch und luxuriös wirkende Handtasche in Schwarz oder Braun. So eine Handtasche ist eine vernünftige Investition, weil Sie sie bis ans Ende Ihrer Tage benutzen werden. Kaufen Sie sich keine Kopien. Es spielt keine Rolle, ob Sie Ihre Handtasche an einem Flohmarktstand gefunden haben, Hauptsache, sie ist schön und unaufdringlich.

🌸 **Billige Schuhe sind okay, solange sie teuer aussehen.** Das bedeutet in der Regel a) einfach und b) liebevoll gepflegt – poliert und mit Zeitungspapier ausgestopft, wenn Sie in den Regen gekommen sind.

❀ **Zierlicher Schmuck,** es sei denn, Sie sind dick. In dem Fall wirkt zierlicher Schmuck albern. Wie auch immer, Sie brauchen unaufdringlichen, »guten« Schmuck (oder billige Nachahmungen).

❀ **Die Haare dürfen nicht gefärbt wirken** – kein Problem, wenn Sie blond sind, schwieriger, wenn Sie dunkel sind. Mit schwarz gefärbten Haaren sieht alles billig aus – lassen Sie sich Strähnchen färben, einen Ton heller als Ihre natürliche Haarfarbe, als hätte die Sonne Ihre Haare leicht ausgebleicht.

❀ Zähne! **Sehr wichtig.** Schlechte Zähne sind ein absolutes No-Go. Selbst wenn Sie sich keine Bleichmittel für zuhause und keine professionelle Zahnpflege leisten können, können Sie dafür sorgen, dass Ihre Zähne strahlend weiß funkeln und blitzen. Wer gerne Tee oder Rotwein trinkt, braucht eine elektrische Zahnbürste. Die sind nicht zu toppen – damit sind die Zähne im Handumdrehen um ein paar Töne heller, und man sieht aus, als wäre man beim Zahnarzt eingezogen. Diese Zahnbürsten sind nicht billig, aber sie halten ewig, und meiner Meinung nach geht's nicht ohne. Teilen Sie sich die Kosten – wenn jeder einen eigenen Bürstenkopf hat, können mehrere Leute eine solche Zahnbürste gemeinsam benutzen.

Haare tönen und färben

Sie müssen nicht jedes Mal ein Vermögen beim Friseur ausgeben, wenn Sie sich die Haare färben wollen. Jeder weiß, dass es wesentlich billiger ist, sich die Haare zu Hause zu färben. Haarfärbemittel kostet schließlich zwischen fünf und 15 Euro, während man im Salon dafür 35 Euro und mehr zahlt, je nachdem, welche Methode man wählt und wie lang die Haare sind. Das heißt nicht, dass Zuhausefärben immer die Lösung ist. Niemand will nach dem Färben wie ein Monster aussehen, und wenn er dabei noch so viel Geld gespart hat. Falls man von Sparen sprechen kann, schließlich zahlt man zuerst für das Färbemittel und dann für den Frisör, um den Schaden zu begrenzen. Daher rate ich Ihnen zur Vorsicht.

Gehen Sie lieber zum Profi, falls

 **Ihre Haare sehr angegriffen sind.**

 **Sie sie um mehr als drei Farbtöne aufhellen möchten** oder etwas Drastisches planen, wie von Blond auf Schwarz oder umgekehrt zu wechseln.

 Sie sie bereits selbst färbten und den Schaden nun beheben möchten.

Sonst spricht nichts dagegen, es selbst zu versuchen.

Das richtige Mittel wählen

Eine beliebte Marke zu benutzen ist nie verkehrt – schließlich ist dieses Haarfärbemittel nicht umsonst beliebt. Wenn Clairol die Haare grün färben würde, hätten Sie davon gehört.

Weiter gilt es zwei Dinge zu beachten, wenn Sie ein Do-it-yourself-Haarfärbemittel kaufen: die Haltbarkeit und die Ausgangsfarbe. Wenn Sie sich die Haare in einer völlig anderen Farbe färben möchten, gehen Sie besser zum Profi (wenigstens zur Beratung). Ansonsten ist es besser, Sie bleiben im Bereich Ihrer natürlichen Farbe. Dies ist Ihr erster Haarfärbeversuch? Dann wählen Sie eine möglichst niedrige Haltbarkeit. Und wenn Sie mit dem Ergebnis zufrieden sind, arbeiten Sie sich die Haltbarkeitsleiter hoch. Hier die häufigsten Haltbarkeitsangaben, geordnet von kurzer Haltbarkeit nach langer Haltbarkeit:

Tönung
Die beste Wahl für Anfänger. Die Farbe wäscht sich nach sechs- bis zwölfmal Haarewaschen heraus. Tönungsmittel enthalten kein Ammoniak und kein Peroxid (das heißt, Sie können Ihre Haare mit diesen Mitteln nicht aufhellen, sondern nur Farbe hinzufügen.)

Intensivtönung
Intensivtönungen halten länger als normale Tönungen, nämlich etwa 25 Haarwäschen. Sie enthalten ebenfalls

kein Ammoniak, sind also auch nicht zum Aufhellen geeignet, aber ein kleiner Anteil Peroxid erlaubt eine größere Abweichung von der Naturfarbe.

Strähnchen oder Highlights

Zu Hause Strähnchen färben? Lassen Sie es, wenn Sie nicht wie ein rötlicher Dachs aussehen wollen.

Färben

Haarfärbemitteln enthalten Ammoniak und Peroxid, die sich nicht herauswaschen lassen. Wer mit dem Ergebnis unzufrieden ist, kann also entweder warten, bis die Farbe herausgewachsen ist, oder drüberfärben. Und vergessen Sie nicht, das Endergebnis ist stets eine Kombination aus der ursprünglichen Pigmentierung Ihrer Haare und den Pigmenten, die Sie hinzufügen, das heißt, die Farbe kann auf Ihrem Kopf anders aussehen als auf der Verpackung.

Graue Haare verbergen

Weniger als 20 Prozent Ihrer Haare sind grau? Dann fahren Sie am besten mit einer Tönung, die einen Ton heller ist als Ihre natürliche Haarfarbe. So geht das Grau natürlich in der Farbe auf. Sie haben mehr graue Haare? Dann kommen Sie ums Färben nicht herum.

Tipps fürs Haarefärben

Machen Sie unbedingt zuvor einen Strähnchen- und einen Allergietest (wie das geht, lesen Sie in der Gebrauchsanweisung des Produkts).

Sich zu Hause die Haare zu färben ist wirklich nicht schwer, achten Sie aber darauf, dass das Färbemittel auf den Haaren bleibt und nicht sonst wohin gelangt, sprich: Tragen Sie Schutzhandschuhe (sollten der Packung beiliegen). Legen Sie sich ein altes Handtuch um die Schultern, um Haut und Kleidung zu schützen.

Und tragen Sie dick Vaseline an den Stellen auf, an denen die Haut mit dem Färbemittel in Berührung kommen könnte, also am Haaransatz, an den Ohren und am Nacken. So vermeiden Sie, dass die Chemikalien an die Haut gelangen, und können das Färbemittel leichter abwaschen. (Sie haben eine Hautstelle mitgefärbt? Reiben Sie etwas Zahnpasta ein, und die Verfärbung verschwindet wie von Zauberhand.)

SEHR WICHTIG: BEFOLGEN SIE JETZT DIE ANWEISUNGEN AUF DER VERPACKUNG UND LESEN SIE DIESE MINDESTENS ZWEIMAL DURCH! Die Gebrauchsanweisungen der verschiedenen Produkte sind sehr unterschiedlich. Und wer will schon mittendrin feststellen müssen, dass man das Färbemittel auf die trockenen Haare auftragen soll, wenn man es sich gerade in die frisch gewaschenen Locken einrubbeln wollte?

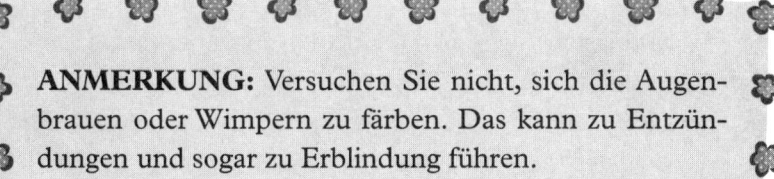

ANMERKUNG: Versuchen Sie nicht, sich die Augenbrauen oder Wimpern zu färben. Das kann zu Entzündungen und sogar zu Erblindung führen.

Fehler beseitigen

Sie sind gar nicht glücklich mit der neuen Haarfarbe? Dann hocken Sie jetzt bloß nicht zu Hause rum und blasen Trübsal. Gehen Sie zum Friseur, der weiß, wie man das in Ordnung bringt.

So bleibt die neue Farbe schön

Allgemeine Tipps:

 Durch Chlor kann die Farbe herausgewaschen oder stumpf werden. Setzen Sie deshalb im Pool lieber eine Badekappe auf.

 Durch häufiges Waschen mit einem zu rabiaten Shampoo kann die Farbe ebenfalls ausbleichen. Besser für gefärbtes Haar sind milde Spezialshampoos.

 Die Sonne kann die Farbe aufhellen – also schützen Sie Ihre Haare mit einem Conditioner, der nicht ausgespült wird, und tragen Sie im Urlaub einen Hut.

Den Haaransatz nachfärben

Die Haarfarbe sollte acht Wochen halten, bevor der Haaransatz sichtbar wird. Wenn es so weit ist, brauchen Sie nicht alles neu zu färben, es genügt, den Haaransatz nachzufärben. Was Sie dafür brauchen, finden Sie in der Drogerie.

Natürliche Haarfärbemittel

Die meisten Haarfärbemittel enthalten eine ziemlich üble Mischung aus Peroxid und Ammoniak. Mittlerweile gibt es einen wachsenden Markt für natürliche Haarfärbemittel, die das Haar weniger schädigen und nicht so toxisch sind. Allerdings sind sie auch weniger effektiv als die toxischere Konkurrenz. Wer ganz ohne böse Chemikalien auskommen will, sollte sich bei folgenden Firmen umsehen, die auf Produkte ohne üble Zusätze spezialisiert sind:

 www.danielfieldmailorder.co.uk

 www.tintsofnature.co.uk

 www.herbatint.co.uk

Henna

Henna ist ein natürlicher Farbstoff, der aus der Hennapflanze gewonnen wird. Seit Jahrhunderten färben sich die Menschen damit Haut und Haare. Und die Hippies liebten Henna. Mir persönlich gefällt der spezifische Henna-Look. Außerdem ist es wirklich gut für die Haare und lässt sie super glänzen.

Obwohl es vollkommen natürlich ist, ist die Farbe nicht herauswaschbar und mitunter sehr kräftig. Wenn Sie mit dem Ergebnis unzufrieden sind, können Sie die Haare nicht einfach mit einem herkömmlichen Mittel neu färben, sondern nur mit einem anderen Henna-Produkt, da Henna den äußeren Haarschaft umhüllt, sodass chemische Färbemittel nicht angreifen können. Und eben weil Henna den äußeren Haarschaft umhüllt, sehen die Haare so fantastisch und glänzend aus. Aber deshalb wird es zum Albtraum, wenn man es wieder loswerden will.

Allgemeine Tipps:

 Machen Sie unbedingt einen Strähnchentest.

 Sie müssen mindestens sechs Monate verstreichen lassen, falls Sie sich die Haare schon mit einem chemischen Mittel gefärbt haben (sonst können Ihre Haare grün werden).

 Kaufen Sie Henna nur bei einer vertrauenswürdigen Firma. Lush hat einige tolle Hennariegel im Angebot: www.lush.co.uk. (Bei Lush gibt's auch ergebnis- wie gesundheitstechnisch ausgezeichnete Gesichtscremes, und dass die Seite auch Ihre zwölfjährige Tochter anspricht, sollte Sie nicht abschrecken.)

Massage

Himmlisch, aber so teuer. Die Lösung: Lernen Sie es (aber bitte nicht, um sich selbst zu massieren – das bringt's nicht.) Sie brauchen mindestens einen Partner, der mitmacht. Dann können Sie sich gegenseitig massieren und üben. Und fangen Sie dann nicht damit an, dem anderen wie verrückt auf dem Rücken herumzudrücken oder gar auf seinem Rücken zu laufen, damit können Sie den Ärmsten zum halben Krüppel machen. Massieren Sie als Anfänger den Kopf, die Schultern und die Füßen sowie die Beine, Arme und Hände. Auf Videojug finden Sie eine Reihe Videoclips, die in die diversen Massagearten einführen. Nehmen Sie sich etwas Zeit, suchen Sie sich ein geeignetes Plätzchen, dimmen Sie das Licht und machen Sie es sich gemütlich. Dann kann's losgehen. Sie brauchen Öl – ein Trägeröl und ein Aromaöl. Als Trägeröl eignen sich Mandelöl, Aprikosenkernöl, Jojobaöl, Kokosnuss- und Sonnenblumenöl. (Sehen Sie, Sie brauchen gar nichts dafür zu kaufen, es steht schon in der Küche). Auch Olivenöl geht. In der ayurvedischen Medizin wird auch Sesamöl verwendet, das riecht aber für meinen Geschmack etwas zu sehr nach Wokgemüse. Sie möchten eines dieser Öle verwenden? Mischen Sie es mit einem leichteren Öl und fügen Sie für den Duft noch ein paar Tropfen Aromaöl hinzu.

Aromaöle

Man steht drauf oder nicht. Einige Leute schwören Stein und Bein, man könne damit praktisch alles heilen.

Beim Kauf ätherischer Öle kommt es vor allem auf eins an: auf Qualität. Selbst ein Öl, das zu Recht als »rein« beschrieben wird, kann qualitativ minderwertig sein und ist damit auch therapeutisch von geringerem Nutzen. Aromaöle sind konzentrierte Pflanzenextrakte, die durch Dampfdestillation gewonnen werden. Wenn das Öl billig ist, stammt es möglicherweise aus dem dritten oder vierten Destillationsdurchlauf, und der Großteil der Wirkstoffe wurde bereits bei der ersten oder zweiten Destillation abgegeben. Das kann man dann ehrlich gesagt vergessen.

Ein paar grobe Richtlinien: Halten Sie Ausschau nach einfachen, aber informativen Angaben wie dem botanischen Namen der Pflanze und dem Pflanzenteil. Vermeiden Sie Öle, die nicht in opaken Gläsern abgepackt sind, und kaufen Sie nichts, was allzu sehr nach Schnäppchen aussieht.

Bei Young Living (www.younglivingeurope.com) ist online eine Reihe qualitativ hochwertiger Öle erhältlich. Sie sind nicht billig, aber sie halten lange und sind gut.

Hier ein paar gute Aromaöl-Webseiten:

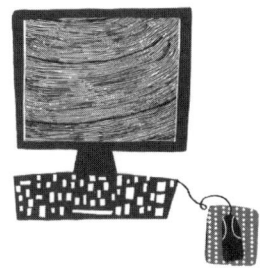

www. aromatherapypoint. com/essentialoils
Eine umfassende Liste der Aromaöle und ihrer therapeutischen Eigenschaften.

www. naturesgift. com/methods. htm
Tipps über Tipps zur Anwendung von Aromaölen.

www. quinessence. com/methods_of_use. htm
Wie man mit Aromaöl frischen Duft und Energie in die eigenen vier Wände bringt.

www. care2. com/greenliving/uplifting-essential-oils-8-ways. html
Mehr davon.

Mondbecher

Ich kann unmöglich über das Thema Körperpflege und Sparsamkeit schreiben, ohne sie zu erwähnen. Machen Sie sich auf was gefasst, denn das ist keine schöne Sache. Sie wissen über Menstruation Bescheid? Und dass man deshalb ein Vermögen für Tampons oder Monatsbinden ausgibt? Und dass man sich über diese monatlichen Ausgaben irgendwie mehr ärgert als über andere Ausgaben? (Ich sehe das wirklich so. Wie machen das arme Frauen?

Tampons sollte zumindest steuerfrei sein, und Frauen, die von der Sozialhilfe leben, sollten sie ganz umsonst bekommen.) Also, hier die ultrasparsame Lösung.

Ich werde Sie jetzt hier nicht anlügen und Ihnen erzählen, ich hätte diese Mondbecher persönlich ausprobiert. Ich bring es einfach nicht über mich. Ich habe null Probleme mit meiner Vagina – mein Gott, was für ein Satz –, aber ich gehöre zu den Leuten, die die Vorstellung eines Tampons ohne Einführhilfe abschreckt, einfach wegen des... Sudelfaktors. Ich meine, es tut mir leid – wenn ich meine Periode habe, will ich nicht, wenn ich aus der Toilettenkabine komme, wirklich hektisch zum Waschbecken sausen müssen, um mir die Hände zu waschen. Wenn Sie verstehen, was ich meine. Nicht, wenn es Tampax und andere Tampons mit Einführhilfen gibt. Jedes Mal, wenn ich das erwähne – dieses Thema ist ein wunderbarer Eisbrecher auf Cocktailpartys, in der Oper, bei Firmenevents und so weiter –, erklären mir meine Freundinnen, ich sei ein absoluter Freak, und sie hätten dieses Problem nicht. Vielleicht bin ich ja ein Freak, auf alle Fälle finde ich Monatshygiene ohne Einführhilfe schrecklich. Wenn Sie diese Einstellung teilen, ist der Mondbecher nichts für Sie. Aber wenn Sie etwas ehrliches Menstruationsblut an den Händen rein gar nicht stört, dann lesen Sie weiter.

Der Mondbecher ist ein Behälter, den man innerlich trägt und der das Menstruationsblut sammelt. Man leert ihn aus, wäscht ihn und verwendet ihn wieder. Die Becher bleiben durch die Saugwirkung an Ort und Stelle. Ich weiß – klingt nach Hippie-Accessoire. Andererseits gelten sie als eine dieser lebensverändernden Erfindungen und werden von den verschiedensten Frauen verwendet, von Vorstandsvorsitzenden genauso wie von Yogalehrerinnen. Diese Frauen behaupten, Mondbecher – schon dieser Name! – seien aus folgenden Gründen Tampons überlegen:

🌸 **Sie funktionieren hervorragend, Auslaufen gibt's nicht.**

🌸 **Sie sind umweltfreundlich,** da man nur einen Becher braucht (und sie den Müllberg nicht so rasant wachsen lassen wie Tampons und Binden).

🌸 **Sie bestehen aus einem besonderen, allergieneutralen und medizinischen Ansprüchen genügenden Silikon.** (Silikon wird aus Siliziumdioxid – sprich: Kieselerde –, einem der am häufigsten vorkommenden Mineralien, hergestellt.) Daher verursachen sie keine Hautreizungen und sind gut verträglich, selbst für Frauen mit empfindlicher Haut, Ekzemen, Allergien oder Soor.

🌸 **Sie halten jahrelang.**

Sie sind viel gesünder als alles andere, da sie keine Feuchtigkeit aufsaugen, keine Giftstoffe abgeben und sich keine Fasern an der Vaginawand ablagern (welch schönes Bild).

Also legen Sie los. Wenn Sie noch mehr darüber lesen wollen: www.mondbecher.de. Für 23,50 Euro gehört der Mondbecher Ihnen. Ich kann nicht genug betonen, wie Frauen, selbst Frauen mit sehr starker Menstruation und Beckenbodenproblemen, davon schwärmen – das hat schon beinahe was Missionarisches. Hier eine E-Mail von einer Freundin zu dem Thema: »Du bist verrückt, wenn du sie nicht ausprobierst. Sie haben im wahrsten Sinn des Wortes mein Leben verändert. Früher hatte ich eine Woche lang Paranoia, es könnte was durchsickern, heute merke ich kaum, dass ich meine Periode habe.«

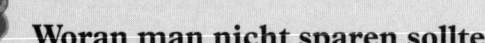

Woran man nicht sparen sollte

An ärztlichen Behandlungen, dazu zählen auch Operationen. An der Foundation. Kräftigen Lippenstiften. Wirklich guten Haarschnitten. Einem ordentlichen Föhn mit einem Diffuser, wenn Sie krauses Haar haben. Haarpflegemittel, die Ihnen guttun, wenn Sie Haarprobleme haben – aber denken Sie dran, es gibt Menschen, die lebten in einer Zeit vor Conditioner und Co. und hat-

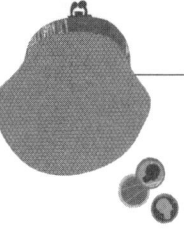

ten trotzdem gesundes, glänzendes Haar – machen Sie's nicht zu kompliziert. Was Serum für krauses Har angeht: Ein Tropfen Öl tut's auch (ich benutze Jasminhaaröl vom Inder um die Ecke). Und in höchster Not tut's sogar Vaseline oder Bodylotion. Nichtsdestotrotz wäre meine unzähmbare Wuschelmähne ein Chaos ohne Kérastases unglaubliche Oléo-Curl-Serie (Avedas Be-Curly-Serie kommt gleich danach). Nicht billig, aber so kann ich mir endlich die Haare selber machen, und es sieht gut aus.

Sparen Sie nicht an Düften. Ich kann mit billigem Parfüm nichts anfangen, aber weitaus größere Experten als ich können es: Schließlich arbeiten Weltklassenasen an den Düften der großen Marken wie der kleinen. Erleuchtung gibt's unter anderem bei: www.perfumeoflife.com, www.perfumeposse.com und http://nowsmellthis.blogharbor.com. Ich bin besessen von Düften und Duftblogs. Googeln Sie »Luca Turin«, und Sie wissen, was ich meine. Und immer dran denken: Sie müssen nicht die ganze Flasche kaufen – es gibt Düfte auch in kleinere Einheiten abgefüllt bei eBay, oder Sie können sie auf www.makeupalley.com eintauschen.

Urlaub

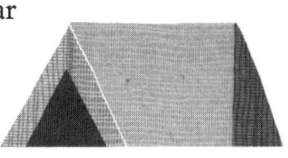

Zugegeben, ein Auslandsurlaub war nie billiger. Und manchmal muss man ins Ausland – es wäre einfach nicht auszuhalten, wenn man so verschroben und im eigenen Saft köchelnd enden würde wie eine alte Verwandte von mir, die tatsächlich einmal vor Abscheu in Tränen ausbrach bei dem Gedanken, dass es Leute gibt, die im Sommer lieber in dieses schreckliche, verrückte, fremdländische Frankreich fahren, wo doch die ganze Herrlichkeit, die das Großbritannien der 70er zu bieten hatte, direkt vor ihrer Haustür lag.

Nichtsdestotrotz verbringe ich meinen Urlaub inzwischen leidenschaftlich gern in Großbritannien. Das hat ehrlich gesagt weniger mit meinen Bedenken wegen des CO_2-Fußabdrucks meiner Familie zu tun als mit den Ausgaben und den Schererereien, die so ein Urlaub im Ausland mit sich bringt. Für einen gut verdienenden Single oder ein Pärchen ist das kein Problem. Doch wenn Sie kleine Kinder im Gepäck haben (ganz zu schweigen von einem neurotischen Hund, der untergebracht werden will), wird dieses Unterfangen rasch zu einer besonders stressigen Art, finanziell zu bluten. Und zu allem Überfluss kann man sich dabei häufig nicht des lähmenden Gefühls erwehren, dass unterm Strich der Spaß das Geld nicht wert ist.

Das zugrunde liegende Problem dabei ist, dass die Vorstellungen, die sich ein Erwachsener von einem schönen

Auslandsurlaub macht, selten mit denen eines Kindes übereinstimmen. Angenommen, ich möchte landschaftlich reizvoll in der Toskana abhängen (nur um eines dieser Mittelschichtklischees zu bemühen). Ich miete für ein Schweinegeld eine Villa. Wunderbar für mich – ich mag das Essen, ich mag die Hitze, ich mag Giotto, ich mag Kirchen, ich spreche Italienisch, ich mag schwimmen und in der Sonne liegen, und keinen Fernseher zu haben ist meine Vorstellung von Himmel.

Für meine Kinder treffen nur zwei dieser Behauptungen zu – die mit dem Essen und die mit dem Schwimmen. Der Rest langweilt sie zu Tode. Und, wie ich im Lauf der Jahre feststellte, kann man von einem Kind nicht erwarten, dass es 14 Tage durchschwimmt. Die ersten drei Tage ist der Pool supertoll, danach macht sich Ernüchterung, ja Verdrossenheit breit. (Was bei Ihnen sofort zu mieser Laune führt – was für schreckliche Fratzen haben Sie da großgezogen, die in Anbetracht eines Swimmingpools und Olivenhains die Nase rümpfen?) Sie sagen mit einem leicht aggressiven Unterton: Warum geht ihr nicht schwimmen? Ich bin schon den ganzen Vormittag geschwommen, sagen die Kinder, und jetzt ist mir langweilig. Geht spazieren. Nein, es ist zu heiß. Oder, wahlweise, ich bin 15, ich latsch nicht durch die Gegend und schau mir blöde

Bäume an. Sie brüllen: Dann macht irgendwas. Wir sind nicht den ganzen Weg gefahren und haben uns praktisch finanziell ruiniert, nur damit ihr hier rumgammelt. Und nein, ihr könnt nicht Gameboy spielen. Gameboy könnt ihr zu Hause spielen. Wir sind im Urlaub. Das ist etwas Besonderes.

Mittlerweile hat das Baby einen Ausschlag, und Sie fragen sich, ob das ein Hitzschlag sein könnte. Dabei hatten Sie die Kleine gegen ihren Willen dick mit Sonnenschutzfaktor 50 eingecremt (sie war den ganzen Tag schon lästig, weil sie nachts wegen der Hitze nicht schlafen konnte), und das mittlere Kind wurde von einer der vielen Wespen gestochen, die mittags in der bezaubernden Loggia ihre Versammlung abhalten. Alles nicht so schlimm, erklären Sie, schließlich steigen wir heute Nachmittag auf einen Glockenturm, von dem aus wir einen herrlichen Blick auf Siena haben. Und später zerre ich euch in glühender Hitze durch die Stadt, bis wir eine Kirche finden, in der ich mit zwölf Jahren war und in der es eine ganz besonders interessante Reliquie gibt. Das wird ganz, ganz toll!

Oder auch nicht.

Zu Hause Urlaub zu machen war die klügste Entscheidung, die ich je getroffen habe. Sie hat mir einige Tausend Pfund gespart, aber wichtiger noch, dadurch konnten wir alle die Ferien genießen. Niemand muss zu einer gottlosen Stunde am Flughafen sein, sich durch Menschenmassen kämpfen, sich über Flugverzögerungen und ekliges Frühstück ärgern, das einen Zehner pro Kopf kostet und in Fett ertrinkt. Niemand brüllt während des ganzen Flugs, nur weil die Ohren verstopft sind. Niemand muss sich zuerst abstrampeln, um die Mietwagenfirma zu finden, und dann, um die Villa zu finden. Und das ist erst der Anfang.

Stattdessen setzt man sich einfach in sein eigenes Auto und fährt los. Man macht in einem netten, familienfreundlichen Gasthof Mittag. Lässt sich Zeit. Und wenn man ankommt, ist alles aufregend anders, aber nicht zu fremd. Das Wasser ist blau, die Berge sind hoch. Die Sonne scheint – und wenn sie nicht scheint, dann scheint sie später. Der Strand ist lang und makellos. Der Fisch schmeckt, als ob er gerade aus dem Wasser marschiert wäre. Die Kinder haben nicht den Druck, 14 Tage lang ständig in den Swimmingpool hüpfen zu müssen: Sie können boarden, surfen, klettern, angeln, Schiffchen fahren, Sandburgen bauen, die größeren können alleine losziehen und die nächste Stadt erkunden, die kleinen können am Wasser spielen. Abends können die Großen mit anderen Teenagern rumhängen, während Sie in Ruhe das Baby ins Bett bringen, sich ein Glas Wein einschenken und den Sonnenuntergang bewundern. Der Himmel auf Erden.

Ja, manchmal regnet es. Na und? Dann liest man eben die Bücher, die man mitgenommen hat, spielt ein Brettspiel, kocht sich was Tolles, zieht die Regenjacke an und geht trotzdem raus. Es gibt immer was anzuschauen und zu erkunden. Noch eines gefällt mir an dieser Art Urlaub: das Altmodische. Es ist noch genug Zeit, um Las Vegas zu sehen oder die Amalfi-Küste oder Sansibar, aber jetzt sind wir alle hier am Meer/in den Bergen, und es ist ein bisschen wie *Fünf Freunde* und witzig, aber niemand bekommt alles auf einem Silbertablett serviert und damit das Gefühl, ein Luxusurlaub an Traumorten sei sein gutes Recht, und das Geld dafür regne es vom Himmel. Wir machen kleine, normale Sachen und haben eine Menge Spaß dabei.

Unterbringung

Die Unterbringung ist logischerweise entscheidend. Hier ein paar Tipps, wie Sie billig zu einem Dach über dem Kopf kommen.

Die Lage

Seien Sie pingelig, was die Lage betrifft. Wie die Unterkunft aussieht oder wie viele Sterne sie hat, ist weniger wichtig. Ich habe schon ausgesprochen teure Ferienhäuser mit Wahnsinnsküchen und -bädern gemietet, die allerdings Kilometer vom Strand entfernt waren und daher absolut zeitraubend – was man im Urlaub nicht will, ist wieder ewig im Auto zu sitzen, nur weil man abends spontan noch mal ins Wasser hüpfen möchte. Als mir dieser Fehler klar wurde, mietete ich äußerlich unattraktive (sogar groteske), dafür aber dramatisch billigere Ferienhäuser – für Holzböden zahlt man nämlich einen irren Aufpreis, nicht aber für einen unglaublichen Blick. Und schon wohnten wir direkt am Strand (das war in Cornwall und Devon). Okay, diese Häuser werden nie einen Designerpreis bekommen, und der Blümchenteppich ist vielleicht Ihre Sache nicht – aber was soll's? Unser Glückstreffer vom letzten Jahr war direkt neben einem Strandcafé, in dem man Surfstunden buchen und ein Bio-Frühstück bestellen konnte, ganz zu schweigen von den Drinks bei Sonnenuntergang. Wir hatten Frottiertagesdecken, eine beige Plastikküche, scheußliche Neonröhren, und die »Kunst« an der Wand war eine Beleidigung: Bilder von Kindern mit Stoffmützen. Aber es war fantastisch: Man war in einer Minute am Strand, und der Sonnenuntergang jeden Abend war ein Kunstwerk für sich.

Strandhäuser

Sie hätte es gerne etwas hübscher? Suchen Sie nach einem Strandhaus, für mich vereint das sämtliche Vorteile: bezahlbar, nett, am Strand. Freund Google hilft Ihnen suchen!

Wohnwägen

Unterschätzen Sie mir nicht die stationären Wohnwägen. Die sind absolut genial – während ich dieses Buch schreibe, spare ich auf einen in Camber Sands. Man kann sie aber auch mieten. Vor ein paar Jahren fiel mir zum ersten Mal auf, dass viele Campingplätze fantastisch gelegen sind, häufig sehr nah neben dem schicken Haus, für das wir ein Vermögen Miete zahlten, und dabei häufig näher am Strand als besagtes schicke Haus. Einer lag direkt hinter den Dünen, es gab mir einen Stich, als ich das sah. In Großbritannien schnellten, während ich dieses Buch schrieb, die Buchungen um 30 Prozent nach oben – direkte Folgen der Finanzkrise. Finanzkrise hin oder her – wenn Sie mich fragen, sind das lustige Familienurlaube. Ihre Kinder werden sie lieben. Wenn ich erzähle, dass ich von Wochenenden auf dem Campingplatz träume, lachen die Leute und halten das für Ironie. Ist es nicht, ich liebe es. Einige Campingplätze liegen in der Nähe von Naturparks oder haben besondere Angebote für Kinder. Wer es gewohnt ist, sich dumm und dämlich zu zahlen für ein schönes, schickes Ferienhaus, den erwartet eine angenehme Überraschung.

Und unterschätzen Sie die Wohnmobile nicht. Auch hier gehen im Augenblick die Verkaufs- und Vermietungszahlen durch die Decke, und die Gründe liegen auf der Hand: Sie können unterwegs sein, ohne ein Heidengeld für Ihre Unterkunft zahlen zu müssen. Und wenn es Ihnen an einem Ort nicht gefällt, dann ziehen Sie einfach weiter.

Fashion und Style bedeutet Ihnen alles? Dann müsste ein Zigeunerwagen ein Traum für Sie sein. In Großbritannien ist www.new-forest-gypsy-caravans.co.uk eine erste Anlaufstelle. Eine Woche Urlaub für vier Personen käme hier auf 375 Pfund. Aber auch auf dem Kontinent wird man leicht im Internet fündig. Bei www.celine-caravan.de können Sie zum Beispiel im Pferdewagen durch die Uckermark fahren.

Zelten

Und dann kann man
noch zelten, was nie
cooler und populä-
rer war als heute. 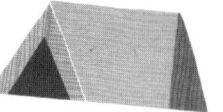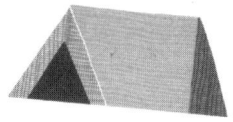 Es gibt auch besonders familienfreundliche Plätze, mit Spielplätzen und
Luxusbaderäumen, Jurten mit Himmelbetten und guss-
eiserner Badewanne, und es gibt »Zelte«, die man mieten
kann und die eher kleine Cottages sind. Super Tipps zum
richtigen Campingplatz und dem richtigen Zubehör finden Sie auf www.timesonline.co.uk/tol/system/topicRoot/
Camping_and_caravanning. (Auf dieser Seite werden
nicht nur Campingplätze in Großbritannien vorgestellt,
sondern in ganz Europa. Und darüber hinaus griechische
Tavernen und Wanderwege in den Pyrenäen.) Www.cam-
pingplatz.de ist eine Seite mit ausführlichen Angaben zu
den einzelnen Campingplätzen (die meisten in Deutschland, aber auch im europäischen Ausland) und Bewertungen von Campern, die schon mal dort gewesen sind.

Häusertausch

Oder wie wär's mit einem Häusertausch? Ihre Bleibe in
der Stadt ist vielleicht ein attraktiveres Angebot, als Sie
sich vorstellen, für Leute, die sich die immensen Hotel-
kosten sparen wollen und selber an idyllischen Orten auf

dem Land/am Meer/am See/in den Bergen leben. Weiter unten finden Sie Web-Adressen, die Ihnen weiterhelfen. Sie können sich natürlich immer direkt an Ferienhausbesitzer wenden und sie fragen, ob sie an einem Tausch interessiert wären. Ich habe das zweimal gemacht und mit großem Erfolg (per E-Mail – und hängen Sie ein paar Fotos an). Bittet, so wird Euch gegeben.

So oder so, Häusertausch ist eine geniale Erfindung, die Ihnen zu einem preiswerten Urlaub an den schönsten Plätzen der Welt verhilft. Hier die Grundregeln, die es dabei zu beachten gilt:

 Die wichtigste ist: Lügen Sie nicht bei der Beschreibung Ihres Hauses oder Ihres Viertels. Wenn Ihr Viertel selbst nett ist, aber an ein nicht ganz so nettes grenzt – was in Städten wie London ziemlich häufig vorkommt –, dann sagen Sie es. Wenn Ihr Viertel ruppig ist, aber die Nachbarn himmlisch, dann sagen Sie es. Falls Sie Ihre Wohnung gegen eine Wohnung in New York tauschen möchten, verstehen Ihre potenziellen Tauschpartner genau, was Sie meinen, und lassen sich davon nicht abschrecken. Aber sie werden zu Recht ziemlich sauer reagieren, wenn Sie im Glasscherbenviertel wohnen und es als das Nobelviertel der Stadt anpreisen. Nach einer Reise von mehreren Tausend Kilometern ist man darüber *not amused*.

Stellen Sie die Vorzüge Ihres Hauses nicht übertrieben dar. Sie müssen es ja auch nicht schlechtmachen, aber seien Sie ehrlich. Wenn das WLAN im Dachgeschoss nicht funktioniert, sagen Sie es und behaupten Sie nicht, das Haus sei von oben bis unten komplett drahtlos. Wenn die Fahrräder in der Garage zwar funktionieren, aber uralt sind, dann machen Sie kein Geheimnis draus. Und verheimlichen Sie auch nicht, dass Sie unter der Einflugschneise wohnen, sollte das der Fall sein.

 Versuchen Sie, Ihr Viertel zu beschreiben. Die Aussage, es sei familienfreundlich, reicht nicht. Schildern Sie es mit mehr Liebe – erzählen Sie von den leckeren Smoothies in dem Café um die Ecke, dem tollen geheimen Picknickplatz im Park, wie es mit Cafés, Geschäften, Restaurants aussieht, von den freundlichen Nachbarn, der guten Anbindung mit öffentlichen Verkehrsmitteln, dass es in der Nähe eine Schule gibt und daher morgens und nachmittags etwas lauter wird und so weiter.

 Klären Sie so viel wie möglich im Vorfeld. Fotos sind natürlich eine große Hilfe, aber halten Sie sich auch nicht zurück, wenn Sie Fragen haben, und seien es noch so viele und noch so spitzfindige Fragen – und werden Sie nicht unleidlich, wenn es die Gegenseite genauso macht.

Denken Sie dran: Für einen potenziellen Tauschkandidaten ist vielleicht das, was Sie nervt, ein Plus (und umgekehrt). In Ihrem Hof wimmelt es am Wochenende nur so von Kleinkindern? Das mag für sonnenbadende Singles ein Gräuel sein, aber junge Eltern sind begeistert. In der Kneipe um die Ecke gibt es jeden Donnerstag Jazz bis in die Puppen? Wer seine nächtliche Ruhe liebt, leidet sicher darunter, aber für Nachteulen und Jazzliebhaber ist das der Himmel auf Erden. In Ihrem Viertel gibt es nur Restaurants mit exotischer Küche? Herrlich für experimentierfreudige Feinschmecker. Oder nur billige Imbissbuden? Ein Anreiz für Freunde der Currywurst. Und so weiter und so fort.

Hier einige Webseiten, die Ihnen weiterhelfen:

www.homebase-hols.com

www.homeexchange.com

www.homelink.de

www.gti-home-exchange.com (Seite auch in Deutsch aufrufbar)

Und dann ist da noch der Kurzurlaub, auch bekannt als Wochenendtausch. Im Prinzip tauschen Sie dabei von Freitag bis Sonntag mit einem Freund die Wohnung – natürlich mit einem Freund, der ewig weit weg wohnt, nicht mit dem eine Straße weiter, obwohl das wahrscheinlich auch ganz nett sein könnte. Das ist alles. Es kostet nichts, ist absolut einfach und funktioniert besonders gut, wenn Sie Kinder im gleichen Alter haben, dann finden diese schon passendes Spielzeug vor.

Weitere nützliche Reisetipps

- *www.seat61.com* zeigt Ihnen, wie Sie billig per Schiff oder Zug durch Europa reisen können.

- *www.sidestep.com* – um Meilen die beste Reiseangebotsvergleichsseite – einfach die Schlüsseldaten eingeben, und 200 Reiseseiten werden nach dem billigsten Angebot durchsucht.

- Auf Deutsch sucht die Reisesuchmaschine *www.de.kayak.com* für Sie nach günstigen Flügen, Hotels oder Mietwagen.

- **Kaufen Sie Zugtickets möglichst früh,** um die günstigsten Angebote und Preise zu bekommen.

■ **Besorgen Sie sich eine Bahnkarte** *(www.bahn.de)*, wenn Sie häufiger Bahn fahren. Rechnen Sie durch, welche Karte für Sie das Richtige ist, und lesen Sie – wie immer – das Kleingedruckte.

■ **www.bahn.de** hat eine Extraseite mit Sonderangeboten und Gruppenreiseangeboten.

■ **Speisewagen erster Klasse stehen –** sofern es sie noch gibt – Reisenden aller Klassen offen und lassen Sie meist noch zu Ende essen, bevor man Sie rauswirft.

■ **Schlafwägen sind romantisch,** effizient und sparen die Kosten für eine Nacht Unterbringung.

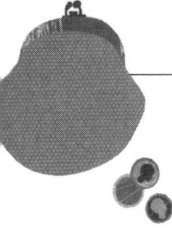

Woran man nicht sparen sollte

So grundsätzlich lässt sich das hier nicht festlegen, schließlich ist es höchst subjektiv, ob man der Unterbringung einen höheren Stellenwert zumisst als dem Beförderungsmittel und so weiter. Also hier meine subjektive Meinung: Ich persönlich würde nie an der Unterkunft sparen, vor allem nicht in Großbritannien, wo das Wetter bekanntermaßen unzuverlässig ist. Eine höchst einfache Unterkunft macht keinen Unterschied, wenn man den ganzen Tag in der Sonne herumhüpft, aber sie kann zur Hölle werden, wenn es zwei Wochen lang durchregnet und man sich nirgends bequem hinsetzen kann.

Sparen Sie nicht an der Auslandskrankenversicherung. Jeder denkt, er brauche sie nicht, aber dann braucht man sie doch. Und ein Unfall im Ausland ohne Versicherung kann einen teuer zu stehen kommen.

Lage: Das beste Schnäppchen der Welt ist letztlich kein Schnäppchen, wenn man jedes Mal zwei Stunden im Auto sitzt, um dorthin zu kommen, wo man hinwill. Also legen Sie lieber etwas drauf, damit Sie gleich dort sind, wo Sie hinwollen. So sparen Sie Benzin und Nerven.

Zuhause

Your home is your castle, oder daheim ist daheim. Und da sollte es schön sein, so schön, dass Sie nie mehr fortwollen, wodurch Sie viel Geld sparen.

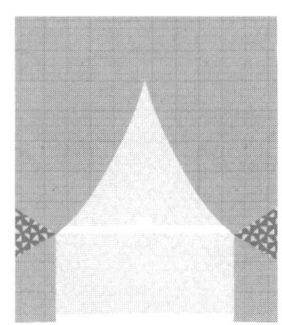

Herrliche Bratendüfte, die durchs Haus ziehen, sind, wie bereits besprochen, eine Möglichkeit. Oder Sie können es sich gemütlich machen, auf aus alten Pullis selbst gemachten Kissen. Sie können aus Ihrem Zuhause ein Bastelparadies machen, ein Brettspieldorado oder einen Pokerpalast. Und mit Ihrer neu entdeckten Liebe zum Häkeln Geld verdienen, online auf Schnäppchenjagd gehen, für wenig Geld mit Ihren Freunden und einem Cocktailshaker Partys feiern. Dieses Kapitel beginnt mit weniger romantischen, doch sehr nützlichen Ideen, wie Sie zu Hause Geld sparen und zugleich ökologisch aufrüsten können – nicht unbedingt aufregend, aber Sie machen damit einen Unterschied.

Energie

Als Erstes wäre es vielleicht ratsam herauszufinden, wie energieeffizient Ihre Wohnung/Ihr Haus ist. Ich weiß, nicht gerade ein sexy Einstieg, aber wenn Sie das in den Griff bekommen, kommt das nicht zuletzt Ihrem Geldbeutel zugute. Sie müssen vielleicht in eine bessere Isolierung investieren oder bessere Fenster, aber langfristig überwiegen die Vorteile für die Umwelt und für die Haushaltskasse. Auf den folgenden Webseiten erfahren Sie, was Sie tun können – füllen Sie einen Online-Fragebogen aus, und Sie sehen, wie viel Energie und Geld Sie sparen können und wie Sie dazu am besten vorgehen:

www.stromvergleich. de

www.stromverbrauch-berechnen.com

www.energie-kosten-reduzieren.de

An dieser Stelle könnte ich ins Detail gehen, wie Sie Ihre Nebenkostenrechnung senken – durch das Wechseln der Anbieter etc., aber ehrlich gesagt gibt es eine Reihe von Webseiten, die sich ausschließlich mit diesen Themen beschäftigen.

Zuhause recyclen

(siehe dazu auch die Seiten 193 bis 196)

www.recyclenow.com enthält Tipps zum Recyclen – hier erfahren Sie, was man wie recyclen kann.

www.berliner-umweltforum.de/infoservice/ oekorecyclingtipps/index.html ist eine Fundgrube für allgemeine Infos zum Thema.

www.greenlivingonline.com hilft unter anderem weiter, wenn Dinge kaputt gehen und man nicht weiß, ob man sie reparieren oder ersetzen soll.

Stellen Sie auf papierlose Rechnungen um. Damit retten Sie nicht nur Bäume, Sie ersparen es sich auch, sich durch Papierstapel arbeiten zu müssen. Und in Ihrer Post sind nie wieder Rechnungen. Bei den meisten Firmen gibt es diese Option, bei vielen gibt's sogar einen Preisnachlass dafür.

Füllen Sie das Formular auf www.robinson-liste.de aus, um keine unerwünschte Werbepost mehr zu erhalten.

Lesen Sie auf Seite 194 über Freecycle nach.

Putzmittel

Es heißt, wir vergiften uns alle in unserem eigenen Haus, weil wir täglich mit chemischen Keulen gegen den Schmutz vorgehen (die dann im Abwasser landen und auch noch den Rest vergiften). Das muss nicht sein. Machen Sie Ihre Putzmittel selbst, das geht einfach, macht Spaß und spart Geld. Und Sie können Ihre Küchenoberflächen reinigen, ohne zuvor Babys und Kleinkinder aus dem Raum schicken zu müssen oder sich eine Hustenattacke einzuhandeln. Außerdem sind diese Putzmittel gut, wirklich billig und machen Schluss mit diesen seltsamen roten Flecken, die man von einigen Putzmitteln auf Händen und Armen bekommt, deren Namen ich hier nicht nennen möchte.

Ein häufiger Bestandteil in den folgenden Rezepten ist Borax, eine sehr sichere Substanz (sie kommt sogar in Kosmetikartikeln vor – nicht dass das eine Garantie wäre), die für Menschen so gut wie nicht toxisch ist. Es ist äußerst wirksam. Es reinigt und desinfiziert, beseitigt

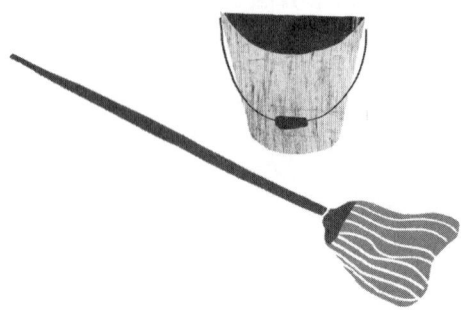

Bakterien, Pilze und Schimmel und ist außerdem ein Bleichmittel. Sie erhalten es billig bei Discountern.

🍀 **Machen Sie sich Ihre Boden- und Teppichreinigungsmittel selbst:**
http://howtomakedo.net/363/homemade-floor-and-carpet-cleaners

🍀 **Machen Sie sich Ihre Putzmittel für Glas, Email-, Metall-, Holz- und Plastikoberflächen selbst.**
http://howtomakedo.net/260/homemade-surface-cleaners

Eine Mischung aus Borax und Backpulver (jeweils ein Esslöffel) ergibt ein hervorragendes Geschirrspülmittel. Der Anwendung sind keine Grenzen gesetzt – edles Porzellan zum Beispiel funkelt und strahlt wieder.

Essig ist ebenfalls eine ausgezeichnete biologische Alternative zu den vielen chemischen Putzkeulen. Entfernen Sie damit Kalkablagerungen in Töpfen, machen Sie verstopfte Abflüsse frei, bringen Sie Metall zum Glänzen und Fruchtfliegen zum Abfliegen. Auch diverse Flecken, selbst aus Kleidung, lassen sich damit entfernen. Die gesamte Liste mit Hunderten von Einsatzmöglichkeiten von Essig im Haushalt – man bekommt dabei das Gefühl, es mit einem Wundermittel zu tun zu haben – finden Sie auf www.vinegartips.com, das auch Themen wie Kochen, Auto- und Haustierpflege sowie Garten abdeckt. Genaue Anweisungen finden Sie auch auf www.ratgeber. org/608-essig-die-wunderwaffe-im-haushalt.html oder auf www.einfach-natuerlich.de/tippsuche.php, wenn Sie nach dem Stichwort »Essig« suchen.

Zu Beginn des 20. Jahrhunderts war Backpulver – statt Phospaten, Enzymen oder Bleichmitteln – so ziemlich das einzige Putzmittel. Man löste es in Wasser auf – eine halbe Tasse (entspricht acht Esslöffeln) Backpulver auf einen halben Liter Wasser. Sie sollten sich Gummihandschuhe besorgen, bevor Sie losschrubben. Backpulver beseitigt Fett und Kalkablagerungen hervorragend, ist also geeignet für den Einsatz in Küche und Bad. Keramik- und Vinylfliesen werden ebenfalls wunderbar sauber. (Aber Holzlack leidet – hier ist eine Boraxlösung besser. Auf www.dri-pak.co.uk und über Google erfahren Sie Näheres.) Rollos werden mit einer Backpulverlösung wunderbar sauber, und der Staub bleibt das nächste Mal nicht so leicht hängen. Auch Wein-, Tinten- und Grasflecken lassen sich damit entfernen, um nur ein paar Einsatzmöglichkeiten im Haushalt zu nennen.

Was ich vor allem sagen möchte: Diese Mittel wirken, und sie wirken sehr gut. Ich habe schon früher über die ans Magische grenzenden Eigenschaften von Essig gelesen und wusste, dass man mit Backpulver coole Sachen machen kann, aber ich hatte immer den Verdacht, dass sie nicht wirklich professionell sind – also nicht so effizient wie die gängigen, mit Chemikalien vollgestopften Putzmittel. Doch diese wesentlich natürlicheren Putzmittel wirken wunderbar und sind äußerst preiswert. Dazu kommt, dass Sie weder Ihre Gesundheit noch die Ihrer Familie (oder Ihrer Haustiere) gefährden und Sie es sich ersparen, in einem übermäßig desinfizierten und parfümierten Umfeld zu leben. (Ich habe einige Theorien dazu, wie das Leben in einer zu chemisch reinen Umgebung Allergien auslösen kann, mit denen ich Sie hier aber nicht langweilen möchte.) Eigentlich können Sie nur gewinnen. Machen Sie den Versuch. Und putzen Sie mit Lumpen – was ist eigentlich aus Lumpen geworden? – aus alten T-Shirts oder Kleidern.

Kompostieren

Minimieren Sie Ihren Müll und tun Sie Ihrem Garten Gutes. Und zwar so:

🌼 **Am Anfang steht die Entscheidung, welche Art von Kompostiertonne Sie möchten und ob Sie Garten- oder Küchenabfälle oder beides kompostieren wollen.** Auf www.greengardener.co.uk oder www.kompost.de finden Sie Informationen, die Ihnen bei diesen Entscheidungen weiterhelfen.

🌸 **Stellen Sie Ihre Tonne auf eine ebene Stelle,** an der das Wasser gut ablaufen kann und an der hilfreiche Tierchen in die Tonne gelangen und die Kompostierarbeit aufnehmen können.

🌸 **Wie bei jedem Rezept kommt es auch beim Kompost auf die richtigen Zutaten an.** Für gutes Gelingen sorgen unter anderem Gemüseabfälle, Obstabfälle, Teebeutel, Pflanzen- und Grasschnitt. Das ist der »Grünanteil«. Er verrottet schnell und liefert den wichtigen Stickstoff sowie Feuchtigkeit. Außerdem lassen sich Eierkartons, zusammengeknülltes Papier und Laub kompostieren. Das ist der »Braunanteil«, der langsamer verrottet, aber Faserstoffe und Kohlenstoff liefert. Auch zerdrückte Eierschalen sind im Kompost willkommen.

🌸 **Kompostieren Sie kein gekochtes Gemüse, kein Fleisch, keine Milchprodukte und keine abgestorbenen Pflanzen.**

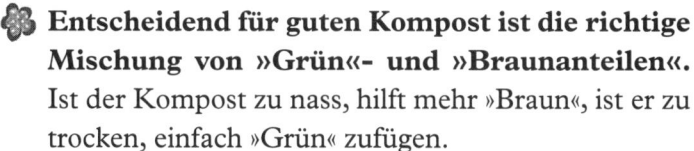 **Entscheidend für guten Kompost ist die richtige Mischung von »Grün«- und »Braunanteilen«.** Ist der Kompost zu nass, hilft mehr »Braun«, ist er zu trocken, einfach »Grün« zufügen.

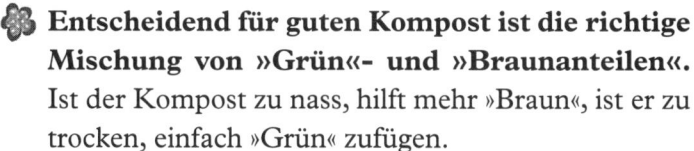 **Nach etwa sechs bis neun Monaten ist der Kompost fertig.** Er sollte dunkelbraun, beinahe schwarz und wie Erde sein. Verteilen Sie den fertigen Kompost auf die Blumenbeete. Das verbessert die Bodenqualität enorm, erhöht die Fähigkeit der Erde, die Feuchtigkeit zu halten, und unterdrückt Unkraut.

Auf www.gartenfieber.de/bodenpflege/richtig-kompostieren.html gibt es jede Menge nützliche Information zum Kompostieren.

Würmer

Ein Wurmkomposter funktioniert wie ein Komposthaufen, nur erledigen hier die Würmer die Arbeit der Bakterien und Mikrofungi – sozusagen die kleinere und kompaktere Ausgabe, die den Job allerdings schneller erledigt (solange die anfallenden Abfälle die übliche Haushaltsmenge nicht übersteigen). Er stinkt nicht, das heißt, man kann ihn problemlos nach draußen neben die Küchentür stellen. Alles, was gelebt hat und gestorben ist, kann von Würmern kompostiert werden, die besten Ergebnisse erhält man jedoch mit weichen organischen Materialien wie Gemüseabfällen, Teeblättern, Kaffeesatz, altem Brot, Tierhaaren und sogar Staubsaugerstaub.

Gärtnern

Ich werde Ihnen hier keinen Vortrag übers Gärtnern halten, schließlich kann ich selbst nur Sachen in Töpfen großziehen (und das halte ich schon für einen kleineren Triumph), aber auf dieser Seite finden Sie Tipps zum naturfreundlichen Gärtnern: www.krautundrueben.de. In diesem Zusammenhang sollte vielleicht die Tatsache nicht unerwähnt bleiben, dass es in Großbritannien – und nicht nur in Großbritannien – immer weniger Vögel gibt und dass diese Entwicklung rasant an Fahrt gewinnt. Vor allem Haussperlinge, Stare und Singdrosseln sind davon betroffen. Gärtner können sich gegen das Verschwinden der Vögel stemmen, indem sie Laubbäume, einheimische Stauden und Kletterpflanzen wie Geißblatt und Rosen pflanzen, die Vögeln Nahrung und Schutz bieten. Und indem sie das Gras höher wachsen lassen, was gut für die Insekten ist, was wiederum gut für die insektenfressenden Vögel ist. Ginge es nach mir, sollte jeder seinen Rasen in eine kleine Wiese verwandeln: Das sieht hübsch aus, hilft den Tieren (und zieht Schmetterlinge an), und die Kinder lieben es. Die Royal Horticultural Society (www.rhs.org.uk) zeigt Ihnen, wie das geht; www.biogaertner.de/Articles/III.Gartenformen_Teilbereiche/NaturnaheGarten.html hilft Ihnen mit Ratschlägen weiter.

Weitere nützliche Webseiten:

www.rspb.org.uk/youth/makeanddo/activities/birdfeeder. asp
Zeigt Ihnen, wie man eine Futterröhre für Vögel baut.

www.care2.com/greenliving/make-easy-bird-feeders.html
Wie man aus Kiefernzapfen Futterplätze für Vögel bastelt.

www.patriciaspots.com/birdbathhowto. htm
Wie man aus Blumentöpfen ein Vogelbad bastelt.

Dekoration

Malerarbeiten

Eine neue Farbe ist die schnellste und billigste Methode, Ihrem Zuhause einen neuen Look – einen neuen Anstrich! – zu geben. Ich bin immer wieder von den Socken, wenn in den einschlägigen Fernsehsendungen ein potenzieller Interessent in einen Raum kommt und ausruft: »Ooo nein, mit diesem Gelb könnte ich nicht leben«, und hochnäsig wieder hinausmarschiert. Als wäre eine Wandfarbe eine geografische Katastrophe und so unveränderbar wie ein aktiver Vulkan. Darum: Wändestreichen ist nicht schwierig, ein paar Dinge gilt es allerdings zu beachten, wenn das Ergebnis nach was aussehen soll.

 Malern Sie nicht einfach drauflos – waschen Sie die Wände zuvor mit unserer guten englischen Sugar Soap oder behelfen Sie sich mit einer Backpulver-Wasserlösung.

 Suchen Sie nach Rissen und Dellen und spachteln Sie diese zu. Lassen Sie die Füllung trocknen und gehen Sie mit einem Sandpapier drüber, bis alles schön glatt ist.

Streichen Sie wie ein Maler und schludern Sie nicht. Schauen Sie auf www.helpwithdiy.com/ painting/painting_interior_walls.html oder www. heimwerker-tipps.net/category/malerarbeiten/ vorbei. Oder bei Videojug, dann sehen Sie, wie's geht.

 Streichen Sie nicht nur Wände – hauchen Sie kleineren Möbeln mit einem frischen Anstrich neues Leben ein. Für den chicen schäbigen Look einfach zweimal mit jeweils einer anderen Farbe streichen und – sobald alles getrocknet ist – mit Stahlwolle drübergehen. Das ist derart einfach, das geht sogar mit zwei linken Händen.

 Beschriften Sie Eimer mit übrig gebliebener Farbe mit dem Farbnamen und dem Zimmer, in dem sie verwendet wurde.

 Damit die Farbe nicht austrocknet, den Eimer mit Frischhaltefolie versiegeln, fest mit dem Deckel verschließen und auf den Deckel gestellt aufheben.

 Schütten Sie nicht verwendete Farbe nicht einfach weg, wenn Sie sie nicht behalten wollen. In Großbritannien wurden nach Angaben von Community RePaint allein letztes Jahr 400 Millionen Liter Farbe verkauft. Davon wurden geschätzte 56 Millionen Liter nicht verbraucht oder weggeschüttet – das ist genug Farbe, um 22 Swimmingpools in Olympiagröße zu füllen. Also warum verschenken Sie die übrig gebliebene Farbe nicht einfach? In Großbritannien übernimmt besagte Community RePaint die Organisation. 2006 wurden 208 000 Liter Farbe an 11 000 Einzelpersonen und Hilfsorganisationen verteilt (die sonst im Müll gelandet wären). Das entspricht einem Wert von 900 000 Euro.

Sicher streichen

Sorgen Sie für gute Belüftung und überlegen Sie, ob umweltfreundliche Farbe nicht die bessere Alternative wäre. Bei normalen Farben heißt es häufig, sie seien gesundheitsgefährdend, da viele VOCs (kurz für: volatile organic compounds, also flüchtige organische Verbindungen) enthalten. Dabei handelt es sich unter anderem um petrochemische Benzole, Toluole, Lackbenzin und Xylole. Diese können bei sehr alten und sehr jungen Menschen sowie chronisch Kranken Kopfschmerzen, allergische Reaktionen und Gesundheitsprobleme auslösen. Wenden Sie sich bei Fragen dazu an Ihren Farbenhändler oder die Webseite des Herstellers.

Aus Bedenken über die Luftverschmutzung und

den Sondermüll ging der Anteil der Farben auf Ölbasis stark zurück (diese enthalten sehr viele VOCs und giftige Lösungsmittel). Farben auf Wasserbasis sind wesentlich sicherer, aber auch hier enthalten einige immer noch einen hohen Anteil an VOCs.

Die gute Nachricht ist, dass aus diesen gesundheitlichen und umweltpolitischen Bedenken heraus viele Farbenhersteller ihre Produktion überdacht haben. Es wurden große Anstrengungen unternommen, Farben zu entwickeln, die keine oder nur wenige VOCs enthalten und dennoch hervorragende Ergebnisse liefern.

Sie können auch aus einer Reihe ökologischer Hersteller wählen, die natürliche Stoffe wie Öle und Tonmehl als Grundlage verwenden – das ist wichtig, falls Sie Bedenken wegen Feuchtigkeit haben. Die durchlässigen Lehmfarben erlauben es den Wänden zu atmen und sind feuchtigkeitsregulierend – perfekt für ältere Steinmauern, da dies der Schimmelbildung entgegenwirkt. Und natürlich riechen sie so gut wie nicht. Diese Ökofarben kosten mehr als normale Farben und sind daher sparsamkeitstechnisch nicht der Hit. Aber das wird meines Erachtens durch die ökologischen und gesundheitlichen Pluspunkte ausgeglichen, vor allem, wenn Sie damit ein Kinderzimmer streichen. Das könnten Sie natürlich auch mit der billigsten Farbe streichen, die Sie finden, aber das wäre dann etwa so, als sein Kind mit Fast Food zu mästen, finde ich.

Hier ein paar umweltfreundliche Ökofarbenhersteller:

www.thelittlegreene.com
Egal ob Sie schön altmodische English-Heritage-Farben oder schrille Töne suchen, die natürlich stark genug pigmentiert sind, um hervorragend zu decken (was nicht bei allen Ökoprodukten selbstverständlich ist: machen Sie immer den Test). Unter »Distributers« finden Sie die deutschen Händleradressen.

www.auro.de

www.ecospaints.com

In diesem Zusammenhang darf die geniale Erfindung der Tafelfarbe nicht unerwähnt bleiben. Die gibt's in jedem größeren Baumarkt. Sie tragen die Farbe in zwei Schichten kreuzweise auf eine beliebige ebene Fläche auf und, zack, die Tafel ist fertig. Darauf können Sie zeichnen, malen, eine Speisekarte schreiben oder sich Notizen machen.

Tapezieren

Eine Fieselarbeit – nicht einfach, aber auch nicht unmöglich. Und auch hier gilt: Schauen Sie sich bei YouTube oder Videojug an, wie's geht. Hübsche Tapeten sind teuer, aber auch hier lässt sich beim Material Geld sparen. Im

Grunde genommen lässt sich mit Tapetenkleister alles an die Wand kleben, also beschränken Sie sich nicht auf teure Fertigtapeten. Das verwendete Material ist ziemlich fragil? Eine Schicht Klarlack schützt es. Selbst Materialien, die auf dem Küchentisch eher billig wirken, gewinnen sehr, wenn sie glatt und perfekt an der Wand hängen. Damit meine ich nicht, dass Sie Ihr Wohnzimmer mit der *Frankfurter Allgemeinen Zeitung* tapezieren sollen, aber folgende Vorschläge sind durchaus bedenkenswert.

 Musikpartituren

 **Landkarten**

 Wandkarten – das Spielzimmer meiner Tochter ist mit Wandkarten tapeziert, die der Zeitung beilagen. Sieht wunderschön aus. (Und ich hab das Gefühl, sie nimmt die Info durch Osmose auf.)

 Fotos aus Zeitschriften – *National Geographic* für Naturliebhaber oder *Vogue* für die zukünftige Fashionista. An die Wand geklebt wirken Bilder aus Zeitschriften völlig anders, als wenn man sie an die Wand heftet – nämlich glatt und gepflegt.

 Collagen – legen Sie einen Joe Orton hin und verbringen Sie ein paar Abende damit, aus vorhandenen Fotos extravagante Scenarios zu gestalten.

Poster – die Zimmer meiner beiden Teenager sind mit Postern tapeziert. Das sieht keineswegs nach schmuddeliger Studentenbude aus, sondern wirkt absolut cool. Wenn die Jungs auf einen der Helden nicht mehr stehen – Eminem, wo bist du? –, dann wird einfach der neue Held drübergekleistert.

 Packpapier – einige dieser Packpapiere, die es zu kaufen gibt, sind unglaublich schön und eigentlich viel zu schade zum Einpacken. Drum lassen Sie es und kleistern Sie das Papier stattdessen an die Wand.

 Poster – damit meine ich Erwachsenenposter und nicht alte Poster von den Pigeon Detectives. Mit gerahmten Postern kann ich nicht so viel anfangen – ein Rahmen läuft meines Erachtens dem Posterhaften zuwider und bauscht die Tatsache, dass man einmal eine Rousseau-Ausstellung besuchte, etwas zu sehr auf. Andererseits wirken Poster nur einfach so an die Wand geheftet so verletzlich. Daher ist es das Beste, man benutzt sie als Tapete – alle diese Ausstellungen, die man liebte, die Theatervorstellungen, die man sah, die Bands, die man in der Jugend verehrte, die witzigen und/oder bezaubernden Poster, die man im Urlaub kaufte und mit denen man nicht wirklich etwas anzufangen weiß. (Diese etwas abgedroschenen französischen Retro-Poster,

die für Absinth, Kakao und das Moulin Rouge werben, wirken an einer Küchenwand umwerfend.)

Das sind nur Vorschläge. Im Prinzip kann man alles aus
Papier, das nicht zu dünn oder zu dick ist, an die Wand
kleben.

Noch mehr Ideen für Wände

 www.betterwallpaper.co.uk oder **www.tapete.
de/Fototapeten_aus_eigenen_Fotos.84.0.html**
macht aus jedem Foto ein riesiges Stück Tapete;
www.55max.com macht nicht nur Tapeten aus
Fotos, sondern auch Rollos und druckt Ihre Fotos
auch auf Stoffe.

 **Sie haben ein Händchen für Grafikpro-
gramme?** Dann können Sie das auch selbst machen
(die Tapete, nicht das Rollo). Werfen Sie dazu einen
Blick auf http://blog.wired.com/geekdad/2007/05/
last_year_we_de.html.

 **Probieren Sie die Serviettentechnik (Décou-
page) aus** – www.decoupage-online.com oder www.
serviettentechnik-decoupage-motivservietten.net –
und lehnen Sie Schablonen nicht einfach deshalb
ab, weil sie Teil der Schwammtechnik/Bourbonen-

lilie-Szene der späten 80er waren. Bei der Stencil Library (www.stencil-library.com) gibt's wunderschöne Schablonen.

 Laden Sie sich ein digitales Foto oder Bild auf den Computer und gehen Sie zu http://homokaasu.org/rasterbator. Dort konvertiert man Ihnen Ihr Foto gratis auf die gewünschte Größe und schickt Ihnen die vergrößerte Version als PDF-Dateien zurück. Die können Sie ausdrucken und wie ein Puzzle zusammensetzen. Vielleicht nicht ganz so umweltfreundlich (wenn's schiefgeht, verschwenden Sie eine Unmenge Papier), aber ziemlich cool.

Möbel

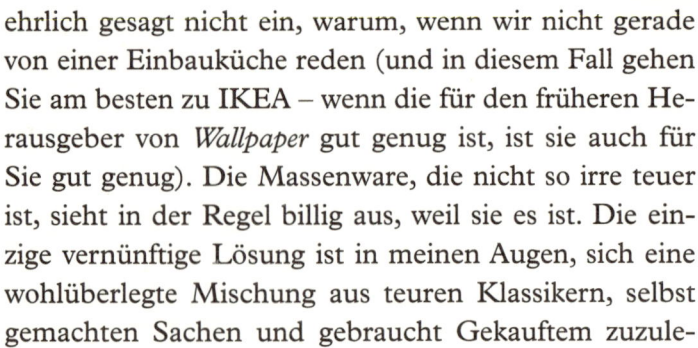

Neue Möbel können irre teuer sein. Und mir leuchtet ehrlich gesagt nicht ein, warum, wenn wir nicht gerade von einer Einbauküche reden (und in diesem Fall gehen Sie am besten zu IKEA – wenn die für den früheren Herausgeber von *Wallpaper* gut genug ist, ist sie auch für Sie gut genug). Die Massenware, die nicht so irre teuer ist, sieht in der Regel billig aus, weil sie es ist. Die einzige vernünftige Lösung ist in meinen Augen, sich eine wohlüberlegte Mischung aus teuren Klassikern, selbst gemachten Sachen und gebraucht Gekauftem zuzulegen. Bei den teuren Klassikern brauchen wir uns nicht lange aufzuhalten. Kaufen Sie sich das beste Bett, das Sie sich leisten können, und ein bequemes Sofa oder zwei. (Sitzen oder liegen Sie bei Betten oder Sofas mindestens 15 Minuten Probe. Ich habe schon auf dem einen oder anderen superschicken, ästhetisch göttlichen Teil gesessen oder gelegen, bei dem sich garantiert jeder jahrelange Rückenschmerzen einfängt.)

Allgemeine Tipps:

 Wer ein bestimmtes Möbelstück sucht, sollte zuerst immer bei Freecycle oder einer ähnlichen Umsonst-Seite vorbeischauen (siehe Seite 194). Die Leute wollen alles Mögliche loswerden, von versifften Plastikteilen bis hin zu B&B Italia. Wichtig ist: Beobachten Sie die Angebote über einen längeren Zeitraum, geben Sie nicht auf, nachdem Sie einmal kurz reingeschaut haben. Wer schöne Möbel sucht, sollte in reicheren Gegenden suchen. Bei großzügigen reichen Menschen ist die Wahrscheinlichkeit größer, dass sie etwas Ordentliches verschenken.

 eBay kommt hier logischerweise groß raus – es kostet Zeit, aber Sie können wahre Schnäppchen finden.

Schauen Sie sich in den Gebrauchtläden und auf den Antiquitätenmärkten in Ihrer Gegend um und machen Sie es sich zur Angewohnheit, bei Ausflügen in die nähere oder weitere Umgebung Ausschau nach neuen Läden und Märkten zu halten. Man findet die tollsten Sachen, wo man es am wenigsten erwartet hätte.

Lesen Sie auf den Seiten 197 bis 198 über Flohmärkte nach.

 **Tipp:** Vergessen Sie die reichen Touristenstädte – dort haben sich die Preise längst an die dicken Geldbörsen der Gäste angepasst.

In Secondhand-Möbelläden erwartet man von Ihnen, dass Sie den Preis herunterhandeln.

Große Antiquitätenläden, die sich nicht selten in unscheinbaren Gebäuden am Stadtrand befinden, sind ein absolutes Muss. So unromantisch sie sind, man findet dort oft die erstaunlichsten Schnäppchen.

Raus aus der Großstadt.

Fragen Sie in kleinen Läden, ob Sie einen Blick ins Lager werfen dürfen.

Fragen Sie doch, wenn Sie etwas Bestimmtes suchen, ob Sie es unrenoviert mit einen Preisnachlass bekommen können. Vor allem bei Dingen wie alten Küchentischen macht sich das bezahlt – in London werden diese Teile mit Stahlwolle abgerieben und gewachst, und dafür zahlt man 300 Euro mehr.

 Die Farbe eines Holzmöbels gefällt Ihnen nicht? Beizen Sie es einfach selbst und sparen Sie sich den Aufpreis, den der Laden dafür verlangt.

Pflegen Sie Ihr Hab und Gut

Auf den ersten Blick mag das selbstverständlich erscheinen, aber liebevolle Pflege verlängert das Leben so manches Lieblingsstücks. In diesem Wegwerfzeitalter sind wir alle nur zu schnell bereit, wenn es darum geht, ein Stück in den Abfall, den Keller oder den Wiederverwertungszyklus zu geben, weil es nicht mehr funktioniert oder »kaputt« ist. Ich finde, es lohnt sich absolut, einen Reparaturkurs zu belegen. Eine Lampe sollte jeder reparieren können – aber wenn Sie mit Ihrer Zeit haushalten müssen und sich nicht abendelang in einen Kurs setzen können, dann suchen Sie sich jemanden, der es Ihnen so beibringt. Oder machen Sie sich online kundig.

So bleiben Ihre Sachen schön:

Holz braucht Pflege. Es bekommt Durst und trocknet aus. Möbelpolitur reicht nach einiger Zeit nicht mehr: Sie brauchen Wachs und Achselschmalz.

 Leder braucht Pflege. Auch Leder trocknet aus und bekommt Risse. Und die Farbe bleicht aus. Tragen Sie ein gutes Lederpflegemittel mit einem weichen Lappen auf, und es bleibt glänzend und weich.

 Waschen Sie Ihre gestrichenen Wände zwei- bis dreimal im Jahr. Verwenden Sie dazu Wasser und Backpulver, und all diese Schmuddelflecken und fetten Fingerabdrücke verschwinden.

 Lassen Sie die Fenster blitzen – es macht einen Riesenunterschied. Putzen Sie die Fenster mit weißem Essig und polieren Sie mit zerknülltem Zeitungspapier nach. Billiger als jedes Fensterputzmittel und ein streifenfreies Ergebnis.

 Backpulver in warmem Wasser aufgelöst ist hervorragend geeignet, um Fensterrahmen und umliegendes Mauerwerk zu putzen. Hier sammeln sich nur zu gerne Staub und Fett.

 Schleifen und versiegeln Sie Holzböden regelmäßig an stark frequentierten Stellen wie zum Beispiel in der Küche.

Sachen fürs Haus selber machen

Schlichte Vorhänge sind nicht so schwer zu nähen, wie Sie vielleicht glauben: Werfen Sie einen Blick in www.start-sewing.co.uk/howtomakecurtains.html. Oder www.deko-atelier.de/herstellen/ungefuetterten_vorhang_naehen.htm. Hier erfahren Sie, wie's geht. Und auf vielen anderen Seiten ebenfalls.

Im Web wimmelt es nur so von genialen Dekorations-blogs, die normalerweise auf eine Mischung aus Gekauf-tem und Gebasteltem zurückgreifen. Dort finden Sie die eine oder andere echt coole Dekorationsidee. Hier eine kleine Auswahl meiner Lieblingsseiten – sie sind wie Porno für Frauen mittleren Alters.

 www.designspongeonline.com
Diese Website ist dekotechnisch meine Minibibel, obwohl es »Mini« nicht ganz trifft. Sie enthält eine Riesenmenge Infos, Tipps und Anregungen. Werfen Sie auch einen Blick ins Archiv und die Einkaufs-führer.

 www.decor8blog.com

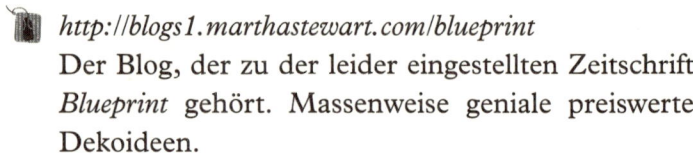

http://blogs1.marthastewart.com/blueprint
Der Blog, der zu der leider eingestellten Zeitschrift *Blueprint* gehört. Massenweise geniale preiswerte Dekoideen.

www.apartmenttherapy.com
Der Daddy aller urbanen Home-Deco-Webseiten. Wunderbar, und nichts fehlt.

www.homesolute.com/galerien/deko-accessoires/
Unzählige Deko-Ideen – hier finden Sie bestimmt was.

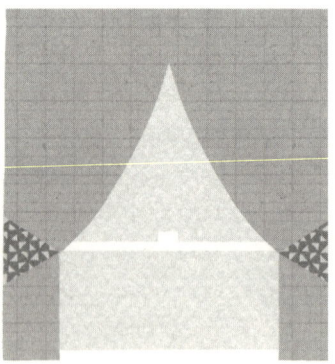

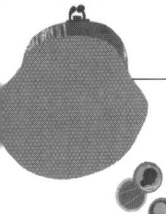

Woran man nicht sparen sollte

Eine bequeme Matratze: Sie verbringen ein Drittel Ihres Lebens darauf, und eine schlechte Matratze (was, wie ich fürchte, gleichbedeutend ist mit einer billigen Matratze) macht dieses Drittel sehr unangenehm und möglicherweise sogar zu einer Gefahr für Ihre Gesundheit, indem Sie Ihren Rücken ruiniert. Kaufen Sie immer die beste Matratze, die Sie sich leisten können, und halten Sie sie gut in Schuss, sprich: Wenden Sie sie regelmäßig.

Vergessen Sie billige Wandfarbe: Sie lässt sich nicht regelmäßig auftragen, sieht schäbig aus und hinterlässt lästige Flecken auf der Kleidung, wenn Sie an die Wand stoßen. Sie brauchen nur Unmengen davon, und am Ende sieht es nach nichts aus.

Kaufen Sie den besten Boiler, den Sie sich leisten können. Boilerprobleme sind die Hölle – sieben Uhr abends an einem saukalten Dezembertag und kein heißes Wasser –, und die Reparatur kostet Sie ein Vermögen. Dazu der Notfallklempner, den Sie zur Unzeit herausläuten müssen und der sich das teuer bezahlen lässt.

Geld

Ich habe mich nie auch nur im Entferntesten dafür interessiert, wie dieses Gelddding funktioniert – zu dem Wort »money« fielen mir nur Songs aus *Cabaret* ein. Ich wusste praktisch nichts darüber. FTSE? Keine Ahnung. Hätte eine Abkürzung für Füßeln sein können. DAX? Ein Jäger mit einer Rechtschreibschwäche? »Die Märkte«? Mein Lieblingsmarkt ist Portobello. Banker? Synonym für Langweiler. Und so weiter.

Doch im zarten Alter von 42 Jahren, als ich dabei war, meine Finanzen zum ersten Mal ansatzweise in den Griff zu bekommen, dämmerte es mir: Man kann nicht auf dieser Welt, in einer kapitalistischen Gesellschaft leben und keine Ahnung davon haben, wie Geld funktioniert. Das ist mutwillige Blödheit. Ja, ich würde lieber ein Buch lesen oder mir ein Bild anschauen (oder ins Leere starren), als über die überraschend komplexe Hypothekenproblematik nachzudenken, und es ist nicht so, dass ich mich nun voll Wissensdurst auf die Wirtschaftsseiten stürzen würde (es kommt zumindest nicht oft vor). Aber jedes Mal einen glasigen Blick aufzusetzen, wenn das Gespräch auf die Rente, Wechselkurse oder Finanzpolitik kommt, ist auch nichts, worauf man stolz sein sollte. Unwissenheit ist selten ein Grund, sich etwas einzubilden.

Mein keimendes Interesse wurde Anfang dieses Jahres durch einen Artikel John Lanchesters im *Guardian* geweckt. Es ging darin um die Finanzkrise und wie wir uns wie Schlafwandler kopfüber in die Rezession stürzten. Und zu meiner Überraschung fand ich diesen Artikel unglaublich interessant. Das hängt natürlich mit Lanchesters Schreibweise zusammen, aber auch damit, dass dieses Geldding ein ziemlich abenteuerliches Leben zu haben schien, beinahe schon romanhaft abenteuerlich, um es mal so auszudrücken. Diese unglaublich dramatischen und abenteuerlichen Dinge, die es erlebte – und wir mit ihm –, hatten zu tun mit Leidenschaft, Feuer, Esprit, Drama, zwielichtigen Machenschaften, Risiko … Der Artikel öffnete mir die Augen.* Sie wissen über Geld Bescheid? Dann brauchen Sie dieses Kapitel nicht zu lesen. Aber falls Ihnen wie mir Ein- und Ausgaben und all das immer ein absolutes Rätsel waren: Lesen Sie weiter. Ich versuche hier zu erklären, wie Geld funktioniert, wie man es für sich arbeiten lassen kann und warum es nicht cool ist, den Kopf in den Sand zu stecken, weil man sich nicht für Geld interessiert.

Ganz abgesehen davon ist es tatsächlich interessant. Besonders faszinierend und seltsam ist (für mich), dass dieses ganze Geldding – die Weltwirtschaft und all das – auf einem einzigen Glaubensakt beruht, nämlich dem kollektiven Glauben an den Wert des Geldes. Ohne diesen Glauben verliert Geld jede Bedeutung und ist wertlos: nichts als ein Fetzen Papier oder Stück Metall. Man kann es nicht essen, nicht trinken und sich nachts nicht

---

* Hier können Sie ihn nachlesen: www.guardian.co.uk/business/2008/mar/22/creditcrunch.marketturmoil.

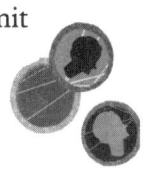

damit warm halten. Man könnte in einem Haus mit zehn Millionen frisch gedruckten Euronoten sitzen und verhungern, wenn die Gesellschaft sich nicht bereit erklärte, diese Noten gegen *Dinge* zu tauschen.

Glücklicherweise (und wenn man etwas länger darüber nachdenkt, ist es eigentlich verrückt: ich meine, die Leute machen sich über Religion lustig, dabei handelt es sich hier um eine ganz andere Liga) glauben wir daran, und das bedeutet, wir können diese Fetzen Papier und diese Metallstückchen gegen Dinge eintauschen. Und nichts anderes ist Geld: ein ausgearbeitetes System von Schuldscheinen, von denen einige sofort, einige erst in einiger Zeit einlösbar sind.

Okay, und jetzt kommt die Geldlektion.* Geld wird, wie alles andere, auf Märkten gekauft und verkauft (hier spür ich, wie mein Gehirn anfängt zu explodieren, denn je mehr man darüber nachdenkt, desto seltsamer wird es). Merkwürdigerweise wird Geld mit Geld gekauft. Wenn man einen Kredit aufnimmt, macht man im Prinzip nichts anderes, als Geld zu kaufen, denn man gibt mehr zurück, als man sich leiht (daher sind die Zinssätze so wichtig: durch sie bestimmt sich der Wert des Geldes).

Damit eine Wirtschaft gesund ist, müssen die Leute Geld ausgeben, aber sie müssen auch Geld ausleihen.

---

* Mein Dank geht an das Finanzgenie Jamie Leitch, der für die Korrektheit dieser Lektion sorgte.

Wenn Geldleihen sprunghaft teurer wird (wie zum Beispiel jetzt, da ich dieses Buch schreibe), hat das zur Folge, dass die Menschen weniger Geld ausgeben und das Wirtschaftswachstum schrumpft. Wenn die Wirtschaft langsamer wächst, verlieren Menschen die Arbeit.

So wie ich das verstehe (und mancher pingelige Wirtschaftwissenschaftler sieht das vielleicht genauso), tritt dann eine Rezession ein, wenn die Wirtschaftstätigkeit – Einstellungen, Investitionen, Firmengewinne – abnimmt. Das kann zu Deflation (fallenden Preisen) führen oder zu einer rasanten Inflation (steigenden Preisen). Rasante Inflation ist schlecht für die Wirtschaft, weil sie letztlich bedeutet, dass Geld schnell an Wert verliert, sprich, man weniger Waren für dieselbe Summe bekommt.

Wechselkurse sind bei all dem eine interessante Komponente. Der Wert des Pfunds zum Beispiel hängt auch von dessen Wert auf den Weltmärkten ab, was man an den Wechselkursen ablesen kann.

Das habe ich früher nie verstanden, dabei heißt es nur, dass der Wert des Pfunds davon abhängt, wie viele Menschen es kaufen wollen (indem sie in Großbritannien investieren) und wie viel sie dafür ausgeben möchten. Wie bei der Inflation ist dies ein Balanceakt. Wenn das Pfund zu mächtig und superstark ist, kann man damit andere Währungen billiger einkaufen, sprich: man kann billiger importieren – aber britischen Menschen/Firmen fällt es schwerer, Waren im Ausland zu verkaufen. Und mit dem Euro läuft es dementsprechend ganz genauso ab.

Geld leihen

Die Banken verdienen ihr Geld damit, dass sie Geld zu höheren Zinsen verleihen, als zu denen sie es selbst ausleihen. Sie leihen uns Geld, aber sie leihen sich auch untereinander Geld: Riesige Summen werden ständig zwischen den Banken hin- und hergeschoben. Der Pate der britischen Banken ist die Bank of England, die Zentralbank, also der »Kreditgeber in letzter Instanz«. Sie wird im Falle eines Falles ein Sicherheitsnetz bereitstellen, indem sie in Not geratene Banken stützt.

Um das mit dem Geldleihen und -verleihen richtig zu verstehen, muss man sich klarmachen, was ein effektiver Jahreszins ist – nämlich das, was ein Kredit über die gesamte Laufzeit kostet (die Zinsen und alles, was an Aufschlägen dazukommt), und zwar in Prozent auf ein Jahr gerechnet. In Großbritannien und auch in Deutschland müssen die Banken dem Kreditnehmer den effektiven Jahreszins nennen, bevor dieser unterschreibt. Je niedriger der effektive Jahreszins ist, desto besser. Der effektive Jahreszins ist Ihr Freund, also kümmern Sie sich drum.

Girokonten

70 Prozent aller Briten führen ihr Konto bei einer der vier großen Banken – Lloyds, HSBC, Barclays und Nat-

west* –, weil sie bekannt sind und daher vertrauenswürdig. Doch für das Geld auf den Girokonten zahlen diese Banken praktisch keine Zinsen, um dafür aber umso kräftiger beim Überziehungskredit abzusahnen. Machen Sie sich also kundig, wie Ihre Bank sich verhält und ob Sie nicht was Besseres finden.

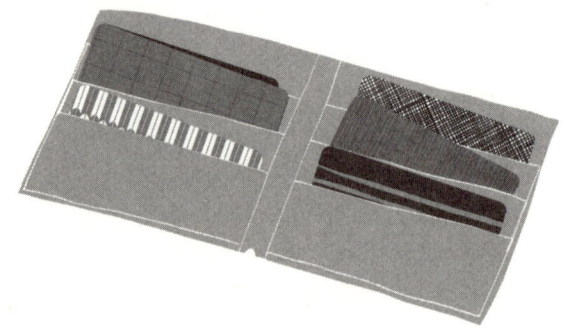

Kreditkarten

Hütet euch vor Kreditkarten, lautet mein Rat. Kreditkarten bieten eine nützliche Form des kurzfristigen Kredits, verleihen also Geld, können einen aber in unglaubliche Schwierigkeiten bringen, wenn man den geliehenen Betrag nicht jeden Monat zurückzahlen kann. Viele dieser Firmen verdienen ein Vermögen mit Zinsen und

---

* Nach *Love Is Not Enough: A Smart Woman's Guide to Money* von Merryn Somerset Webb

anderen Aufschlägen. Der durchschnittliche effektive Jahreszins bei den meisten Kreditkarten beträgt heftige 16 Prozent. Wenn Sie nicht jeden Monat Ihren Kredit zurückzahlen, zahlen Sie diese immensen Zinsen auf den ganzen Betrag – *auch auf den bereits zurückgezahlten Betrag.* Kreditkartenschulden wachsen einem wahnsinnig leicht über den Kopf. Verwenden Sie eine Kreditkarte nur dann, wenn Sie die monatliche Rückzahlung problemlos bewältigen können. Dieser ganze »Vereinbarte Minimaltilgung«-Zinnober ist nur eine Methode, die Leute in eine Schuldenspirale zu ziehen.

Sie können Ihre Schulden jeden Monat problemlos zurückzahlen? Überlegen Sie doch, ob nicht eine Cashback-Kreditkarte das Richtige für Sie wäre. Da draußen gibt es die unterschiedlichsten Angebote – bei einigen Kreditkarten bekommen Sie bei Einkäufen Geld zurück, bei anderen ist die Reiseversicherung inklusive. Sich informieren lohnt sich also.

Außerdem rate ich Ihnen, sich maximal eine oder zwei Kreditkarten zuzulegen. (Ich haben eine für normale Einkäufe und eine für Onlineshopping.) Zu viele Kreditkarten erschweren es Ihnen nur, den Überblick über Ihre Finanzen zu behalten, was an sich schon schwierig ist. Von den Kosten ganz zu schweigen. Heben Sie nie mit der Kreditkarte Geld an einem Geldautomaten ab, da wahrscheinlich ab diesem Moment Zinsen anfallen – da macht es genauso viel Spaß, Fünf-Euro-Scheine anzuzünden.

Guthabenübertragungen

Sich eine neue Kreditkarte zu besorgen, wenn man Probleme hat, die Schulden der alten zurückzuzahlen, klingt vielleicht verrückt, kann aber durchaus sinnvoll sein und Geld sparen, wenn es um eine Guthabenübertragung (eigentlich eher eine Schuldenübertragung) geht. Das bedeutet im Grunde nichts anderes, als dass die neue Kreditkartenfirma die Schulden übernimmt, aber einem oft eine Gnadenfrist einräumt, um seine Angelegenheiten in Ordnung zu bringen. Während dieses Zeitraums begnügt sich die neue Kreditkartenfirma mit weitaus weniger Überziehungszinsen auf das übertragene Guthaben (in diesem Fall natürlich Schulden). In manchen Fällen sind zwei, ein oder sogar null Prozent Überziehungszinsen drin. Diese Einführungsphase dauert normalerweise zwischen sechs und zwölf Monate. Das ist schön. Aber achten Sie auf die Übertragungskosten, die können heftig sein.

Falls Sie geschickt sind, kann eine Guthabenübertragung die Lösung für die Kreditkartenspirale sein, weil Sie dadurch Ihre Schulden abzahlen können, ohne neue anzuhäufen. Sie könnten das theoretisch ewig so weitermachen, die Schulden quasi von einer Kreditkartenfirma zur nächsten übertragen und so immer mehr Zeit gewinnen, die Schulden zurückzuzahlen – aber Vorsicht ist angebracht: Man muss wirklich aufpassen und auf die Details achten, und die Transferkosten sind nicht zu vernachlässigen.

Kreditkarte eines Kaufhauses

Eine schlechte Idee, wenn Sie Schulden nicht jeden Monat bezahlen können. Bei diesen Kreditkarten ist der effektive Jahreszins in der Regel höher als bei einer normalen Kreditkarte. Also legen Sie sich eine zu, wenn Sie zu bestimmten Events wie Sale Previews eingeladen werden möchten, aber kaufen Sie nichts damit, wenn Sie es sich nicht zu 100 Prozent leisten können.

Darlehen und Kredite

Ein Darlehen ist dazu da, um langfristig Geld zu leihen. Dabei fallen eine Reihe verschiedener Kosten an, wie Bearbeitungsgebühr, Abschlussgebühr, Verwaltungskosten, Provision und Zinsen, die von Anbieter zu Anbieter und Darlehenstypus zu Darlehenstypus variieren.

Was vor allem bedeutet, dass es für den Darlehensnehmer sehr schwer ist, die diversen Unkosten zu vergleichen. Firmen werben oft mit einem niedrigen Zinssatz für einen Kredit und erwecken so den falschen Eindruck, hier wäre ein Superdeal zu machen, doch sobald man sämtliche Nebenkosten mit in die Rechnung einbezieht, entdeckt man, dass man im Endeffekt mehr bezahlt als bei einem Kredit mit einem höheren Zinssatz und niedrigeren Nebenkosten.

Unser Freund, der effektive Jahreszins, ist hier ein verlässlicher Ratgeber (denn hier werden alle anfallenden Kosten mit einberechnet). Kreditgeber müssen den effektiven Jahreszins nennen, allerdings ist der meist wesentlich kleiner gedruckt als der Zins, da die Zahl weit weniger attraktiv ist.

Gesicherte Darlehen

Dabei handelt es sich um ein Darlehen, das durch Besitz des Kreditnehmers abgesichert ist, wodurch sich das Risiko des Kreditgebers mindert. Normalerweise ist der fragliche Besitz das, was mit dem geliehenen Geld erworben wird – das Haus, das Auto, der Plasma-Bildschirm etc. Der Besitz kann an den Kreditgeber übergehen, wenn der Kreditnehmer die notwendigen Zahlungen nicht leisten kann und deshalb der Gerichtsvollzieher vorbeischaut…

Die häufigste Form eines gesicherten Darlehens ist eine sogenannte Hypothek. Weil gesicherte Darlehen für den Kreditgeber weniger Risiken bergen, sind sie in der Regel günstiger als ungesicherte Darlehen. Sie sind für den Kauf von Häusern und anderen kostspieligen Dingen und für Vorhaben geeignet, für die man sich eine große Geldsumme über einen längeren Zeitraum leiht – zum Beispiel Renovierungen oder Autokäufe.

Ungesicherte Darlehen

Ein ungesichertes Darlehen bedeutet, der Kreditgeber verlässt sich auf Ihr Versprechen, dass Sie ihm das Geld zurückzahlen. Er nimmt ein größeres Risiko auf sich als bei einem gesicherten Darlehen, also wird er einen höheren Zins verlangen. Normalerweise zahlt man den Betrag über einen gewissen Zeitraum in festgesetzten Raten zurück, und falls man das Darlehen früher zurückzahlen möchte, fällt eine Strafzahlung an.

Ungesicherte Darlehen sind häufig teurer und unflexibler als gesicherte Darlehen, aber sie eignen sich für kurzfristigen Kreditbedarf (ein bis fünf Jahre). Achten Sie auf eventuelle Zahlungsmoratorien: Es mag zunächst verlockend klingen, dass die Rückzahlung erst nach – zum Beispiel – sechs Monaten beginnt, aber seien Sie sich darüber im Klaren, dass Ihnen höchstwahrscheinlich für diese Monate Zinsen berechnet werden.

Geld anlegen

Wer etwas Geld übrig hat, dem stehen eine Unmenge von Möglichkeiten offen, dieses Geld anzulegen, von sehr sicheren bis hin zu sehr riskanten Möglichkeiten. Der beste Rat (es sei denn, Sie lieben es riskant) ist, nicht alles auf eine Karte zu setzen, sondern die Geldanlage über verschiedene Unternehmen und Investmentanlagen zu streuen.

Wenn Sie Geld sparen, dann liegt das nicht im Tresor der Bank und wird von Gnomen bewacht, sondern es wird verliehen. Weil Schuldzinsen immer höher sind als Guthabenzinsen, ist es besser, seine Schulden zurückzuzahlen, bevor man Geld anlegt. Nachdem dies geklärt ist, noch eines: Es ist natürlich immer ratsam, einen Notgroschen für schlechte Zeiten beiseitegelegt zu haben.

Sparen

Sie können Ihr Geld auf einem Sparbuch anlegen, als Tagesgeld oder Festgeld, wobei die Zinsen je nach Wirtschaftslage, Anlageform, Anlagedauer und Bankinstitut variieren. Erkundigen Sie sich, was für Ihre Bedürfnisse das Beste ist.

Anleihen

Eine Anleihe ist eine Sicherheit für eine Schuld, etwa wie eine Schuldverschreibung. Wenn Sie eine Anleihe kaufen, leihen Sie einer Regierung oder einem Unternehmen, dem sogenannten Emittenten, Geld. Als Gegenleistung verspricht der Emittent in der Regel, Ihnen während der Laufzeit der Anleihe einen bestimmten Zinssatz zu zahlen, und wenn die Anleihe fällig wird, den Nennwert der Anleihe (die Kapitalsumme) zurückzuzahlen. Staatsanleihen zahlen in der Regel geringere Zinsen, da sie als sehr sicher gelten. Unternehmen zahlen entsprechend mehr. Je unsicherer die Anlage bei einem Unternehmen (oder Staat) gilt, desto mehr Zinsen muss es berappen.

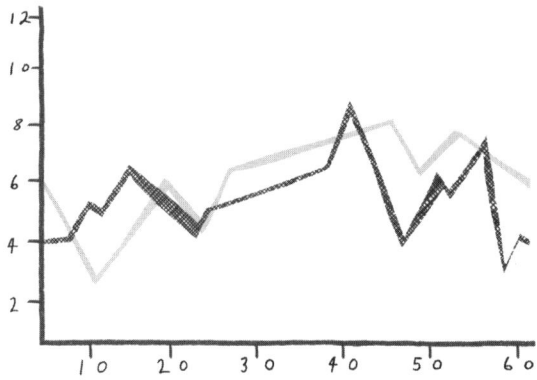

Aktien

Aktien unterscheiden sich dahingehend von Anleihen, als Sie mit einer Aktie einen Anteil des Unternehmens erwerben. Aktionäre erhalten normalerweise regelmäßig eine Dividende, die von dem Nettogewinn des Unternehmens abhängt (und vom Gutdünken der Unternehmensleitung). Allgemein gesprochen sind Aktien riskanter als Unternehmensanleihen, vor allem Aktien von jungen Unternehmen. Aber vergessen Sie nicht, auch eine Anleihe ist nur so sicher wie das Unternehmen, dem Sie Ihr Geld leihen.

Aktien werden an der Börse gehandelt. Eine Börse ist letztlich ein Marktplatz, an dem die Menschen zusammenkommen, um Aktien zu kaufen und zu verkaufen. Dieser Handel läuft elektronisch.

Börsenindices

FTSE, DAX und EURO STOXX sind Börsenindices. Der FTSE (spricht man: Futsie) bildet den Wert der 100 größten britischen an der Börse notierten Unternehmen ab, der DAX den Wert der 30 größten deutschen an der Börse notierten Unternehmen und der EURO STOXX 50 den Wert der 50 größten europäischen an der Börse notierten Unternehmen.

Und so funktioniert's (Hurra! Endlich müssen Sie nicht mehr vollkommen verwirrt in die Röhre gucken, wenn am Ende der Nachrichten die Börsendaten präsentiert werden): Der Wert des Index gibt an, ob die Aktien insgesamt gestiegen sind (was in der Regel besser ist) oder gefallen.

Ein höherer Wert heißt, der Markt zieht an. Ein niedrigerer Wert bedeutet, mehr Leute verkaufen und ziehen ihr Geld von der Börse ab.

Es gibt viele solcher Indices auf der Welt, die jedoch praktisch nach demselben Prinzip funktionieren.

Immobilien

Hauspreise sind ein wichtiger Faktor, wenn man bestimmen möchte, wie die Wirtschaft in einem Land läuft. Ständig steigende Hauspreise = gesunde Wirtschaft. Je stärker jedoch die Hauspreise steigen, desto mehr Geld muss man für eine Hypothek aufnehmen (das ist vor allem für Erstkäufer problematisch).

Immobilienwertsteigerung ist mehr oder weniger eine Illusion. Es ist natürlich schön, wenn man sein Haus mit Gewinn verkauft, aber dann muss man in ein neues Haus ziehen, das zuerst gekauft werden will (und dessen Wert wahrscheinlich ebenfalls gestiegen ist). Daher kann man Gewinne eigentlich erst dann wirklich realisieren, wenn man sich verkleinert und aufs Land zieht.

Hypotheken

Hypotheken sollten eine einfache Sache sein: Man leiht sich Geld, um ein Haus zu kaufen, und zahlt für den Kredit Zinsen. Aber leider ist es nicht ganz so einfach, wie es auf den ersten Blick scheint. Hypotheken sind eine komplizierte Angelegenheit.

Der Markt ist sehr umkämpft, Bausparkassen und Banken versuchen ständig, ihre Angebote dem Markt anzupassen. Die Liste der Angebote ist lang und verwirrend. Im Prinzip nehmen Sie für einen zwischen Ihnen und dem Kreditgeber vereinbarten Zeitraum einen Kredit auf, dessen Höhe sich an dem bemisst, was Sie sich leisten können und was die Immobilie wert ist.

Tilgungs- oder Annuitätendarlehen

Jeden Monat wird ein Teil des Darlehens plus Zinsen zurückgezahlt, und am Ende der Laufzeit ist die Hypothek vollständig zurückgezahlt. Diese Form gilt weithin als die am einfachsten zu verstehende und am wenigsten riskante Hypothekenform.

Endfälliges Darlehen

Bei dieser Form zahlen Sie nur die Zinsen, aber nicht die Kapitalsumme selbst. Diese wird am Ende fällig (wie Sie sie dann aufbringen, ist Ihre Sache). Diese Darlehen sind daher eine billigere Variante.

Darlehen mit kapitalbildender Lebensversicherung

Bei dieser Form wird die Darlehenssumme durch eine Lebensversicherung abgesichert. Bei Ablauf des Darlehensvertrags oder im Todesfall wird die Summe ausbezahlt, um den Kredit zu tilgen. Der Haken dabei: Es besteht die Gefahr eines Finanzierungslochs, falls die Versicherung am Ende weniger Geld auszahlt, als ursprünglich geplant war.

Variable Raten

Das bedeutet, Sie bezahlen für Ihren Kredit den jeweils aktuellen Zinssatz. Die Hypothekenrate ändert sich jedes Mal, wenn sich der Zinssatz ändert, oder er wird einmal im Jahr entsprechend angepasst.

Feste Raten

Das bedeutet, der Zins bleibt für eine festgelegte Zeit fix – häufig zwei bis fünf Jahre. Das ist ideal, wenn der Zins Ihrer Meinung nach steigt. Sie profitieren so allerdings nicht von fallenden Zinsen und müssen eine Vorfälligkeitsentschädigung zahlen, wenn Sie aus dem Vertrag herausmöchten. Sehr niedrige Zinssätze können verführerisch sein, aber prüfen Sie, ob Sie sich nicht zu lange festlegen.

Es gibt auch langfristige feste Hypothekenraten (bis zu 25 Jahren). Damit binden Sie sich für die vorhersehbare Zukunft, aber erhalten dafür in Zeiten unwägbarer Finanzmärkte auch Sicherheit, falls die Zinssätze steigen.

Renten und Pensionen

Und zu guter Letzt die Altersvorsorge. Ich weiß – das Thema ist nicht sexy. Und dazu bei uns in Großbritannien noch ziemlich riskant. Ich kenne vier Leute, die jahrzehntelang brav in ihren Rentenfonds einbezahlten, und nach 40 Jahren soff das Ding ab. Ich persönlich betrachte meine Immobilie als Altersvorsorge. Aber nehmen Sie das Thema keinesfalls auf die leichte Schulter. Das müssen Sie wissen:

● **Falls Sie nicht von Ihrem Vermögen leben oder mit einer großen Erbschaft rechnen können, sollten Sie sich unbedingt um Ihre Altersversorgung kümmern, wenn Sie im Alter einigermaßen anständig leben wollen.** Das ist Fakt, wie man so schön sagt. Die Anzahl der Menschen, die zu wenig oder gar keine Vorsorge getroffen haben, geht nach oben.

● **Die Rente ist abhängig von den Beitragsjahren und der Beitragshöhe.** Und eins scheint klar: In den dafür vorgesehenen Töpfen ist immer weniger drin. Dazu kommt, dass Frauen, vor allem wenn sie Kinder haben, eine kürzere Lebensarbeitszeit haben und weniger Geld beiseitelegen, weil sie es für die Familie ausgeben. Das kann dann schwierig werden, wenn Sie einmal (oje) ein Pflegeheim brauchen.

Was tun?

● **Finden Sie heraus, wie viel Sie ungefähr brauchen, wenn Sie in Rente gehen.** Wie stellen Sie sich Ihr Leben dann vor? Wo wollen Sie leben? Wie viele Katzen werden Sie haben? Wollen Sie viel reisen?

● **Erkundigen Sie sich, wie viel Rente Sie zu erwarten haben und wie viel Sie zusätzlich zur Seite legen müssen.**

● **Wenn Sie noch keine private Altersvorsorge abgeschlossen haben, kümmern Sie sich drum.**

Persönliche Finanzsituation und Haushaltsplanung

Den größten Unterschied für mich machte, dass ich mich hinsetzte – na ja, mich dazu zwang, mich hinzusetzen – und mir einen Packen Bankauszüge vornahm, um meine Einnahmen mit meinen Ausgaben zu vergleichen. Es hilft auch, ein Ausgabenbuch zu führen – und alles aufzuschreiben, was man ausgibt. Auch die kleinen Dinge, die einem vernachlässigenswert erscheinen oder die man gleich wieder vergisst, wie den neuen Lidschatten oder den Frappuccino zwischendurch. Die summieren sich nämlich auf geradezu erschreckende Weise. Auch wichtig: Achten Sie auf Ihre Abbuchungen und Daueraufträge. Ich hatte so lange solche Angst, meine Bankauszüge zu öffnen, dass ich noch immer monatlich für Dienste bezahlte, die ich schon längst nicht mehr benutzte, zum Beispiel einen Internet Provider, mit dem ich zuletzt 2002 zu tun hatte. Sich hinzusetzen und in diesen Wust Ordnung zu bringen, wird nicht gerade Ihre Stimmung heben – schließlich werden Sie höchstwahrscheinlich feststellen, dass Sie zu viel ausgeben –, aber es gibt unzählige Möglichkeiten, die Ausgaben zurückzuschrauben, wie Sie hoffentlich nach der Lektüre dieses Buches herausgefunden haben. Und es gibt auch Möglichkeiten, die Fixkosten zu senken.

Ein paar nützliche Seiten:

http://haushaltsbuch.tunesoft.de/download/
Ein kostenloses Excel-Haushaltsbuch zum Herunterladen. Damit können Sie Ihren Haushalt planen.

www.moneymadeclear.fsa.gov.uk/home.html
Die Financial Services Authority (FSA) ist eine unabhängige Behörde, die die britische Finanzwirtschaft kontrolliert. Auf ihrer Webseite finden Sie verständliche und neutrale Infos, von denen eine ganze Reihe auch für nichtbritische Staatsbürger hilfreich sein dürfte.

www.geldundhaushalt.de
Dort auf »Das Online-Haushaltsbuch« klicken. Hilft Ihnen, Ihre Finanzen im Griff zu behalten.

Noch eins möchte ich zu diesem Thema loswerden: Bitte, bitte stecken Sie nicht den Kopf in den Sand. Wie ich zu meinem Leidwesen herausfinden musste, ist es sehr einfach, blaue Briefe ungeöffnet an einem geheimen Platz zu verstecken (zum Beispiel unter dem Kühlschrank) und dann zu vergessen. Aber dabei gibt es nur einen Verlierer – und das sind Sie. Sie verlieren mit jedem verstreichenden Monat mehr. Nehmen Sie die Zügel in die Hand. Rufen Sie bei Ihrer Kreditkartenfirma an und erklären Sie, dass Sie Mist gebaut haben und die Sache gerne in Ordnung bringen würden, soweit dies in Ihren Kräften steht. Das ist hundertmal besser, als einfach so zu tun, als gäbe es dieses Problem nicht. Nach meiner (beträchtlichen) Erfahrung sind die Leute gerne bereit, einem bei der Behebung dieser Probleme zu helfen und einen funktionierenden Rückzahlungsplan auszuarbeiten. Dadurch zeigen Sie auch, dass Sie ein verlässlicher Schuldner sind, und wer weiß, vielleicht brauchen Sie ja wieder mal Kredit. Wichtiger noch, Sie wachen nicht mehr schweißgebadet aus Albträumen auf, in denen Sie im Schuldenturm sitzen. Über-nehmen Sie die Verantwortung für Ihre Finanzen, und egal wie schlimm oder knapp es aussieht, dann geht es bald wieder auf-wärts. Wenn Sie sich nicht da-rum kümmern, gibt es nur eine Richtung – nach unten.

Mit Gefühlen haushalten

I ch glaube, diese nebulöse Unzufriedenheit, die allenthalben festzustellen ist, hängt mit unseren merkwürdigen, abwegigen (und sehr unsparsamen) Erwartungen zusammen. Ich glaube auch, dass diese eine direkte Folge von zwei Dingen sind: a) dem Promikult, nach dem jede Frau immer schön, reich, glücklich und erfüllt zu sein hat und mit dem verglichen wir ein Sammelsurium von Schönheitsfehlern, arm, von Problemchen geplagt und chronisch unerfüllt/frustriert sind; und b) dem schleichenden Einfluss all dieser Selbsthilfebücher, die seit Jahrzehnten im Umlauf sind und im Grunde alle dieselbe Botschaft verbreiten: Sie sind etwas ganz Besonderes und verdienen alles, und wenn Sie es nicht bekommen, dann nur deshalb, weil Sie ein Opfer sind.

Punkt a) ist schnell geklärt: Man nennt das PR, und ich hoffe aufrichtig, dass die verehrten Leser dieses Buchs genug Grips haben, um dieses Blendwerk zu durchschauen. (Manchmal nennt man es auch Airbrushing, Photoshop oder einfach nur Essstörung. Und häufig auch Drogenproblem.)

Punkt b) ist weiter verbreitet und meines Erachtens schädlicher. Man muss diese Selbsthilfebücher nicht einmal gelesen haben, ihre Botschaft hat inzwischen alles durchdrungen und wird quasi durch Osmose aufgenommen. Das Psychogeschwafel haben wir inzwischen alle drauf, und wir alle lieben es, unsere Gefühle auszudrücken – beides wäre für unsere Großeltern Anlass, sich im Grab umzudrehen. Selbstbeherrschung und gelegentliches Klappehalten sind absolut aus der Mode.

Das soll keine (zumindest keine absolut ernst gemeinte) Bitte sein, die zwischenmenschlichen Beziehungen wieder auf das tragisch unterkühlte Maß zurückzufahren, wie wir es aus den britischen Filmen der Nachkriegszeit wie *Brief Encounter* kennen, um nur einen zu nennen. Aber es ist eine Bitte, wieder etwas mehr die britische *stiff upper lip* zu kultivieren oder wie Sie auf dem Kontinent es nennen: Fassung zu bewahren. Ständig und überall seine Gefühle hinauszuposaunen ist anstrengend, macht einen verletzlich und hilft nur selten weiter – was es ja angeblich soll. Täte es das, wirkten diese mit Psychogeschwafel groß gewordenen Generationen nicht so zutiefst unzufrieden.

Wir sind alle beschädigtes Gut, und jeder hat sein Bündel psychischer Belastungen und Neurosen zu tragen. Das ist nicht so schrecklich interessant. Mir gefiel es besser, als die Antwort auf die Frage »Wie geht's?« unweigerlich lautete: »Danke, gut«, selbst wenn die betreffende Person auf dem Sterbebett lag. Inzwischen jedoch bekommt man auf diese höfliche, aber eher beiläufige Frage einen detaillierten Katalog der aktuellen Problemchen, Beschwerden und Verletzungen – oder was als solche empfunden wird – zu hören. Aber dass Sie mit diesen persönlichen Auskünften so freigiebig umgehen, macht Sie noch lange nicht zu einem »offenen« oder »emotional mit sich im Einklang stehenden« Menschen. Sie kommen dadurch nur als armes Würstchen rüber, das um Aufmerksamkeit bettelt und glaubt, es allein sei wichtig.

Nun ja, es kann ja sein, dass Sie wirklich glauben, Sie allein seien wichtig – viele Menschen glauben das, die einen mehr, die anderen weniger. Aber vielleicht könnten Sie diese Form von Größenwahn für sich behalten? Sie zählt nicht gerade zu den attraktivsten Charaktereigenschaften, so menschlich sie auch sein mag – und, um ganz offen zu sein, niemand interessiert sich so sehr für Sie, wie Sie das tun. Ständig über sich selbst zu reden oder darüber, was einem zugestoßen ist, zeugt von unglaublich schlechten Manieren – es macht jedes andere Gesprächsthema unmöglich. In meinen Augen charakterisiert Sie das auch als einen Menschen, der nicht auf sich gestellt leben kann und ständig die Aufmerksamkeit, das Lob und Interesse anderer braucht, um sich selbst wahrzunehmen. Das nervt. Es ist unglaublich ermüdend, sich damit herumschlagen zu müssen, und ich würde mir wünschen, die Leute würden das einfach sein lassen – nicht nur, weil es mich glücklich machen würde, sondern auch, weil es sie selbst glücklicher machen würde. Davon bin ich aufrichtig überzeugt. Wenn es stimmt, dass man ist, was man isst, dann ist man auch, was man denkt. Und wenn das, was Sie denken und laut von sich geben, nur um Sie kreist und negativ ist, folgt daraus irgendwie, dass Sie nicht gerade ein putzmunteres Kerlchen sind.

Die Tatsache ist die, es passieren ständig schlimme Dinge, und zwar uns allen. Das ist schlimm genug, aber mehr nicht. Wir werden deshalb nicht zu Opfern, wenn wir das nicht wollen. Wenn Ihnen was Schlimmes passiert ist, dann sollten Sie darüber hinwegkommen und nicht ständig darüber nachgrübeln und es aus jedem Blickwinkel betrachten und Ihre Erkenntnisse dazu jedem mitteilen, der nicht schnell genug auf den Baum klettern kann. Ihr Freund hat Schluss gemacht: Das ist sehr traurig, aber was soll's. Es wird nicht weniger traurig, wenn Sie es die nächsten drei Wochen (oder drei Monate) mit jedem durchkauen und jedes einzelne Gespräch auf das Thema Ihres abgrundtiefen und einzigartigen Elends lenken. Ein geliebter Mensch ist krank: Das ist hart, aber es kommt vor. Reden Sie mit Leuten mit ähnlichen Erfahrungen, wenn Sie sich davon Trost versprechen, aber auch hier gilt: Lenken Sie nicht jedes unverfängliche Gespräch auf das Thema, welche Inkontinenzhosen es für Erwachsene gibt. Das gilt nicht als Stimmungsheber, und Ihre Stimmung hebt es schon gar nicht. Seien Sie erwachsen: Schultern Sie, was Sie zu tragen haben, verarbeiten Sie es und lassen Sie es hinter sich. Kinder plappern und jammern, aber Sie sind kein Kind. Ersparen Sie sich und anderen diese emotionale Inkontinenz.

Seien Sie realistisch, was Ihre Erwartungen angeht. Ich meine, ich möchte auch gern ein Einhorn knuddeln, aber es wird wohl nicht passieren. Erkennen Sie sich selbst und peilen Sie ein erreichbares Ziel an, nicht ein absolutes Gaga-Dingens: Sie ersparen sich damit eine Unmenge an Enttäuschungen. Wir würden alle gerne einen

fantastischen, gut aussehenden Millionär mit Doktorti-
teln und hochentwickeltem sozialem Gewissen heiraten,
aber irgendwie hege ich den Verdacht, dass die ziemlich
dünn gesät sind. Wir würden alle gerne in die Strato-
sphäre befördert, aber das wird wohl nicht passieren,
wenn wir darauf bestehen, pünktlich um 5 Uhr 30 das
Büro zu verlassen und unseren Urlaub zu nehmen, wann
er uns zusteht. Und außerdem ist manchmal genau das
das Richtige für einen, was man direkt vor der Nase hat.
Oder der Richtige, auch wenn er nicht ganz der Fantasie-
version entspricht. Eine Fantasie ist nämlich genau das:
unrealistisch. Gelegentlich habe ich den Eindruck, als
würden wir so sehr an unsere Fantasien glauben, dass wir
darüber ganz übersehen, was es Gutes in unserem Leben
gibt, die Dinge, die real sind und die man anfassen kann.

Schätzen Sie, was Sie haben, auch die kleinen Dinge.
Für mich sind diese kleinen Dinge oft Dinge des Alltags,
des häuslichen Zusammenlebens, und ich hoffe, in diesem Buch kommt etwas rüber von meinem Enthusias-
mus für die kleinen Dinge und was sie bedeuten. Das
alltägliche Glück ist – im Gegensatz zu dem einmaligen
Ausbruch reinster Ekstase – dicht mit den winzigen Ele-
menten des Alltags verknüpft: der witzigen Teekanne, die
nicht tropft, den in der Badewanne sitzenden Kindern,
den Frühlingsblüten, einem besonders guten Buch. Das
ist alles nicht sexy oder umwerfend oder neiderregend,
aber daraus setzen sich unsere Tage zusammen. Sich
darauf zu konzentrieren und auf die kleinen Freuden,

die man aus ihnen ziehen kann, ist ungemein erfüllend. Was das Gejammer, dass man sich das Paar Schuhe für 300 Euro nicht leisten kann, nicht ist. Und ständiges Gejammer ist es ebenso wenig.

Seien Sie glücklich. Wir können uns alle selig preisen, wegen tausenderlei Dinge. Wir haben also nicht Kleidergröße 36 und hüpfen nicht mit George Clooney auf einer Jacht herum? Na und? Ich schnuppere viel lieber am Kopf meiner Kleinen. Das alltägliche Leben ist so schön, und es kostet keinen Cent, sich zurückzulehnen, es zu genießen und sich darüber zu freuen, dass man lebt.

Dank

Mein Dank gilt Andrew, dem lange vor mir die Idee zu diesem Buch durch den Kopf geisterte. Unvergessen sein gut gemeinter, aber erfolgloser Versuch, meine Kinder mit selbst gemachten Holzpuppen zur Sparsamkeit zu erziehen. (»Seht ihr die kleinen Stöckchen? Mehr braucht ihr nicht. Damit könnt ihr stundenlang spielen. Hey! Kommt zurück. Ach, ihr seid genauso verzogene kleine Fratzen wie eure Ma.« Und das in diesem wunderbar rrrollenden Schottisch.) Vielen, vielen Dank auch an meine liebe Sophia, die, während ich tippte, meine Kinder mit Kleidung und Essen versorgte – und mit ansprechenderen Spielsachen. Des Weiteren ein riesiges Dankeschön an Laura Wheatley für ihre super Recherchearbeit; an die unschlagbare Combo von Georgia Garrett und Juliet Annan für einfach alles und an Jenny Lord – für ihre Hilfe, ihr Verständnis und ihre umwerfende Effizienz. Sowie an Sarah Fraser für dieses wunderschöne Design und an Debbie Powell für die wunderbaren Illustrationen.

Register

Bildnachweis

aid-Saisonkalender »Obst und Gemüse« auf S. 40–43 mit freundlicher Genehmigung des aid infodienst – Verbraucherschutz, Ernährung, Landwirtschaft e.V., Heilsbachstraße 16, 53123 Bonn.

Sie können den Saisonkalender auch als Poster unter der Bestellnummer 3488 auf www.aid.de/shop bestellen.